元華文創

卓越文庫 EB016

《史記》「于序事中寓論斷」之研究

以秦漢以來史事為例

許愷容 著

自 序

　　付梓之際，回顧本論著的選題意識、撰作歷程，係於 2012 年 1 月提交的碩士論文基礎上撰成。特別感謝指導老師張高評先生的啟迪，領我進入這淵博的《史記》學殿堂，給予我的學業指導、精神鼓舞、提攜之助、生活關懷，筆墨實難以道盡。只是，當時受限於書寫時間、學力，每有思考未足之處。這些年來，在碩論口考、博班入學考試的論文答辯，抑或通過修習課程、研討發表，得到師友許多的教導與幫助，成為這部論著修改、增訂的養分。簡述論著內容如下：

　　「于序事中寓論斷」，不僅是高明的史家筆法，欲考察《史記》片言珠璣的旨趣，洵為理解其方法學的要領。自顧炎武於《日知錄》的提挈後，使之顯題化。其筆法的特殊處，在通過「寓」字，將截然不同的「敘事」、「論斷」，交融為一。必須注意的是，《史記》畢竟是史書，而非寓言，故不可能全篇文字均帶有寓意性。而是在特定的書寫範圍，特定的篇章，涉及罔褒忌諱時，所形成的史家筆法。依「于序事中寓論斷」特定的書寫條件，以及史公撰史詳近略遠的原則，本論著將討論文本框限在秦漢以來的史事，即楚漢相爭到漢武帝朝這段歷史。將筆法形式依言、意的指涉關係，類分成兩大綱領「直筆」、「側筆」，八項條目，用來探析文外之重旨的金鑰。

　　史公秉持著良史的實錄精神，在歌頌漢家昇平治世的同時，敢於書寫漢非；透過「于序事中寓論斷」的方式，對漢初以來的帝王、時政，微致裁評，尤其聚焦在漢匈戰爭與漢武帝的議論上。歷史上的疑案、冤案，史公有著考察存真的信念，允為己職，當仁不讓。對於歷史上的功過，更發揮了非凡的

識見，抑揚予奪之際，不受時潮左右，以歷史為仲裁。將歷史評論、個人見解，具體而微的鎔鑄於優美運化的敘事行文當中。經由善惡必書的方式，於歷史敘事中寄寓了褒貶；無愧於實錄精神的前提下，流露著愛憎感情。體現出詩家溫柔敦厚的仁慈與史家資鑑勸懲的宗旨。「于序事中寓論斷」的高妙筆法，被《漢書》所繼承，尤其表現在藉言敘事的部分、人物傳記的範圍。對於後世史傳文學，帶有極大的啟發作用。

　　「于序事中寓論斷」筆法，是理解《史記》所以獨特不凡的關鍵要素。通過追源溯流的考察，非惟不僅止於《史記》、《漢書》，亦有前史的濫觴、後史的承衍，還可推廣到其它領域的應用層面。故在本論著的基礎上，讀者可按圖索驥，將「于序事中寓論斷」筆法，擴及《史記》的其他斷代，做全面性的考察。其它，諸如可深入討論《左傳》對《史記》以敘為議筆法的示例，下探《漢書》、《三國志》、《後漢書》、《南齊書》等史傳文學，並及於小說、戲劇、詩歌領域，以及與當代流行文學接軌，諸如新聞寫作如何借鑑以敘為議筆法的多元研究。

　　最後，也感謝博士論文指導老師李偉泰先生，帶領我繼續進行《史記》學研究；感謝林聰舜先生、蔡忠道先生、張惠貞先生、邱麗娟先生、閻鴻中先生、廖棟樑先生的循循善誘、殷切叮嚀。感謝每個階段的學長姐、朋友，詩雯學姐、盈翔學長、賓亘、珮錡、佩珊、錦昌、玉明給予我的許多指點與鼓勵！感謝元華文創出版社蔡佩玲總編、辛苦的編輯團隊，使論著得以順利出版。感謝我最敬愛的父親許智強先生、母親黃碧芳女士、可愛的妹妹許嘉珉，是您們的支持，讓我能義無反顧地踏上學術的追尋之旅，在探索知識的無盡藏甘之如飴。

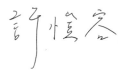

107.3.3 書於臺北賞晴軒

目　錄

表目錄

圖目錄

第一章　緒論

一、「于序事中寓論斷」釋義

（一）從顧炎武《日知錄》舉例談起

　　顧炎武於《日知錄》中，提挈了古人作史，有「于序事中寓論斷」的這項做法。且援舉了《史記》、《漢書》的例證，以為典範。原文徵引如下：

> 古人作史，有不待論斷，而於序事之中即見其指者，惟太史公能之。〈平準書〉末載卜式語，〈王翦傳〉末載客語，〈荊軻傳〉末載魯句踐語，〈鼂錯傳〉末載鄧公與景帝語，〈武安侯田蚡傳〉末載武帝語，皆史家于序事中寓論斷法也。後人知此法者鮮矣。惟班孟堅間一有之，如〈霍光傳〉載任宣與霍禹語，見光多作威福；〈黃霸傳〉載張敞奏，見祥瑞多不以實，通傳皆褒，獨此寓貶，可謂得太史公之法者矣。[1]

　　《日知錄》屬箚記性質，看似一則則的片段記載，卻是顧炎武積三十餘年，勤學不輟、積學儲寶，始得而成的鉅作。其中，不僅闡明了關於時政的卓越見解，更體現著顧炎武廣博深厚的學術造詣。在卷二六處，針對史法的部份，有所舉例、論述，此則引文便是其中的精粹。對於《漢書》的部分，說明較

---

[1]　清‧顧炎武著，陳垣校注：《日知錄校注》下（合肥：安徽大學出版社，2007），卷26〈史記于序事中寓論斷〉，頁1432。

為詳細。不但以〈霍光傳〉、〈黃霸傳〉為例，更提及其論斷指涉。此外，還言及章法上的特質（「通傳皆褒，獨此寓貶」）。而《史記》部份，則有待進一步尋出原文，才能探析堂奧。筆者簡繪成表，如下：

表一：《日知錄》「于序事中寓論斷」條與《史記》原文對照表

《日知錄》原文	《史記》原文
〈平準書〉 末載卜式語	是歲小旱，上令官求雨，卜式言曰：「縣官當食租衣稅而已，今弘羊令吏坐市列肆，販物求利。亨弘羊，天乃雨。」（卷30〈平準書〉，頁1442）
〈王翦傳〉 末載客語	秦二世之時，王翦及其子賁皆已死，而又滅蒙氏。陳勝之反秦，秦使王翦之孫王離擊趙，圍趙王及張耳鉅鹿城。或曰：「王離，秦之名將也。今將彊秦之兵，攻新造之趙，舉之必矣。」客曰：「不然。夫為將三世者必敗。必敗者何也？必其所殺伐多矣，其後受其不祥。今王離已三世將矣。」居無何，項羽救趙，擊秦軍，果虜王離，王離軍遂降諸侯。（卷73〈白起王翦列傳〉，頁2371-2372）
〈荊軻傳〉 末載魯句踐語	魯句踐已聞荊軻之刺秦王，私曰：「嗟乎，惜哉其不講於刺劍之術也！甚矣吾不知人也！曩者吾叱之，彼乃以我為非人也！」（卷86〈刺客列傳〉，頁2538）
〈鼂錯傳〉 末載鄧公與景帝語	鼂錯已死，謁者僕射鄧公為校尉，擊吳楚軍為將。還，上書言軍事，謁見上。上問曰：「道軍所來，聞鼂錯死，吳楚罷不？」鄧公曰：「吳王為反數十年矣，發怒削地，以誅錯為名，其意非在錯也。且臣恐天下之士噤口，不敢復言也！」上曰：「何哉？」鄧公曰：「夫鼂錯患諸侯彊大不可制，故請削地以尊京師，萬世之利也。計畫始行，卒受大戮，內杜忠臣之口，外為諸侯報仇，臣竊為陛下不取也。」於是景帝默然良久，曰：「公言善，吾亦恨之。」乃拜鄧公為城陽中尉。（卷101〈袁盎鼂錯列傳〉，頁2747-2748）
〈武安侯田蚡傳〉 末載武帝語	上自魏其時不直武安，特為太后故耳。及聞淮南王金事，上曰：「使武安侯在者，族矣。」（卷107〈魏其武安侯列傳〉，頁2855）

這五項例證，筆者按照時代遠近，依次析論。經由賓主、詳略的章法，提示得出：〈荊軻傳〉為〈刺客列傳〉的論述重心，所敘內容主要說明著，秦併六

國之際，燕太子丹欲救亡圖存，不惜派遣荊軻、秦舞陽，進行行刺秦始皇的策略。傳末透過魯句踐這位與荊軻有過交往的人物，傳達出憐惜荊軻劍術不精，以致奇功不遂之處。從句意的反面來說，如果荊軻劍術精，行刺成功的話，結果定會有所不同。推測得知，史公是站在希望假荊軻之手，除去秦始皇，終結秦國強暴的立場上的。[2]

〈白起王翦列傳〉合秦時兩位戰功彪炳的大將為一傳，傳中提到「秦始皇二十六年，盡并天下，王氏、蒙氏功為多，名施於後世」。（卷 73，頁 2341）故，尚須合同〈蒙恬列傳〉，比類觀察，相互補充。白起、蒙恬以力戰，而遭讒害，未能壽終；王翦以智計保全身家，然後世終因敗降而破滅。史公傳末藉客語發論，闡言「為將三世必敗」之理，以供後世將領資鑑。陳仁錫以為：「王氏蒙氏，以力戰著功名，而終死滅降虜，與秦俱亡，此斷案也。」[3]連繫傳末贊語，傳達的意思：責備王翦不能「輔秦建德，固其根本」，反之，「偷合取容」，以致身亡。（卷 73，頁 2372）筆者據以推論，史公藉客語所發的這段話語，應在責備秦國透過強暴手段，吞併六國，得統天下後，不能立德根本，一味嚴刑竣罰，難得民心。故縱有再優秀的將領、軍隊，終究二世而滅。漢代多沿秦法，秦法君權至上、暴酷威猛，故史公言外，應寓有以秦事諷喻漢事的用心。

〈袁盎鼂錯列傳〉經由孝景帝與鄧公的對話，闡述鼂錯功過，藉以替鼂錯申冤，並隱含史公深惜鼂錯的心意。[4]該傳透過據事直書的方式，歷載七國

---

[2] 且《史記》列傳的排序，皆為史公有意為之。以〈刺客列傳〉而言，張大可評論道：「本應編列在循吏之後，與類傳的時序並編，而司馬遷有意穿插在輔秦人物中間，與呂不韋、李斯、蒙恬等人並列；這是對比見義，表現了司馬遷的反暴政思想」。張大可：〈簡評《史記》論贊〉，收錄於張大可：《《史記》研究》（北京：華文出版社，2002），頁 255。

[3] 明・凌稚隆輯校、李光縉增補、日・有井範平補標：《補標史記評林》（臺北：地球出版社，1992），卷 90〈白起王翦列傳〉引陳仁錫語，頁 1922。

[4] 鍾惺曰：「末用鄧公一段，深惜錯也。」茅坤曰：「有鄧公一段，鼂錯功罪纔發明。」凌稚隆：「錯既死，賴鄧公白其冤，故以鄧公結案」明・凌稚隆輯校、李光縉增補、日・有井範平補標：《補標史記評林》，卷 101〈袁盎鼂錯列傳〉引鍾惺語，頁 2339、凌稚隆語，頁 2339。明・茅坤選：《史記鈔》，明泰昌元年烏程閔氏刊朱墨套印本，卷 67〈袁盎鼂錯〉，頁 9。

之亂始末，透露吳王濞因驕橫，遂生僭越之心，以反對鼂錯削藩為由，因而作亂的過程。傳末的對話，屬於複述，藉以顯明旨意。言外除了深惜鼂錯的忠臣遭禍，未嘗不在痛恨袁盎之儔，虛與委蛇、奸險刻深的臣子？流露史公對景帝「內杜忠臣之口，外為諸侯報仇」行為的針砭。

〈魏其武安侯列傳〉傳末武帝語：「使武安侯在者，族矣」。指武安侯田蚡因與淮南王安有所勾結，故其罪不容誅。司馬貞《索隱》曰：「案武帝以魏其、灌夫事為枉，於武安侯為不直，特為太后故耳。」（卷 107，頁 2855）傳主魏其侯竇嬰、武安侯田蚡分別代表著竇太后、王太后兩大外戚勢力。在史公通過第三者全知立場，讓我們親臨到「東朝廷辯」的現場，偷窺了武帝與王太后帷幕間的密商後。傳達出武帝的心意其實是偏向魏其，因受制於太后，而不得不治魏其、灌夫罪。透過傳末武帝語，不僅有治武安侯通淮南王罪，還魏其、灌夫公道處，亦間接指謫漢初外戚勢力之盛，干預政事，足以左右事件真相的情形。

許多學者都指出，〈平準書〉對於武帝時政多有批判，而其中珠澤，尤見於篇末卜式「烹弘羊，天乃雨」語。[5] 桑弘羊先後擔任大農丞、治粟都尉，所提出的「均輸」、「平準」政策，對於民生經濟的干涉尤大，影響所及，甚至達到「民不益賦而天下用饒」（卷 30，頁 1441）的功效。填補了武帝朝因漢匈戰爭、屢次開邊、開鑿河渠、修築宮苑的財務消耗。只可惜，這僅僅是表面富庶昇平的假象，實質上是透過與民爭利的方式，將國庫空缺，交與全民分擔，增加人民的經濟壓力。也因此史公對於這班以桑弘羊為首的興利臣子，深惡痛絕，故託卜式之口，給予嚴厲的指責，而言外則直指幕後的推手——漢武帝。

顧氏所舉五例，形式皆屬藉言敘事，此即劉知幾《史通》闡發的「因言

5　劉咸炘：「黃震、楊慎、董份、茅坤皆以末烹宏羊一言為意所在，顧炎武亦以為不待論斷而於敘事中即見其指。楊氏又曰：『先敘漢事，而贊語乃述自古以來，而微寓譏詞於武帝，敘事之變體也。』」劉咸炘：《太史公書知意》（臺北：鼎文書局，1976），〈平準書〉，頁 12。

語而可知」，意謂言語亦可作為敘事的一種形式。[6]除「鄧公與景帝語」屬對話，其餘皆採取藉他人語以批評、論斷。雖皆為他人語，然同中有異，或為事件關係人（〈武安侯田蚡傳〉末載武帝語），或為所批判的反照者（〈平準書〉末載卜式語。），[7]或為旁襯人物（〈荊軻傳〉末載魯句踐語），或為匿名人物（〈王翦傳〉末載客語）。有透過問答，而於對話中還原真相者（〈鼂錯傳〉末載鄧公與景帝語）。有破壞了言、意之間的對應關係者，[8]或從反面立說（〈荊軻傳〉末載魯句踐語）、或言此而意彼（〈平準書〉末載卜式語、〈武安侯田蚡傳〉末載武帝語）、或移位以論述（〈王翦傳〉末載客語）。史公何以如此大費周章，不於傳中夾議批判，或於「序」、「贊」直接議論，而要將論斷隱於言語，曲曲傳達意旨呢？

　　由顧氏所舉的五項例證為考察，或可提供線索。首先，所批判的時間點，一為先秦，一為秦代，三者為漢世，以敘近、當代史比重較高；其二，所批判的內容，或為帝王，或為外戚，或為時政；其三，所批判的主旨，除了荊軻例外，都不限定於一人一事的評論，還帶有諷諭現實的用意。[9]以上都構成可能觸犯忌諱的要件。史官的職責為秉筆直書，如實載錄史事，以供後世借鑑。然則，舊史官為遵守這項原則，可能落得觸忌殺身，如直錄「崔杼弒君」而殞命的史官。故在不違背歷史真實，又要避免觸犯忌諱的前提下。史公融鑄《春秋》書法、史家筆法的優長，而有所推進、改良。以實錄精神為中心，在《左傳》「寓敘事於解釋」（解經）之後，而有「于序事中寓論斷」的書法形式。[10]

---

[6] 唐·劉知幾撰、清·浦起龍釋：《史通通釋》（臺北：里仁書局，1980年），頁168；筆法形式另詳於本論著第三章二、的論述。

[7] 在一幫興利之臣中，史公特別刻劃卜式這般輸財助邊、不重私利的人物，以為反照。

[8] 胡亞敏：《敘事學》（武漢：華中師範大學出版社，1994），頁115。

[9] 白壽彝在〈司馬遷寓論斷于序事〉中提到，顧氏舉例「除了〈荊軻傳〉外，其餘三例都不只限於對某一個人的評論，還表達了司馬遷諷刺當代政治的微旨。」參白壽彝：〈司馬遷寓論斷于序事〉，收錄於歷史研究編輯部編：《司馬遷與《史記》論集》（西安：陝西人民出版社，1982），頁137。

[10] 參本論著第二章二、、（二）「從《左傳》「『以事為義』到《史記》『于序事中寓論斷』」。

（二）「于序事中寓論斷」義界

顧炎武《日知錄》「于序事中寓論斷」條，係總結前史提撕而得的史法。由於顧炎武條下僅舉《史記》五例、《漢書》二例，並未加以定義，也未細說分明，故有必要通過示例，回歸文本，以釐清術語的意涵。筆者的考察，已詳於前節，此不贅述。只是，顧炎武的示例以外，是否還有其他例子？如果有，要如何定義，以便按圖索驥，找尋更多的例子？

緣此，有必要將「于序事中寓論斷」置放在術語的生成脈絡來作歷時性探索。由於，在顧炎武提出這項說法前，已有呂祖謙、王楙等，均對《史記》富含言外之意處有所體認，顧氏只是進一步明確這個「意」的指涉，以為是史家表達褒貶議論的一種手段。既然顧炎武提出這個理論，是前有所承；則從顧氏說法獲得啟發，進一步將術語詮解得更為周詳，再而衍伸出新的意涵，自是無可厚非。

「于序事中寓論斷」拆開來看，即通過「寓」字統合「序事」與「論斷」兩個詞組。「論斷」顧名思義就是評價、議論，至於「序事」何指？與「敘事」又有何不同呢？首先由「序事」詞源探起。該詞彙初見於《周禮・春官宗伯上》：「職喪，掌諸侯之喪及卿大夫士凡有爵者之喪，以國之喪禮涖其禁令，序其事。」此處「序」作次第解，並有按爵位、官位排序的意思。[11]《周禮》中，載及「序事」者，屢見不鮮。然而卻發現一個有趣的現象，即某處作「序事」，而某處或作「敘事」，如：

> 樂師掌國學之政，以教國子小舞。……凡樂掌其序事，治其樂政。
> 馮相氏，掌十有二歲、十有二月、十有二辰、十日、二十有八星之位，辨其敘事，以會天位。冬夏致日，春秋致月，以辨四十之敘。[12]

---

[11] 詳參丁琴海：《中國史傳敘事研究》（北京：國際文化出版公司，2002），頁3。

[12] 分別引自鄭氏注，賈公彥疏：《周禮注疏》（臺北：大化書局，1989，《十三經注疏附校勘記》本）

上舉二例，均作「次序」解。欲理解兩者使用的情形，筆者分別考察「序」、「敘」的初形本義，以作釐清。「序」，據《說文解字》：「庌，東西牆也。从广予聲。」[13]本義指區隔廳堂的東西牆。《周禮》、《儀禮》多釋「序」為次第，《易‧艮》：「言有序」，引申為按次第區分、排列的用法。[14]另觀察「敘」字，《說文解字》云：「敍，次弟也。從攴余聲。」[15]段注：「古或假序為之」，此知，在釋為「次第」時，「序」、「敘」是可以通用的。復次，據段注引大徐本的說法，兩者均注音為「徐呂切」，呈現著「同音通假」的關係。故在釋「敘」為「次第」的前提下，「敘事」可以等同於「序事」。[16]由於敘事較之序事，已形成批評術語，且相對頻繁用於探討史傳文學，故筆者統一採「敘事」用法。

　　「敘事」被當成批評術語，最早見於劉知幾《史通‧敘事》：以敘事為撰史的優先原則。據丁琴海的論點，劉知幾所定義的「敘事」，「從淺層看，含有『敘述事件』之義；就其深層結構來看，劉知幾的『敘事』僅僅指編寫歷史書籍的方法。」[17]與現今所認定的「敘事」有別，亦與宋代以來，及於清代章學誠的認識有所不同。

　　通過宋代真德秀的闡發，「敘事」便具有「敘述事實」與「記事文體」雙重含義。明‧王維楨《史記評鈔》：「文章之體有二，序事議論，各不相淆，蓋人人能言矣。然此乃宋人創為之，宋真德秀讀古人之文，自列所見，歧為二途。」清‧章學誠：「古文必推敘事，敘事實出史學。」[18]可見人們沿襲了

卷23〈樂師〉、卷26〈馮相氏〉，頁1712-1713、1766-1767。

[13] 清‧段玉裁注：《說文解字注》（臺北：藝文印書館，1979），卷9，广部「序」，頁448。小篆字型，載自中央研究院資訊科學研究所：「漢字構形資料庫2.7版」(http://cdp.sinica.edu.tw/cdphanzi/)。

[14] 夏徵農編：《辭海》（臺北：臺灣東華書局，1992），頁1479。

[15] 清‧段玉裁注：《說文解字注》，卷3，攴部「敘」，頁127。

[16] 由於本論著係從顧炎武「于序事中寓論斷」說法入手，有所增益、補充、發揮，以形成更為嚴謹且成體系的論述。至於顧氏為何用「序事」，而不是「敘事」，則又是另一可資開發的議題，有待來日探索。

[17] 丁琴海：《中國史傳敘事研究》，頁25。

[18] 分別引自明‧凌稚隆輯校、李光縉增補、日‧有井範平補標：《補標史記評林》，卷首〈讀史總評〉

傳統的思路，更多地是從「敘述事實」的角度來理解「敘事」之義，「事」則多指歷史事件。[19]

　　相較於中國以史書為主體，包含史著、史論、史評，所發展而來的敘事概念，西方有一套系統化的敘事學理論。敘事文主要包含三大要素：1.情節（連貫性、先後順序、時間），2.人物（人物類型、刻畫），3.觀點（視角）。以此做為手段，用來傳達意義。在敘事作品裡，所有載述，都蘊含著目的性，且具備因果關係。透過進入人的思想感情，可在過去與現在相關時，浸入對於過去的記憶，並且想像出來。[20]雖然產生的背景、發展脈絡有別，但其基本要素，以及帶有時間性、目的性的原則，亦可借鏡於中國史傳文學的敘事研究。

　　史公採取第三人稱的觀點，將「無所不在」的角色擴充到「無所不知」。不僅通過人物的對話、行動、其他人的評論，甚至直接進入到人物內心世界來探索，賦予人物靈魂，使形象更為立體。然而，正如浦安迪所云：「敘事文並不直接去描繪人生的本質，而以『傳』事為主要目標，告訴讀者某一事件如何在時間中流過，從而展現它的起訖和轉折。」[21]是以，固然就廣義而言，敘事就是說故事，但是「如何說」，往往涉及撰作者的背景、身分、目的、定位等，而在實際書寫上，有不同的側重（或偏重人、或偏重事、或用於表義）等，端視情況而定，非僅為「說故事」所能總括。

　　《史記》為紀傳體通史，主要透過以人統事的方式，串連起一系列歷史故事。這些故事，構成作品的「裡」，以事牽連，擔負著載史、寫人、抒情的

引王維楨語，頁 129；清‧章學誠：〈上朱大司馬論文〉，收錄於氏著：《章學誠遺書》（北京：文物出版社，1985），〈補遺〉，頁 612。

[19] 丁琴海：《中國史傳敘事研究》，頁 30-31。

[20] 參美‧華萊士‧馬丁著、伍曉明譯：《當代敘事學》（北京：北京大學出版社，1990），頁 128、189；胡亞敏：《敘事學》頁 115；王靖宇：《中國早期敘事文論集》（臺北：中央研究院中國文哲研究所，1999），頁 1-21、24-25、頁 37；美‧浦安迪：《中國敘事學》（北京：北京大學出版社，1996），頁 6-7；楊義：《中國敘事學（圖文版）》（北京：人民出版社，2009），頁 10-36；丁琴海：《中國史傳敘事研究》，頁 153。

[21] 美‧浦安迪：《中國敘事學》，頁 6-7。

功用；[22]《史記》的性質，通篇看來，屬於史傳類；而從章法、篇法上看，屬論敘類。高燮：「歷詳事實不如案論，此史家正例也。而或於敘述中附見己意，此為變例矣。」[23]由於，在理解作者隱藏於敘事中的符碼時，有時會有誤讀或是錯誤理解的可能。是故，作者一方面將評論「推見至隱」，藏於敘事文字當中，一方面亦透過直接評論的方式，給予讀者提示。讓讀者得以按圖索驥，釐清作者所欲表達的中心主旨、意念，進而探析寓於敘事中的論斷所在、所指。通過序、贊、論直接論斷者，屬於評論的正例；而「于序事中寓論斷」，則為評論的變例，或可稱為「變體敘事」。

　　作為銜接敘事與論斷的橋樑，「寓」字的功用極大。[24]關於「寓」字，應理解作「寓意」為宜，指在語言文字中，所寄託、暗含的意思。[25]欲對《史記》「于序事中寓論斷」的筆法，進行考索時。必須注意的是，《史記》畢竟是史書，而非寓言，故不可能全篇文字均帶有寓意。而是在特定的書寫範圍，特定的篇章，涉及忌諱時，才有可能運用此項手法。聯繫《史記》的紀傳特質，故《史記》「于序事中寓論斷」可釋為：在特定的時空背景，通過以人統事、

---

[22] 以事牽連是《史記》立傳和敘事的基本方法之一。它的作用主要有三：1.利於敘事的完整清晰，揭示事物的本來面目，更有利的表達內容；2.增強文章的內在聯繫，如金毓黻所說，「大抵撰合傳者，不必其人人銖兩悉稱，但能以事聯綴之，彼此相關，能合而不能分，即為極合傳之能事」；3.減少立傳數量。參趙生群：〈《史記》書法論〉，收錄於氏著：《《史記》文獻學叢稿》（南京：江蘇古籍出版社，2000），頁 264-265；金毓黻：《中國史學史》（北京：商務印書館，2010），「第九章　清代史家之成就」，頁 341。

[23] 高燮語，引自楊燕起等：《史記集評》（北京：華文書局，2005，原名：《歷代名家評史記》），頁 460。

[24] 白壽彝〈司馬遷寓論斷于序事〉一文，於 1961 年即刊載於《北京師範大學學報》。稍後於 1983 年，為楊燕起等編的《歷代名家評史記》作序。是篇提到司馬遷對於「于序事中寓論斷」的運用，比顧炎武所舉的例證還要多出很多。顧氏所提出的「寓」字，白氏從中獲益良多。楊燕起等：《歷代名家評史記》，白壽彝〈序〉，頁 1-3。

[25] 通過史公在《史記‧老子韓非列傳》的論述，可知對於史公來說，「寓言」意謂著「空語而無事實」，是莊子憑藉著其傑出的藝術才能，無所依傍地想像、創造，並藉以攻擊儒、墨，申發老氏之學的結晶。筆者以為，由於「寓言」屬空言性，接之梳理史傳，較為不妥。故應寬泛界定為「寓意」為宜。此段論述，為筆者受陳曦〈《史記》隱含敘述探索〉是篇，啟發而得。陳曦：〈《史記》隱含敘述探索〉，《解放軍藝術學院學報》，2002 年第 2 期，頁 5-14。

以事牽連的歷史敘事，寓含史公對人對事，獨特而深刻的評價。

二、研究現況與問題意識

關於《史記》敘事的研究，多琢磨於文學技巧、修辭藝術或人物刻畫。[26]於議論部分的探究，則限於序、贊、論，屬於直接議論的範疇。值得注意的是，《史記》是採取論敘法，有「先敘後論」、「先論後敘」、「論敘論」、「敘論敘」，還有一種「夾敘夾議」。「夾敘夾議」有兩種形式，一為結構上，一為意義上。前者從文法、章法等形式上的分析，即可判定；後者，將是非曲直深藏在敘事行文當中，應從內蘊上去探察，即本篇論文的談論主軸：「于序事中寓論斷」。[27]如侯外廬所說：

> 嚴格地講來，司馬遷在史記自序中和他的個別論斷中所歸納的歷史
> 學，還不能完全表示出他的歷史觀點的實質。……如果我們不通過
> 《史記》本身作全面而具體的研究，僅依據這些一般的說明加以引
> 申，那麼我們就既不能把司馬遷和劉向、班固以還的史學家嚴格地
> 區別開來，也不能看出司馬遷究竟怎樣網羅舊聞，怎樣參之行事，
> 怎樣運用他的歷史觀點，怎樣對待自然和社會的複雜關係，以通曉

---

[26] 關於《史記》敘事、章法的研究，於漢代有二班、揚雄，唐、宋有古文八大家，明、清除了顧炎武，尚有方苞、劉大櫆為首的桐城派，以及吳見思、芧田氏、李晚芳、牛運震、李景星、吳贊甫、郭嵩燾、林紓等學者。近年來的研究情形，據徐興海的分類，《史記》「文學思想」部分的研究數量最大，佔整體研究的23%，其中尤以藝術方法、人物形象為研究重點。「史學思想」部分，則占7%。詳參可永雪：《《史記》文學成就論說》（內蒙古：內蒙古教育出版社，2001），頁200-204；徐興海編：《司馬遷與《史記》研究論著專題索引》（西安：陝西人民教育出版社，1995），〈前言〉，頁2。

[27] 「夾敘夾議」，一種指結構上呈現出敘事與議論間雜的型態；另種指「議在敘中」。雖然他們原理都一樣，皆為即事明理，但處理方式則異：前者因在形式上表現出敘議間雜，故為章法的一種；後者卻指運用事材時深藏特殊情意，應從內蘊上去分析。參仇小屏：《篇章結構類型論（增修版）》，（臺北：萬卷樓圖書公司，2005），「第二十二章 論敘結構」，頁215-216。

歷史的演變，而形成他自己的歷史學說。[28]

呂祖謙、王楙、劉大櫆、劉熙載雖發現《史記》敘事具有「意旨深遠，寄興
悠長」的特點，然而僅就文法觀之，並未深入探討其「微情妙旨」究竟為
何。[29]直到顧炎武於《日知錄》中提出《史記》「于序事中寓論斷」的說法，
方使人對於《史記》的敘事成就，又向前開展了一大步。讓人意識到，《史記》
於敘事之外，亦有蘊含論斷的變體敘事。[30]

　　史公以孔子作《春秋》為範式，載錄孔子話語，曰：「我欲載之空言，不
如見之於行事之深切著明也。」（卷 130，頁 3297）[31]是以，在一定程度上，《史
記》必然受到孔子撰作《春秋》的書法影響。因為《史記》往往通過所寫的
人、事，反映一定的社會問題。故能以有限的文句，含蘊無窮的思想。聯繫

---

[28] 侯外廬：〈司馬遷的思想及其史學〉，收錄於侯外廬等：《中國思想通史》第二卷（北京：人民出
版社，1957），頁 134。

[29] 唐宋以來，到明清，對於《史記》風格的認識，約有三類：1.唐‧韓愈「雄健」、清‧章學誠「質
蒼」；2.韓愈「雅」、柳宗元「潔」、章學誠「輕靈」；3.宋‧蘇轍「疏蕩有奇氣」、王楙「筆墨之
外」、清‧芋田氏「逸品」。李長之藉由歸納，得出第三點「逸」，尤為一般人所感覺。茲錄幾點
如下，宋‧呂祖謙：「太史公之書法，豈拘儒曲士所能通其說乎？其義指之深遠，寄興之悠長，微
而顯，絕而續，正而變，文見於此而義起於彼，有若魚龍之變化，不可得而縱迹者也。讀是書，可
不參考互觀，以究其大旨知所歸乎。」王楙說：「或問《新唐書》與《史記》所以異，余告之曰：
『不辨可也。』《唐書》，如近世許道寧筆畫山水，是真畫也。太史公如郭忠恕畫天外數峰，略有
筆墨，然而使人見而心服者，在筆墨之外也」；清‧劉大櫆：「文貴遠。遠必含蓄，或句上有句，
或句下有句，或句中有句，或句外有句。說出者少，不說出者多，乃可謂遠。昔人謂畫曰，遠山無
皴，遠水無波，遠樹無枝，遠人無目，此之謂也。（按此言文字疏略）遠則味永，文至味永，則無
以加。昔人謂子長文字，微情妙旨，寄之筆墨蹊徑之外，故太史公文，並非孟堅所知」；劉熙載：
「《史記》敘事，文外無窮，雖一鱗一鬣，皆與長江、大河相若。」參李長之：《司馬遷之人格與
風格》（臺北：里仁書局，1997），頁 336；呂祖謙語錄自宋‧馬端臨：《文獻通考》（臺北：世
界書局，1986 年出版，《景印摛藻堂四庫全書薈要‧史部‧故事類》），卷 191〈經籍考〉，頁 14；
宋‧王楙，鄭明、王義耀校點：《野客叢書》（上海：上海古籍出版社，1991），附錄一〈野老紀
聞〉，頁 448；楊燕起等：《史記集評》，〈論敘事〉載劉大櫆語，頁 177；清‧劉熙載著，王氣中
箋注：《藝概箋注》（貴陽：貴州人民文學出版，1986），卷 1〈文概〉，頁 35。

[30] 顧炎武論點業已於本章「（一）」進行探討，故略。

[31] 本篇論文尊稱司馬遷為「史公」，所採《史記》版本，為北京中華書局 1982 年 11 月二版，二十五
史點校本，以下徵引，僅標卷數、頁碼，不再另作附註。

上引侯外廬的說法，若僅據〈太史公自序〉及論贊來做研究，則難以發現史公別於班固、劉向以降，別具隻眼的史學觀點。是以，作「于序事中寓論斷」筆法的研究，就有其必要性。

「于序事中寓論斷」筆法的具體提出，來自顧炎武。因此，研究這個論題，勢必得從顧氏說法探源，來循出線索。就位置上看，顧氏所舉五例均位在傳末，具有「結案語」的特質。誠如白壽彝的揭示：「司馬遷『于敘事中寓論斷』的最好例子，不一定是放在篇末，而往往是放在篇中；不只是借著一個人的話來評論，而有時是借著好幾個人來評論，不一定用正面的話，也用側面或反面的話；不是光用別人的話，更重要的是聯繫典型的事例。」[32]是以，顧炎武雖然揭櫫史公作史，其論斷往往隱於歷史敘事中，惟所舉五例有其片面性與數量上的不足，且未做詳細闡述，也未將意義作界定。因之，有諸多學者從顧氏說法入手，進一步加以闡釋、定義，展開研究。

值得一提的是，本論著是以筆者 2012 年 1 月出版的碩論為基礎修訂而成，其後的研究情況，亦宜有所增添。擇要整理如下：

1. 白壽彝〈司馬遷寓論斷于序事〉

早期最典型的研究，便是白壽彝〈司馬遷寓論斷于序事〉。是篇將《史記》「于序事中寓論斷」的筆法，主要分成四大點：藉他人語，來體現作者論點；通過代表性人物，反映時代環境；兩兩對照；細節描寫。前兩者的論述較詳，後兩者，則論述較略，補充的空間仍大。白壽彝最為高明之處，在於掌握人物與時代難以切割的特質，故每能由小見大，舉大該細，從例證中，還原當時情境，並反覆檢驗。只是限於篇幅，在舉例、論述上，還有許多拓展空間。關於例證的體察與聯繫，發揮空間仍大。對於「于序事中寓論斷」的源流與承繼《春秋》書法的特質處，也未見說明，是較為可惜之處。白壽彝以顧炎武所舉的五項例證為研究起點，進而加入自己的研究心得與創見，在此之後，

---

[32] 白壽彝：〈司馬遷寓論斷于序事〉，收錄於歷史研究編輯部編：《司馬遷與《史記》論集》，頁 137。

學者研究「于序事中寓論斷」的筆法，往往徵引是篇，以為基礎，來加以闡發，帶有一定的影響性。[33]

2. 可永雪《《史記》文學成就論說》

可永雪《《史記》文學成就論說》，用一個段落來寫「于序事中寓論斷」。除了援引白壽彝的說法外，可永雪更用自己的話，去詮釋：

> 作者不是先發一通議論再去講事實，也不是把事實說完後再來個分析論斷，而是通過歷史過程的敘述，結合具體史事，吸收當時人的評論或反映，不用作者出面給人物作論斷，就能引導讀者自然而然的得出結論。[34]

而見載於其他章節的部分，像是在第四章《史記》的寫人藝術中，提到了「《史記》的細節描寫」、《史記》借軼事傳神；第五章《史記》的敘事藝術中，講到《史記》在文學章法上的特質，如「虛實詳略」、「對比映襯」，在結構的藝術，諸如「《史記》人物傳記的構思手段：懸念、巧合、對比等等」；第六章《史記》的語言藝術，講到《史記》的語言表現力，像「重沓、加倍形容、用虛字傳神」、「諷刺語言和諷刺藝術」以及「議論和論斷語言」。這些，對於延伸顧炎武「于序事中寓論斷」的說法，進而更深層次的探究《史記》，均甚有助益。

可永雪是從文學的角度，來研究《史記》。在領會前人的研究成果後，加入了自己的創見，故對於《史記》的結構、章法、敘事藝術、語言藝術，有較全面性而詳實的論述。只是，《史記》畢竟是一部史書，在高明的文學技巧之外，其歷史撰述的特點，是不可抹滅的。而如何經由研究《史記》的文學

---

[33] 白壽彝：〈司馬遷寓論斷于序事〉，收錄於歷史研究編輯部編：《司馬遷與《史記》論集》，頁137。

[34] 可永雪：《《史記》文學成就論說》，頁209。

技法，進而抽絲剝繭出《史記》內在的歷史意涵，則尚有開拓的空間。[35]

3. 程金造：〈史記的論斷語言〉

在顧炎武之前，多僅止於「言外之意」的討論，而未明白揭示史公亦有藉由敘事來表達其論斷的方式。程金造根據顧炎武所提示的「于序事中寓論斷」這項特質，遵循太史公於《史記》中所表露的思想意識，將《史記》對人對事的是非褒貶論斷語言，分成：直言、微言、反語、贅言、言外之言、自言、借他人言、疑語。

筆者以為程氏所揭示的論斷語言，多引自容易辨明的序、贊、論，而較少引自敘事文本。惟其所揭示的語言特質，並不只限於序、贊、論，而應是連貫著整部《史記》。又程氏在判斷論斷語言時，常佐以虛字，並分判其語境、語氣。此點，可做為分判「于序事中寓論斷」的方法之一。此外，對於史公所議論、針砭處者，程氏所舉主要是對於史公反對私利、私欲的部分。可依循程氏提點的文法特質，考察敘事中蘊含論斷的部分。[36]

4. 張大可〈《史記》散文序事的藝術特色〉

《史記》的文學藝術，固然卓越，然而，他「不是一般的寫景、抒情、設喻、說理，他以人為本位記敘歷史，所以是別具一格的歷史散文。」張大可將班固對《史記》的贊語：「善序事理，辨而不華，質而不俚」，用文、史雙重角度來加以解讀。在第二部分「寓論斷於序事」中，在白壽彝所發現的點上，更加以深入闡釋。如〈淮陰侯列傳〉，以前期亡楚歸漢、定策漢中、擒魏取代、破趙脇燕，東擊齊，替漢家打下半壁江山，凸顯了韓信的智。後一部分，則述說韓信被漢王猜忌，從奪王貶爵到夷滅三族，突出韓信的冤。以「智」照應其「冤」，從韓信的悲劇，進而「揭示了絕對君權的殘忍，具有反

---

[35] 可永雪：《《史記》文學成就論說》，頁 207-209。

[36] 程金造：〈史記的論斷語言〉，收錄於氏著：《史記管窺》（西安：陝西人民出版社，1985），頁 348-379。

封建專制的思想光輝」。張大可復根據顧炎武「《漢書》不如《史記》」的說法，援舉韓信拒武涉、蒯通之說，並云：「司馬遷用重筆敘寫，最為精彩，可以說這一段文字就是司馬遷用事實為韓信辨誣，寓論斷於敘事的妙筆」。此外，在這部分的最後，張大可將評論的正例（夾敘夾議與「太史公曰」的直接評論）與變例（「于序事中寓論斷」）做了區別，並說明兩者之間，可相互結合、輔助，進而體會史公的史筆之妙。

在第四部份「諷刺藝術」中，張大可羅列了七項：「狀摹本人自矜聲色的心態以寓諷」、「引他人之語以寓諷」、「借秦諷漢」、「用以褒為貶的反寫法以寓諷」、「記事兩出，故為破綻以寓諷」、「記事雷同，周而復始，相映成趣，構成諷刺」、「用無聲的沉默以寓諷」。這裡，張大可或舉〈序〉、〈贊〉的例子，或以傳文內容為考察。其中「用無聲的沉默以寓諷」，指「不作直接的評論而寓有強烈的諷喻意義。無聲之諷要運用各種創造性的手法構成諷喻的環境和氣氛，引人深思，唯司馬遷能之」。[37]這部分，給了我們對於史公高明的諷刺手法，新的提示。並可與史公於敘事中寄寓論斷的筆法，相通發明。

尤須辨明的是，史公的諷刺重點在「微文刺譏，貶損當世」。故張大可以為「〈封禪書〉、〈酷吏列傳〉、〈萬石張叔列傳〉三篇，集中諷刺武帝為人，及其腐敗政治，是《史記》諷刺藝術的名篇」。這裡，就提示了我們，《史記》集中寓諷於當代史的部分。[38]

5. 聶石樵〈司馬遷的文筆〉、趙生群〈《史記》書法論〉、周一平《司馬遷史學批評及其理論》

聶石樵〈司馬遷的文筆〉一文中，主要是從文學的角度來看待《史記》。聶氏以為司馬遷「于序事中寓論斷」，「是一種優良的史筆，同時也是一種卓越的文筆」。這就將「于序事中寓論斷」的作法，與《史記》文史兼具的特色

---

[37] 張大可：〈《史記》散文序事的藝術特色〉，收錄於張大可：《《史記》研究》，頁 476。（小節標目「寓論斷于序事」）

[38] 張大可：〈《史記》散文序事的藝術特色〉，收錄於張大可：《《史記》研究》，頁 465-468。

相勾連起來。內容上不外乎受到白壽彝論文的影響,而對於側面、反面描寫的部分,則進一步舉例說明補充了白氏論述較為不足之處。於〈蕭相國世家〉、〈魏其武安侯〉列傳的舉例中,將史公對於人物心理刻劃入微的部分提點出來,如藉由高帝對待蕭何的舉措,「呈現了高帝靈魂深處的猜忌和偏私」;藉由萬石君石建屏人恣言的舉動,「寫出了這個人物靈魂的陰暗和齷齪」。最後,則將「于序事中寓論斷」的筆法標高為:是史公議論中,最主要和成就最高的。[39]

　　趙生群從史學角度切入,上繼《春秋》,回溯「于序事中寓論斷」的產生因緣,進而提挈史公多用「于序事中寓論斷」筆法的主旨、目的。總體上以談論《史記》書法為主,分成十四個條目,「于序事中寓論斷」僅為其一。限於篇幅,而傾向簡略帶過,然具有啟發性,諸如「據事實錄」、「微文譏刺」等的關聯用法與示例,容或有商榷空間,可於其持論基礎,作進一步開拓。[40]

　　周一平《司馬遷史學批評及其理論》第六章第九節〈「論考之行事」。寓論斷于序事論〉中,以為《史記》「于序事中寓論斷」的作法,是吸納《春秋》書法合理的部份,而有所發展。既增事,又增義,不僅是歷史敘事的筆法,亦是史學研究的方法,因而於「歷史寫作」具有示範性。[41]

6. 孫雅婷《《史記》「寓論斷于序事」探索》[42]

　　孫雅婷《《史記》「寓論斷于序事」探索》於 2015 年 3 月出版,與喬鳳月《論《史記》的「寓論斷于序事」》(2012 年 4 月出版),均為翁其斌指導,而

---

[39] 聶石樵:〈司馬遷的文筆〉,收錄於張高評:《《史記》研究粹編(二)》(高雄:高雄復文圖書出版社,1992),頁 609-662。

[40] 案,如趙生群通過〈十二諸侯年表〉、〈匈奴列傳贊〉,以為司馬遷「微文譏刺」筆法僅限「當世」,未及於其他朝代的論述,便值得商榷。趙生群:〈《史記》書法論〉,《《史記》文獻學叢稿》(南京:江蘇古籍出版社,2000),頁 258-298。

[41] 周一平《司馬遷史學批評及其理論》(上海:華東師範大學出版社,1989),第六章第九節〈「論考之行事」。寓論斷于序事論〉,頁 236-238。。

[42] 孫雅婷:《《史記》「寓論斷于序事」探索》(上海師範大學碩士論文,2015 年 3 月),頁 1-143。

有所修正、補充。主要就發話者的身分，以及敘事主體、軼文進行分類探討，固然俱為本論著「側筆」（藉言敘事、寓意閒事）的涵括範圍，但也提示了進一步細緻分析的可能。至於與《左傳》的聯繫部分，孫氏以為顧炎武「于序事中寓論斷」的提出，或有鑒於《左傳》論斷主要見於「君子曰」，尚有循此就顧氏關聯論著，作引證、發揮的空間。

7. 其他

　　李洲良〈史遷筆法──寓論斷于序事〉與姚萍、曾祥燕〈淺論司馬遷的寓論斷于序事〉，皆以專文形式探討。李洲良從《春秋》書法的角度入手，分成三個形式：1.述而不作，借史料之取捨傳心中之隱曲；2.據事直書，詞不迫切而意獨至；3.側筆旁議，托他人之口代作者之言。認為史公繼承《春秋》書法的同時，又超越了《春秋》書法，箇中關鍵便在「實錄精神」。此即劉知幾「直書說」、章學誠「史德說」所強調的。認為史公將《春秋》書法「一字定褒貶」，擴展到篇章的敘事結構、人物形象的描寫乃至整體佈局，將矛頭指向最高統治者，而以「實錄精神」為統攝，此正為史公的不凡及偉大處。姚萍、曾祥燕〈淺論司馬遷的寓論斷于序事〉，篇幅簡約，所持論點大抵未出前人研究。將「背景資料」與「于序事中寓論斷」聯繫的部分，則具參考性。[43]

　　由於《史記》卷帙紛繁，故選取重要篇章作為研究對象，亦為入手方法。張宇〈于序事中寓論斷──《史記‧李將軍列傳》筆法探析〉，即通過〈李將軍列傳〉，揭示史公文外之重旨：傳達漢家的刻薄寡恩，並為遭受迫害的忠直臣良，伸張正義。[44]延伸性探究者，如王德華〈《史記》「寓論斷於序事」的借鑒意義〉等，著眼於當代新聞傳播學的啟示，可視作古為今用的拓展。[45]

---

[43] 李洲良：〈史遷筆法──寓論斷于序事〉，《求是學刊》，2006 年 7 月，第 33 卷，第 4 期，頁 105-109；姚萍、曾祥燕：〈淺論司馬遷的寓論斷于序事〉，《安徽文學》，2009 第 8 期，頁 223。

[44] 張宇：〈于序事中寓論斷──《史記‧李將軍列傳》筆法探析〉，《甘肅高師學報》，2000 年 7 月，第 5 卷，第 4 期，頁 60-62。

[45] 王德華：〈《史記》「寓論斷於序事」的借鑒意義〉，《青年記者》，2007 年，第 14 期。

　　《史記》「于序事中寓論斷」筆法的研究，前賢或從文學角度切入，或從
史學角度著眼，部分學者注意到《史記》文、史兼具的特性，以為「于序事
中寓論斷」既是史筆也是文筆，較為全面性的掌握這項筆法的特質。在形式
分類上，於「屬辭比事」的部分，著墨較多；內容探索的部分，則限於個別
篇章的探究；筆法溯源的部分，僅略見與《春秋》書法的聯繫。總體而言，
關於「于序事寓論斷」的研究，截至 2012 年以前，僅見以此為命題的單篇論
文，或是在提到《史記》敘事、書法、褒貶議論時，附帶提及而已。或受限
於篇幅，尚未見聯繫《史記》全書，全面而深入的研究。2012 年以後，有兩
部學位論文，固然提示顧氏說法與《左傳》的關聯性、《史記》微言側筆的進
一步深化探究，惟筆法面向的多元運用、追溯根源的面向，即於應用層面，
都尚有擴充處。

　　既然該項筆法是研究《史記》敘事、書法、褒貶議論的重要環節。以顧
炎武的說法言：帶有獨特性，是高明的史家撰述筆法。因此，具有在文獻評
述的基礎上，進行綜合歸納，分類評析，並從全局出發，把握《史記》本身
的特性，追溯淵源下探流變，整體性研究《史記》「于序事中寓論斷」筆法的
必要性。

三、研究領域與研究方法

（一）研究領域

　　論題成立與否的先決條件，在於是否具備充足的證據來支撐。因此，找
尋例證，便是當務之急。受限於《史記》文本的浩瀚與筆者學力，有必要將
範圍縮小、論題聚焦，以突顯研究重點。衡以該項筆法的特殊性言，之所以
不直白說出，而要遶路說禪，必有其特殊的時空背景。許多學者都有指出，
該筆法的運用，以論列近、當代史部份為最。[46]循此提示，將時限聚焦在近、

---

[46] 如唐·劉知幾《史通·敘事》：「觀子長之敘事也，自周已往，言所不該，其文闊略，無復體統。

當代史，則更能體會出史公「于序事中寓論斷」筆法之巧妙。

　　漢代這段歷史，無疑為探討範圍內。只是上限究竟要溯及何時？則值得討論。《史記》五體中「表」，用來譜列年爵，便於梳理錯綜複雜的歷史脈絡與時空環境。從十表序列來看，除了〈三代世表〉、〈十二諸侯年表〉、〈六國年表〉，其餘俱屬於近、當代史的範圍，凸顯了史公撰史詳近略遠的原則。在〈秦楚之際月表〉提到：

　　　　太史公讀秦楚之際，曰：初作難，發於陳涉；虐戾滅秦，自項氏；
　　　　撥亂誅暴，平定海內，卒踐帝祚，成於漢家。（卷 16，頁 759）

因此，研究漢代史，若能結合秦末以來陳涉作難、項羽誅暴的歷史，則更助於釐清漢代開國之初一些複雜的現象。且史公列陳涉於「世家」、立項羽為「本紀」，正在於史公重視秦末這段亂事，對漢高祖建立漢朝的作用。故本論著的研究範圍，便落在秦漢以來這段史事上，即楚漢相爭到漢武帝時代的歷史。

　　有別於論贊，不是直接「現身」申發議論，而是將議論隱寓於敘事行文當中。因此，研究的文本，除了時代的聚焦外，便需限定在「敘事文」這個條件。至於，是否蘊含論斷，尚待進一步的分析、判斷。

　　《史記》成書後，流傳過程相當曲折，今本《史記》在部分內容的亡佚與後人續補下，已非原貌。關於《史記》篇章亡缺、續補情形，最具代表性者，便是十篇有錄無書的討論。班固父子都提到了這點，分別見於班彪《略論》、《漢書・藝文志》、《漢書・司馬遷傳》。張晏在注《漢書》時，將這十篇的篇什明朗化，以為是「〈景紀〉、〈武紀〉、〈禮書〉、〈樂書〉、〈兵書〉、〈漢興

洎秦漢以下，條貫有倫，則炳炳可觀，有足稱者。」劉節：「秦漢人的傳，大都文章好。秦以前的人的列傳，就有許多殘缺。」參唐・劉知幾撰、清・浦起龍釋：《史通通釋》，頁 166；劉節：《古史考存》（北京：人民出版社，1958）〈左傳國語史記之比較研究〉，頁 339。此外，以下諸作亦可參酌白壽彝：〈司馬遷寓論斷于序事〉，歷史研究編輯部編：《司馬遷與《史記》論集》，頁 137、140；張大可：〈《史記》散文序事的藝術特色〉，收錄於張大可：《《史記》研究》，頁 467。

以來將相年表〉、〈日者列傳〉、〈三王世家〉、〈龜策列傳〉、〈傅靳列傳〉」。[47]雖有余嘉錫綜合前賢說法後，提出自己的意見，惟仍有爭議。[48]為了避免橫生枝節，筆者在梳理文本時，便首先排除掉這十篇爭議較大的部分。

　　扣除掉這十篇有錄無書，時代定限在楚漢相爭到漢武帝朝這段歷史，體製上符合敘事原則者，計有58篇，如下：

1. 本紀4篇：〈項羽本紀〉、〈高祖本紀〉、〈呂太后本紀〉、〈孝文本紀〉。

2. 書3篇：〈封禪書〉、〈河渠書〉、〈平準書〉。

3. 世家12篇：〈陳涉世家〉、〈外戚世家〉、〈楚元王世家〉、〈荊燕世家〉、〈齊悼惠王世家〉、〈蕭相國世家〉、〈曹相國世家〉、〈留侯世家〉、〈陳丞相世家〉、〈絳侯周勃世家〉、〈梁孝王世家〉、〈五宗世家〉。

4. 列傳39篇：〈屈原賈生列傳〉（〈賈生傳〉）、〈魯仲連鄒陽列傳〉（〈鄒陽傳〉）、[49]〈張耳陳餘列傳〉、〈魏豹彭越列傳〉、〈黥布列傳〉、〈淮陰侯列傳〉、〈韓信盧綰列傳〉、〈田儋列傳〉、〈樊酈滕灌列傳〉、〈張丞相列傳〉、〈酈生陸賈列傳〉、〈劉敬叔孫通列傳〉、〈季布欒布列傳〉、〈袁盎鼂錯列傳〉、〈張釋之馮唐列傳〉、〈萬石張叔列傳〉、〈田叔列傳〉、〈扁鵲倉公列傳〉、〈吳王濞列傳〉、〈魏其武安侯列傳〉、〈韓長孺列傳〉、〈李將軍列傳〉、〈匈奴列傳〉、〈衛將軍驃騎列傳〉、〈平津侯主父列傳〉、〈南越列傳〉、〈東越列傳〉、〈朝鮮列傳〉、〈西南夷列傳〉、〈司馬相如列傳〉、〈淮南衡山列傳〉、〈汲鄭列傳〉、〈儒林列傳〉、〈酷吏列傳〉、〈大宛列傳〉、〈游俠列傳〉、〈佞幸列傳〉、〈滑

---

[47] 引自班固「十篇缺，有錄無書」下，張晏夾註語。參漢・班固、唐・顏師古注：《漢書》（北京：中華書局，1997）（二十四史標點本），卷62〈司馬遷傳〉，頁2724。

[48] 這十篇疑案，歷來學者有不少討論。自張晏起，始於三國，興起於唐，清末民初達到頂峰。歸納起來，約有「十篇全亡說」、「部分亡佚說」、「十篇未亡說」。目前學界較傾向於余嘉錫的看法，惟後起學者仍對余說，有不少指正與駁難。往後的研究，應結合《史記》的補竄、斷限，或許能得出新的答案。參余嘉錫：〈太史公書亡篇考〉，收錄於氏著：《余嘉錫文史論集》（長沙：岳麓書社，1997），頁1-99；李景文、宋立：〈《史記》亡缺研究述評〉，《圖書情報工作》第53卷第19期，2009年10月，頁130-134。

[49] 〈屈原賈生列傳〉、〈魯仲連鄒陽列傳〉這兩篇古今人物合傳者，因本論著探討範圍，係楚漢相爭到漢武帝朝時段，故僅取賈生、鄒陽部分。

稽列傳〉、〈貨殖列傳〉。

上述篇章，在進一步排除掉非敘事文的部分後，還要再依照立意、是否觸及忌諱等條件，判讀出是否蘊含論斷。筆者以為，步驟有六：

（1）從評論的正調：序、贊、論，以及〈太史公自序〉及其中為諸篇章提撕的小序加以歸納，作為提示。如據〈樊酈滕灌列傳贊〉：「吾適豐沛，問其遺老，觀故蕭、曹、樊噲、滕公之家，及其素，異哉所聞！方其鼓刀屠狗賣繒之時，豈自知附驥之尾，垂名漢廷，德流子孫哉？」（卷 95，頁 2673）便提示了讀者，〈蕭相國世家〉、〈曹相國世家〉、〈樊酈滕灌列傳〉，帶有趨向性（皆附驥之尾），可透過連篇對讀，觀察出異中之同、同中之異。

（2）依其位次，或據合傳、附傳對象來考察。如〈李將軍列傳〉、〈匈奴列傳〉、〈衛將軍驃騎列傳〉的序次，便賦有史公對李廣、衛、霍的評價、褒貶；〈扁鵲倉公列傳〉序於田叔之後，吳王濞之前，以倉公朝代為排序原則，可知史公的側重點。另如貫高、趙午所以附載於〈張耳陳餘列傳〉，便帶有反襯傳主、凸顯主旨的用意。

（3）依表現形式來判斷，如立例、變例，剪裁、取捨。如項羽、呂后破格為本紀，陳涉、孔子破格為世家，與五體標準對照之下，便見史公於立例、變例之際的匠心。

（4）從字、句中檢索，如微言、重言、虛字、反語、複筆、詭辭等。[50]如虛字，往往是史公的巧妙布置，表述史公的語氣，連繫上下文的關係，可用來判斷語境。以〈封禪書〉來說，或通過疑辭，傳達史公對神仙之事不足信的看法；或據事實錄，疑以傳疑。

（5）透過《史記》、《漢書》的對照，尋出《史記》所刪削的部分。如冒頓遺

---

[50] 李長之《司馬遷之人格與風格》，略見提示；許璧《史記稱代辭與虛詞研究》則通過比類群書的方式，分析這些虛字，在《史記》實際運用時，同字不同義的各種情況。參李長之：《司馬遷之人格與風格》，頁 329-334；韓・許璧：《史記稱代辭與虛詞研究》（國立臺灣師範大學國文研究所博士論文，1974）。

高后書、武帝輪臺罪己詔，由於觸忌特深，史公削去不載，待對讀《漢書》，始得知悉。

（6）除了要熟讀《史記》文本外，對於歷來評家的詮解亦須注意（如知意、評議、評林、集評、考證等）。從中梳理出史公批評、論斷的趨向性。並俘除掉引申過度的討論。

「于序事中寓論斷」，從表面的文法、章法上，難以直接判定。須就立意上來判讀。「隱也者，文外之重旨」。[51]既然隱藏於文字背後，考索起來自然不易。通過上述步驟，逐步篩選出的文本，計有 352 則。本論著的研究，是立基在文本證據上，做實事求是的分析。因此經過層層項目、重重檢驗，篩揀出來的 352 則引文，或按筆法形式，或就論斷內容來分類，以作為論點成立的依據。

（二）研究方法

關於研究方法的部份，首先牽涉到《史記》如何定位的問題。由於《史記》的撰作背景，尚未文、史分家，故其撰作，往往兼具著文、史性質。所記載者，為歷史事件，而其中關乎歷史想像者，則文學性質濃厚，開後世小說之先河。《史記》的文學藝術價值頗高、寫作手法豐富而多面；《史記》名列二十五史之首，創紀傳體例，為後世史家所宗主，於史學上的地位，無庸置疑。[52]或有學者以為，《史記》為傳記，其本身就是文、史的高度統一，故

---

[51] 梁・劉勰撰、范文瀾注：《文心雕龍注》（臺北：學海出版社，1988 年 3 月初版），卷 8〈隱秀〉，頁 632。

[52] 關於二十四史、二十五史、二十六史諸異稱，二十四史加上《清史稿》則為二十五史，在此基礎上，增上《新元史》則為二十六史。至於，《史記》紀傳體例，統合編年、記事之長，使後世史家奉為圭臬，遵行不輟。如趙翼《廿二史札記》所說：「記事者，以一篇即一事，而不能統貫一代之全；編年者，又不能即一人而各見其本末。司馬遷參酌古今，發凡起例，創為全史。本紀以序帝王，世家以記侯國，十表以繫時事，八書以詳制度，列傳以志人物。然後一代君臣政事賢否得失，總彙於一編之中。自此例一定，歷代作史者，遂不能出其範圍；信史家之極則也。」清・趙翼著、田樹民校證：《廿二史劄記校證》（北京：中華書局出版，1984），卷 1〈各史例目異同〉，頁 2-3。

不能以純史學視之。[53]或以為，《史記》可以是文學，因為在敘事中，蘊含著史公主觀的人生體悟與個性，並帶有再創作的性質。[54]故歷來對於《史記》的研究，或著眼於史學特性，而採取歷史研究法；或關注於多姿的文學藝術，而自文學研究的角度切入。

　　無論從何種角度梳理，需在不違背《史記》為實錄歷史的前提下，才有意義。本論著所採取的研究方法，可分三個層次說明，論述如下：[55]

1. 歸納法與演繹法

　　歸納法的正式提出，始自英國學者培根（Francies Bacon,1561-1626），係經由歸納、整理材料，來得到結論。演繹法是與之相對的概念，指先建立一種理論或假說，再去尋找符合說法的材料。本篇論文是從顧炎武的「于序事中寓論斷」說法入手，於時代定限上，並依照前賢學者的提示，以楚漢相爭到漢武帝朝為論述中心，屬於演繹法。而本論著的研究基礎，是建立在材料的蒐集與歸納上，則屬於歸納法。通過歸納法與演繹法的運用，以避免挂一漏萬。

2. 分析法輔以比較法、綜合法

　　比較法，可分為同源史料（作者為同一人）的比較與異源史料（作者為不同人）的比較。旨在透過不同史料的比較，以見異同詳略。藉由歸納與比較，得出的成果，需進一步通過綜合法，來發揮其中精義。賦予意義的過程，關鍵便在分析法的運用。

---

[53] 趙生群以為：「紀傳體將歷史與人的研究、表現結合起來，找到了歷史與文學的契合點，對於傳記文學的產生和發展，也具有決定性的意義。」趙生群：〈論《史記》的述史框架〉，收錄於氏著：《《史記》文獻學叢稿》（南京：江蘇古籍出版社，2000），頁248。

[54] 可永雪：《《史記》文學成就論說》（內蒙古：內蒙古教育出版社，2001），頁10-24、407。

[55] 研究方法的部分，本論著參酌以下書籍的論述。杜維運：《史學方法論》（臺北：三民書局，2005），頁67-139；張伯偉：《中國古代文學批評方法研究》（北京：中華書局，2006），頁122；陳鳴樹：《文藝學方法論》（上海：上海文藝出版社，1991），頁65-70。

本論著,除了在「屬辭比事」部分,通過比較,或異中求同,或同中取異,更輔以《漢書》對相同事件的載述,以見史公筆削褒貶。在文本材料上,藉由分析法加以鑑別、歸類,制定章節、細目。綜合前賢的研究成果,以其優劣得失為借鑑,進一步以「詳人之所略,略人之所同,重人之所輕,忽人之所謹」為期許。

3.推源溯流法

推源溯流法,源自中國古代學術上重視師承的傳統,藉由釐清源流,掌握學術的脈絡。本論著在第二章將「于序事中寓論斷」筆法上探到《春秋》書法、史家筆法,並論析史公身處的時代環境、家世背景。在第六章,則從《漢書》對《史記》的因襲、增補、改創,找出《漢書》對《史記》筆法的繼承軌跡。通過推源溯流法,以期更能把握《史記》「于序事中寓論斷」筆法的要旨。

總之,筆者以文本分析為主軸,採取上述方法,並借鑑敘事學理論來從事研究。各項方法間,抑或有相通發明、交互應用的可能。所列舉的方法外,於行文之際,復採取表格法、圖示法、統計法來輔助說明。

第二章　錯綜古今，博採眾長：「于序事中寓論斷」筆法溯源

　　「于序事中寓論斷」是高明的史家筆法。不是突然之間的發明，而是有一段生成過程：有其特定的歷史背景、特定的思想內容、特定的撰述方式。是史公汲取前人優長與自身秉賦、遭遇交織下，有所體會的心得。本章分成四個小節，依「畏觸忌諱，切當世而多微辭」、「紹繼《春秋》，竊比孔子」、「博通經史，縱橫古今」，最後歸於「忍辱發憤，成一家之言」。透過背景溯源，釐清史公如何藉由「于序事中寓論斷」的筆法新變代雄，做為深入研究的根基。

一、畏觸忌諱，切當世而多微辭

　　這個小節，筆者分成三個段落，就史公撰史的時代背景探起。進而對史公切當世而於評論的主調（序、贊、論）外，化用以敘為議的筆法，褒貶時事的部分作析論。需要注意的是，史公褒貶抑揚的基礎，是以實錄精神為中心，否則便流於報復私怨的小道。是故，有必要對「謗書說」的曲解加以辯證，見於第三部分。

（一）漢武盛世，漸露衰相：史公微辭寄寓的時代背景

　　關於史公的生卒年，歷來學者提出許多看法，大抵與漢武帝共存亡。[1]因

---

[1] 據王國維的考證，史公生年為景帝中五年（145BC），以為史公卒年「雖未可遽知，然視為與武帝

此，漢武帝朝便是史公身處的當代史，既身歷其境，自然看得細微而透徹。有必要將這樣的時代背景，稍作釐清，以助於理解史公的「于序事中寓論斷」筆法。

　　在漢初帝王無為而治的奉行下，「民則人給家足，都鄙廩庾皆滿，而府庫餘貨財。京師之錢累巨萬，貫朽而不可校。」（卷 30，頁 1420）一派決決帝國、富足充實的榮景。然則，在這盛況的背後，卻含藏著「四夷未賓，制度多闕」[2]的積弊，由錢穆的提點，主要有：社會財富，日趨盈溢；民間古學復興，不肯安於無為；邊患迄未甯息，需謀懲創之道。[3]這樣的局面，給漢武帝提出了必須對經濟基礎及上層建築，進行大規模的改革和發展的動機。故，「漢武帝的多欲是歷史發展的必然」。[4]

　　武帝即位初始，便下賢良文學詔，詔書內容微露改革黃老無為風氣的端緒。董仲舒的對策主張，尤讓武帝青眼看待：「以其時言封禪明堂巡狩種種所謂受命之符太平之治，以及德施方外而受天之怙享鬼神之靈者，其言皆附會於詩書六藝，而托尊於孔子故也。」[5]董仲舒持《春秋公羊傳》的義例，雜揉天人之運，為漢家天下樹立正統，符合武帝的需求。只是董仲舒其他的主張，諸如限民名田、寬民力、鹽鐵歸於人民的部分，卻不能迎合武帝的欲望。於是，在此之後，同樣以《春秋公羊傳》為出發，然其行事「習文法吏事，緣飾以儒術」的公孫弘，遂後來居上，得到武帝的重用。由董仲舒、公孫弘的

　相終始，當無大誤也。」目前學界雖有許多研究，然大抵未出王說。清‧王國維：〈太史公行年考〉，收錄於氏著：《觀堂集林》冊二（北京：中華書局，1961），卷 11，頁 482、506。

[2]　漢‧班固、唐‧顏師古注：《漢書》，卷 58〈公孫弘卜式兒寬傳〉，頁 2633。

[3]　錢穆：《秦漢史》（臺北：東大圖書股份有限公司，1987），頁 75。

[4]　張大可：〈司馬遷評傳（代序）〉，收錄於張大可：《《史記》研究》，頁 5。另，由《漢書‧武帝紀》所收錄的〈求茂才異等詔〉，由武帝求才之殷切，可見其雄心壯志：「蓋有非常之功，必待非常之人，故馬或奔踶而致千里，士或有負俗之累而立功名。夫泛駕之馬，跅弛之士，亦在御之而已。其令州郡察吏民有茂材異等可為將相及使絕國者。」漢‧班固、唐‧顏師古注：《漢書》，卷 6〈武帝紀〉，頁 197。

[5]　錢穆：《秦漢史》，頁 95。

際遇，此消彼長之間，便得見漢武帝「內多欲，外施仁義」（卷120，頁3106）的真正面貌。

　　武帝政治上的銳意革新，除了思想上，定儒術為一尊外，便是郊祀、封禪、巡狩種種典制的復興。力求復古更化、鄙薄秦制，以追上古三王之道。再來，透過連年的征伐、掃蕩外夷，使蠻夷賓服，除卻外夷擾境之害。《漢書・夏侯勝傳》載錄著宣帝褒揚武帝的話語，語曰：

> 孝武皇帝躬仁誼，屬威武，北征匈奴，單于遠遁，南平氐羌、昆明、甌駱兩越，東定薉、貉、朝鮮，廓地斥境，立郡縣，百蠻率服，款塞自至，珍貢陳於宗廟。[6]

同樣針對武帝的開邊，亦載錄著夏侯勝截然不同的意見，語曰：

> 武帝雖有攘四夷廣土斥境之功，然多殺士眾，竭民財力，奢泰亡度，天下虛耗，百姓流離，物故者（過）半。蝗蟲大起，赤地數千里，或人民相食，畜積至今未復。亡德澤於民，不宜為立廟樂。[7]

連繫兩者可知，漢武開邊攘夷，雖有威化四夷、百蠻朝貢之功；然而，這當中耗費無度，使百姓流離，不安其業，造成時局動盪、經濟蕭條的景況。於人力、物力的損耗上，則見得不償失之處。考察根本，連年的征伐實為導因。

　　武帝內興禮樂，外勤征伐。支出耗費龐大下，便納商人為官，主導各項經濟政策。前朝遺留下的貧富不均問題，尚未解決，新的經濟政策，又透過與民爭利的方式，將國庫的龐大缺口，交由人民買單，如此一來，經濟問題便逐漸成為社會動盪的毒瘤。於是，盜賊蜂起，民變蠢蠢欲動。武帝復透過

---

[6]　漢・班固、唐・顏師古注：《漢書》，卷75〈眭兩夏侯京翼李傳〉，頁3156。

[7]　漢・班固、唐・顏師古注：《漢書》，卷75〈眭兩夏侯京翼李傳〉，頁3156。

酷吏，用殘暴苛察的方式，以暴制暴，加以鎮壓。

　　與漢代初年相比，武帝朝於官制的大幅度增設、改稱，反映了時代的推進，與政治史的變革。[8]對外，歷漢匈戰爭，擴充邊境領土。對內，採取積極性的經濟措施，並實行封禪、受命改制。完成了各方面的統一，形成文治武功空前鼎盛的大漢帝國。然而，其行事如封禪者，幾乎與秦始皇無異。陷入神仙方士所構築的長生幻想，而難自拔。雖然經濟富足，卻存在著貧富分配不均的問題。武帝未能從根本處，發現問題的癥結，加以修補。反而在經濟富盛的支持下，連年對外開邊。雖讓大漢一雪前恥，聲威遠播，卻也落入好大喜功、不能自足的泥淖。過度使用民力的結果，使得「海內虛耗，戶口減半」，[9]讓帝王盛世，漸露衰微的跡象。如〈平準書〉中所揭示的：「物盛而衰，固其變也。」（卷30，頁1420）。

　　這樣的時代環境，正是史公撰史的背景。漢武帝蓬勃的英雄主義、浪漫情懷，締造了大漢盛世，卻也落在由盛入衰的環節上。在漢代這般集權中央的專制社會，帝王的好惡，足以左右一個人的生死。故有史公此般多情的史家，化用寓論斷於敘事的筆法，將人物放在政治環境裡去寫。透過以人統事的載述，使後人能從個性中看共性，於矛盾的特殊性中看矛盾的共同性，反映多樣化的現實面貌。[10]

---

[8] 據大庭脩的研究，西漢朝大幅度改變官名，有兩個時期：一為景帝中元六年（144BC），另為武帝太初元年（104BC）。而西漢的政治史，約可分成三個階段：（1）劉邦稱帝（202BC）－景帝三年七國之亂平定（154BC）；（2）景、武年間－武帝逝世（87BC）；（3）霍光擁立昭帝專權，經宣帝時繁榮－王莽篡位（8BC）。大庭脩以為：「官名的兩次改制與政治史有關」。日・大庭脩著、林劍鳴等譯：《秦漢法制史研究》（上海：上海人民出版社，1991），頁15-18。

[9] 漢・班固、唐・顏師古注：《漢書》，卷7〈昭帝紀〉，頁233。

[10] 白壽彝：「司馬遷寓論斷於序事有一個很大的好處，就是把人物放在政治環境裡去寫。我們今天寫歷史人物，一方面要把歷史人物放在特定的環境裡去寫，同時，也要求透過個體人物的活動，去反映社會的現實，這就是要於個性中看共性，於矛盾的特殊性中看矛盾的共同性。」楊燕起等匯輯：《歷代名家評史記》，白壽彝〈序〉，頁1-2。

（二）以敘為議，藉史明心：實錄精神的闡揚

《史記‧司馬相如列傳》：「《春秋》推見至隱，《易》本隱之以顯」（卷117，頁3074）。《索隱》引李奇的說法，對「隱」字加以闡釋，曰：「隱猶微也。言其義彰而文微，若隱公見弒，而經不書，諱之」（卷117，頁3074）。〈匈奴列傳〉的贊語謂：「孔氏著《春秋》，隱桓之間則章，至定哀之際則微，為其切當世之文而罔褒，忌諱之辭也。」（卷110，頁2919）史公載此，不僅指出孔子著《春秋》，在書寫定、哀之際的史事時，為避免觸忌犯諱，而轉化為微辭來寄寓褒貶。亦透露著《史記》在敘當代史時，除了明顯的議論語彙外，也有類似的避忌之辭。

《史記》的定、哀之際，落在秦漢之際這個區塊。〈匈奴列傳〉所牽涉的，是極為敏感的漢匈議題。史公在贊語，表達的是評論的主調，即將建功不深的原因，放在「擇將任相」的部分。然則考究傳中的敘事，以及連繫其他相關傳記的載述，則微見史公對於漢武帝多欲、好大喜功的批評。何以周旋如此、諱莫如深呢？

首先，武帝對匈奴的征討，並非單純的「邊境征伐」，其中尚有雪恥復仇的因素在內。即漢武帝太初四年詔書所謂「高皇帝遺朕平城之憂，高后時單于書絕悖逆。昔齊襄公復九世之讎，《春秋》大之。」（卷110，頁2917）逯耀東說：「高祖七年的平城之役，何以得出？舉世莫能言之。朝野上下視此役為國恥，隱忍百年不言，至武帝大伐匈奴，終於轉變以往的屈辱關係。因此司馬遷在處理這個問題時，仍受到現實政治的限制，不得不有所迴避，以免觸及忌諱。」[11]良然。

其次，史公在蒐集匈奴材料時，或親身到戰爭地點，進行實地考察；或對參與戰爭的人物，加以採訪。因此，在處理漢匈問題時，難免帶有個人主觀意識的介入。再來，史公身陷李陵事件，捲入匈奴問題的是非漩渦，這是

---

[11] 逯耀東：〈對匈奴問題處理的限制〉，收錄於氏著：《抑鬱與超越：司馬遷與漢武帝時代》（臺北：東大圖書公司，2007），頁272。

史公處理漢匈問題的另一項限制。[12]

中國史官文化，有著追求真實的優良傳統。諸如晉太史董狐之筆、齊南史之簡，皆為顯例。只是，史官在直截揭露史實本真的同時，也置身於如履薄冰的險惡境地。尤其是，涉及忌諱議題、敏感時機，牽涉到統治者陰私、瘡疤時，往往必須冒著大不韙的膽識與勇氣，甚至以性命作為賭注。如記載崔杼弒君的史官，便先後有兩位付出生命代價。如何在明哲保身與求真實之間，得到平衡，並行不悖呢？這是史公遭遇到的又一難題。

晉太史董狐之筆、齊南史，固然具有追求真實的精神，然從嚴格意義來說，所記載的歷史，還是不夠公正、客觀。董狐既親眼目睹了趙穿弒殺晉靈公的過程，載史時並未書寫成「趙穿弒君」，反而書寫「趙盾弒君」。反映的並非真正的事實，而是按照當時的「法」來判斷的。齊南史雖直書「崔杼弒其君」，讓崔杼受到應有的歷史審判。然則，崔杼弒君事件的前後因緣，如齊莊公與莊姜私通的過程，齊南史卻未交代清楚，難免帶有為尊者諱的意味。後者，史公在〈齊太公世家〉，便藉晏嬰之口，表達對齊莊公為一己之私而死的議論。[13]是以，史公雖然推崇董狐、齊南史的求真膽識，卻不十分贊同他們的做法。[14]如何在良史求真傳統與明哲保身之間作出權衡，改良前史的缺憾，反映更多的歷史真實呢？在在考驗著撰史者的智慧。據易寧、易平〈史記實錄新探〉的分析，以為：

> 他首先是對事件全過程進行考察審核以求得其真相（事核），然後
> 把它如實地記述下來（文直）。事實是第一位的。作者本人的見解

---

[12] 逯耀東：〈對匈奴問題處理的限制〉，收錄於氏著：《抑鬱與超越：司馬遷與漢武帝時代》，頁306-307。

[13] 晏嬰：「君為社稷死則死之，為社稷亡則亡之。若為己死己亡，非其私暱，誰敢任之！」（卷32，頁1501）

[14] 參俞樟華、詹漪君：〈論傳記文學的「不虛美，不隱惡」〉，《浙江師範大學學報（社會科學版）》，2005年第3期第30卷，頁1。

和是非評議乃是從具體事實的記述中間接地反映出來。這是《史記》「實錄」與《春秋》「直筆」最主要的不同點。[15]

由此可見，史公將直載史事「形式」上的「實錄」，轉化為「文直」、「事核」、「不虛美」、「不隱惡」[16]的「實錄精神」。史公的實錄精神，表現在撰史時的立場：一般不作全盤肯定或是全盤否定，而是有抑有揚。原原本本地講清楚人物行事和客觀事物的變化發展，不僅反映人民的直觀感情，還作出歷史家的客觀分析，體現出「苟愛而知其醜，憎而知其善，善惡必書」的樣貌。[17]

秉持著實錄精神的原則，史公取法《春秋》「明是非」、「採善貶惡」的態度，在撰述「是非二百四十二年之中」（卷 130，3297）的近、當代史時，靈活運化《春秋》載之空言，不如見之行事的書法，於敘事行文中，寄寓論斷。以卓越的史識，在無愧為良史的前提上，以史傳真，藉史明心，傳達出自己的褒貶愛憎。

《史記》畢竟是史書，主要的功能是敘述歷史，而不是議論人事。史公的目標，不僅要究天人、通古今，更要以史書的形式，成就一家之言。因此，「于序事中寓論斷」筆法的運用，便能有效解決纂述歷史與成一家之言的矛盾。如此一來，使得明哲保身與良史傳統間，獲得平衡；改良前史的缺憾，反映更多的歷史真實；亦達成究天人、通古今，成就一家之言的目標。

---

[15] 易寧、易平：〈史記實錄新探〉，《史學史研究》，1995 年第 4 期，頁 29。

[16] 漢・班固、唐・顏師古注：《漢書》，卷 62〈司馬遷傳〉，頁 2737-2738。

[17] 必須強調的是，即使是像《史記》這樣高度被評價為「實錄」典範的傳記作品，如果仔細考究，仍有不符合實際標準處，如：對史實的增補、加工、改造、重塑；為了突出人物形象的特點，往往作誇張性的描寫、渲染；部分描寫，帶有揣摩、虛構的色彩。儘管如此，《史記》總體上，還是體現著「實錄精神」，允為後世典範。參俞樟華、詹湋君：〈論傳記文學的「不虛美，不隱惡」〉，《浙江師範大學學報（社會科學版）》，2005 年第 3 期第 30 卷，頁 4；張大可：〈司馬遷寫漢武帝征匈奴〉、〈簡評《史記》論贊〉，收錄於張大可：《《史記》研究》，頁 517、261。引文引自唐・劉知幾撰、清・浦起龍釋：《史通通釋》，卷 14〈惑經〉，頁 402。

（三）《史記》非「謗書」：史公據事實錄、抑揚予奪自有其度

　　史公撰作《史記》，於史料的取捨、內容的剪裁、五體的架構，無不帶有良史慧眼獨具、燭照大處的史識與用心，故能成一家之言。撰史的同時，對於特定的歷史事件、人物，往往於據事直書中，帶有是非褒貶，以供後世資鑑，是優良的史官傳統，也是《史記》最富價值的瑰寶所在。[18]

　　然而，對於史公的議論，後世看法不一，或有「貶損當世」、「微文刺譏」的評判，[19]甚至於「謗書說」的曲解。《後漢書・蔡邕傳》載王允誅殺董卓後，又欲誅與卓相善的蔡邕。蔡邕乞求「黥首刖足」以續成漢史，可惜王允並不答應，曰：「昔武帝不殺司馬遷，使作謗書，流於後世。」蔡邕遂死於獄中。王允的說辭，代表了官方立場下文人對這部書的看法，並影響了後人對《史記》的評價。[20]故，歷來如劉知幾、王夫之等學者，尚持著「謗書」的觀點。

　　這裡有必要將「謗書」稍作釐清。漢律有所謂「誹謗」罪，據大庭脩的研究，係指：對天子和當時主持朝政者的非難和攻擊，因破壞國家秩序，而構成「不道」罪。[21]稽考《說文解字》段注：「謗之言旁也，旁，溥也。大言

---

[18] 史的職務主要有六：A.祭神時與祝向神禱告、B.主管筮的事情、C.主管天文星曆、D.為災異的解說者、E.錫命或策命、F.掌管世族譜系。早期的史官，承擔著主書主法的行政職責。史、令史等既是縣府的基本執法者，同時也在各級官署從事書記、刑案、文檔等工作。對於文書、法律的充分運用，是官僚制度得以高效運作的基礎。結合文獻典籍，稱「史」的官員，所佔有的地位與所發揮的作用，是秦漢帝國政府官僚制化的重要內容、標志，也有效促進了中央集權。參徐復觀：《兩漢思想史》（臺北：臺灣學生書局，1975 年出版），卷 3〈原史——由宗教通向人文的史學的成立〉，頁 225-231；閻步克：〈史官主書主法之責與官僚政治之演生〉，收錄於袁行霈編：《國學研究》第四卷（北京：北京大學出版社，1997），頁 1-7、24-29。

[19] 「司馬遷著書成一家之言，揚名後世，至以身陷刑之故，反微文刺譏，貶損當世，非誼士也。」語見班固《典引・序》說，永平十七年，明帝詔問班固，評述司馬遷之話語。梁・蕭統撰、唐・李善等註：《增補六臣註文選》（臺北：華正書局，1980 年 9 月初版），卷 48〈典引〉，頁 9140。

[20] 另如《三國志・魏書・王肅傳》載魏明帝與王肅語，魏明帝言：「司馬遷以受刑之故，內懷隱切，著《太史公》非貶孝武，令人切齒。」正文與註腳引文分別參晉・陳壽撰；宋・裴松之注：《新校本三國志注附索引》（臺北：鼎文書局，1977），卷 60 下〈蔡邕傳〉，頁 2006、卷 13〈王肅傳〉，頁 418。

[21] 日・大庭脩著、林劍鳴等譯：《秦漢法制史研究》，頁 99。

之過其實。」[22]是故，構成「誹謗」的要件，便在於以「誇大不實的言論」，中傷天子、執政者。此點，與漢律的研究專著，常將「誹謗」、「祅言」合為一事，可以察見。因此，《史記》固然具有褒貶當代的議論，然則其議論的基礎，是放在史料的排比、編撰、鑑定、抉擇、判斷上，有憑有據，並不符合「誹謗」的要素。

據王允「謗書說」的內容，可以明白：《史記》議論的實質所以受到曲解，很大的一個原因，在於持論者，往往將《史記》的微文刺譏與史公受宮刑，加以連繫。因此，欲對「謗書說」進行翻案，必須先探求史公的撰史心跡，才能將兩件事做區隔。

史公諷刺的重點，主要在漢朝時政的批判上。考察其立意，繼承著《春秋》「貶天子，退諸侯，討大夫」的批判精神，取法孔子以王道文化傳統貶損現實政治的做法。[23]緣此胸懷，若過分強調蠶室之禍對史公的影響，遂將《史記》褒貶當代、是非時政處，一併歸於史公自傷遭遇的怨懟。那麼，《史記》一書幾乎有大半篇章，皆為報復私仇之作，不免有小覷史公之嫌？[24]

在〈太史公自序〉裡，約略提示了父親史談「發憤且卒」的原因：「是歲天子始建漢家之封，而太史公留滯周南，不得與從事」（卷 130，頁 3295）。隱約透露著父親的死亡與武帝封禪的密切關係。或曰：武帝一生，都是在且戰且學仙中度過。史談、史公都曾親身參與這項盛會，〈封禪書〉的許多材料，多來自於此。只是，封禪事件往往羼雜著神仙、方士迂誕不經的色彩。故在載述的同時，必須對材料進行審慎的處理。如果說，史公撰史存在著報私怨的用意，那麼，對於武帝封禪，應會抱著否定的心態來評價。[25]從〈封禪書〉

---

[22] 清・段玉裁注：《說文解字注》，言部「謗」，頁 97。

[23] 陳桐生：《中國史官文化與史記》（臺北：文津出版社，1993 年 11 月初版），頁 217-218。

[24] 如劉咸炘所說：「（《史記》）全書有刺譏之篇，而非篇篇皆刺譏。」劉咸炘：《太史公書知意》，〈序論〉，頁 46。

[25] 「後世對於〈封禪書〉，尤其《史記・今上本紀》後來佚散，褚少孫以〈封禪書〉全篇補〈孝武本紀〉，因此認為司馬遷寫〈封禪書〉，是對武帝的微言譏諷，《史記》被視為謗書也由此而起。」筆者以為，封禪事件，可作為謗書說的成因之一，但不是唯一。參逯耀東：〈武帝封禪與〈封禪

的實際內容來看，史公對武帝封禪，並未做全盤否定。而是藉由時間軸推動著事件的發展，藉由事實的呈現，寓托著作者的評判。對於雜揉神仙道術的情節，則採取「存疑」的記述。整體看來，採取有抑有揚的撰述形式。由此可見，《史記》並非謗書。

　　《史記》位居二十五史之首，[26]在當時文史尚未全然分家的時代條件下，內容也羼雜了不少文學性的色彩。史公既以撰史實現《春秋》那種善善惡惡、賢賢賤不肖的歷史批判；從文學角度來看，史公的褒貶議論，還能成功地發揮文學描寫「抑揚予奪」的威力，為那些在現實命運遭遇不公的人物討回公道。故黃震言：「史公抑揚予奪之妙，常手豈可望哉！」[27]

二、紹繼《春秋》，竊比孔子

　　從《史記・孔子世家》、〈十二諸侯年表〉、〈儒林列傳〉、〈太史公自序〉所載資料表明，在史公心中，孔子作《春秋》，是具有跨時代的價值、意義，甚至可以與湯武革命相提並論。[28]在《史記》中屢次引述孔子、《春秋》的情形，更能見到史公的忻慕與嚮往。[29]孫德謙於《太史公書義法》曰：「司馬遷

書〉〉，收錄於氏著：《抑鬱與超越：司馬遷與漢武帝時代》），頁 205。

[26] 若再加上《清史稿》，則為二十六史。

[27] 「看〈衛霍傳〉須合〈李廣傳〉看，衛霍深入二千里，聲震夷夏，今看其傳，不直一錢。李廣每戰輒北，困躓終身，今看其傳，英風如在。史公抑揚予奪之妙，常手豈可望哉！」宋・黃震：《黃氏日鈔》（臺北：大化書局，1984，乾隆 33 年刊本：據日本立命館大學圖書館藏書影印），卷 47〈讀史二・漢書〉，頁 583。

[28] 陳桐生：《儒家經傳文化與史記》（臺北：洪葉文化事業有限公司，2002），頁 2-3。

[29] 《史記》中屢次引述孔子，據李長之的整理，凡十七見。另據張師高評的考察：「《史記》稱述《春秋》處，一則曰『《春秋》推見至隱』，二則曰『其辭微而旨博』，三則曰『《春秋》者禮義之大宗』，四則曰『《春秋》以道義』，五則曰『《春秋》辯是非』；凡此，要皆司馬遷編纂《史記》時史書法法遵循之規準。故清方苞稱：『《春秋》之制義法，自太史公發之，而後深於文者亦具焉。』由此觀之，《史記》之史法，當有《春秋》之書法義法在。」詳參李長之：《司馬遷之人格與風格》，頁 42-43；張高評：〈方苞義法與《春秋》書法〉，收錄於：《清代經學國際研討會論文集》（臺北：中研院中國文哲研究所，1994），頁 232-237。

之作史也，立言之旨一本孔子」，又「孔子刪修而後因尊之為經者，以其為萬
古經世之書也，而原其始則皆史也。」[30]是故，《春秋》對《史記》的撰作，
無論在思想哲理層面、形式筆法上，皆有重大的影響。

（一）對《春秋》書法與褒貶義法的學習

　　史公撰作《史記》，不僅以撰作第二部《春秋》為職志，更竊比孔子，欲
成就一家之言。[31]《春秋》雖然記事約簡，形似斷爛朝報，然蘊含著無數個微
言大義。在這麼多旨意當中，一以貫之的靈魂，便是王道文化的傳統。[32]孔子
作《春秋》以明王道的說法，首見於《孟子・滕文公下》。[33]孟子提出孔子要
以一身繫天下，並說明《春秋》是寫天子之事的性質。[34]《孟子・離婁下》載：

> 孟子曰：「王者之迹熄，而《詩》亡，《詩》亡然後《春秋》作。晉
> 之《乘》，楚之《檮杌》，魯之《春秋》，一也。其事則齊桓、晉文，
> 其文則史。孔子曰：『其義則丘竊取之矣。』」[35]

從中可知，《春秋》不同於《晉乘》、《楚檮杌》、《魯春秋》等史書的原因，便
在於孔子所寄託的微言大義。據《史記・十二諸侯年表序》的載述，孔子作
《春秋》「西觀周室，論史記舊聞，興於魯而次《春秋》，上記隱，下至哀之
獲麟，約其辭文，去其煩重，以制義法，王道備，人事浹。」（卷14，頁509）

---

[30] 孫德謙：《太史公書義法》（臺北：臺灣中華書局，1985），卷上〈衷聖〉、〈宗經〉，頁1、6。

[31] 參本章四、（一）「紹繼父命：以撰史為志業」處的論述。

[32] 陳桐生：《史記與今古文經學》（西安：陝西人民教育出版社，1995），〈緒論〉，頁23。

[33] 《孟子・滕文公章句下》：「世衰道微，邪說暴行有作，臣弒君者，有之，子弒其父者，有之，孔
子懼，作《春秋》。《春秋》天子之事也。是故孔子曰：『知我者，其惟《春秋》乎，罪我者，其
惟《春秋》乎。』」趙氏注，孫奭疏：《孟子》（臺北：大化書局，1989，《十三經注疏附校勘記》
本），卷6下〈滕文公章句下〉，頁5897。

[34] 陳桐生：《史記與今古文經學》，〈緒論〉，頁24。

[35] 漢・趙氏注，宋・孫奭疏：《孟子》卷8下〈離婁章句下〉，頁5926。

此知，孔子因魯史作《春秋》是有「因」，然其「義則丘竊取」是有所增益、有所創。故從歷史編纂學的角度來看，孔子作《春秋》是寓創於因，是「以述為作」，甚至是「寓作於述」；[36]不是憑空言論理，而是藉史明心，假褒貶以立法。

褒貶是《春秋》之法，是彰顯治法的手段，而非目的。[37]史公是這麼認定的，從〈太史公自序〉裡的載述，可以明白：

> 夫《春秋》，上明三王之道，下辨人事之紀，別嫌疑，明是非，定猶豫，善善惡惡；賢賢賤不肖，存亡國，繼絕世，補敝起廢，王道之大者也。（卷130，頁3297）

從「明是非」、「善」、「惡」、「賢」、「不肖」等字眼，可見《春秋》是寓有褒貶之意的。阮芝生據《公羊》義理的闡釋，說道：

---

[36] ①參張素卿：《敘事與解釋——《左傳》經解研究》（臺北：書林出版有限公司，1998年4月1版），頁41；阮芝生：《從公羊學論春秋的性質》（臺北：臺灣大學文學院，1969年8月初版），頁51；馮友蘭：《中國哲學史》（臺北：藍燈書局，1989），頁89-93。

②此外，筆者以為有必要將「述而不作」的歷來學者的探索，稍加徵引，以便展開說明。語源自《論語·述而篇》：「子曰：述而不作，信而好古，竊比我老彭。」皇侃《論語集解義疏》「述者，傳於舊章也，作者，新制作禮樂也。……夫得制禮樂者，必須德位兼竝，……若有德無位，既非天下之主，而天下不畏，則禮樂不行。若有位無德，雖為天下之主，而天下不服，則禮樂不行。故必須竝兼者也。孔子是有德無位，故述而不作也。」；朱熹《論語集注》：「作，則創始也」；劉寶楠《論語正義》以為「述是循舊，作是創始。……《春秋》是述亦言作者，散文通稱。」說法莫衷一是。筆者以為諸說的差異，主要在「角度」的不同。採取孔子「作」《春秋》者，如張素卿、阮芝生、馮友蘭等，是從歷史編纂學的角度來看。這也是史公在〈自序〉中，引述孔子此語的用意。而採取孔子「述」《春秋》者，則如周遠斌的說法，以為孔子「述而不作」一語，旨在「表白其遵循、繼承、發揚先王之事業，而不改創非王道之業的政治理想」。參周·孔丘、魏·何晏集解、梁·皇侃義疏：《論語集解義疏》（成都：四川人民出版社，1998年2月一版，古經解匯函本），卷3，頁1-146；宋·朱熹：《四書集注》（臺北：漢京文化事業有限公司，1983年11月初版），卷4〈述而第七〉，頁219（四部刊要·經部·四書類）；周·孔丘、清·劉寶楠正義：《論語正義》（成都：四川人民出版社，1998年2月一版，皇清經解續編本），卷8，頁1-326；周遠斌：《儒家倫理與《春秋》敘事》（濟南：齊魯書社，2008年8月一版一印），頁62-69。

[37] 阮芝生：《從公羊學論春秋的性質》，頁183。

《春秋》有褒貶、賢之、大之、與之，皆褒也，辭無輕重；譏貶絕，則一字之殊，輕重有別，此宋氏說九旨之所謂「譏貶絕，輕重之旨也。」譏輕，貶重，絕則又重。三者之外，又有所謂諱與誅者，諱近於譏貶，而誅則近於絕。[38]

根據陳立的說法：「諱之深即貶之甚，公羊以為禮，正春秋重貶之義也」。[39]此見《公羊》是主張《春秋》有一字為褒貶的情形。[40]如：昭公十一年，《春秋經》曰：「夏四月丁巳，楚子虔誘蔡侯般殺之於申」。《公羊傳》：「楚子虔何以名？絕。曷為絕之？為其誘討也。此討賊也，雖誘之，則曷為絕之？懷惡而討不義，君子不予也。」[41]不過，《春秋》雖有一字為褒貶的示例，然不可拘泥，而要視情況而定。[42]舉例來說，如：隱公七年三月經曰，「滕侯卒」。《公羊傳》釋之曰：「何以不名？微國也。微國則其稱侯何？不嫌也。《春秋》貴賤不嫌同號，美惡不嫌同辭」。[43]此見，即使是同號、同辭，在不同的語境，就可能帶有褒、貶截然不同的議論。

　　《春秋》的褒貶，亦可由筆削、詳略察見。趙汸於《春秋屬辭》論《春秋》之筆削，引述《史記‧孔子世家》的說法：「至於為《春秋》，筆則筆，

---

[38] 阮芝生：《從公羊學論春秋的性質》，頁191。

[39] 清‧陳立：《公羊義疏》，（臺北：中華書局，1981，《四部備要》本），卷23，頁9。

[40] 皮錫瑞：「《春秋》一字之褒一字之貶，兩漢諸儒及晉范寧皆明言之。左氏孤行，學者不信《公》《穀》，於是《春秋》或日或不日，四時或具或不具，或州或氏或人或名或字或之類，人皆不得其解，聖人豈故為是參差以貽後世疑惑乎？《春秋》文成數萬，其旨數千，非字字有褒貶之義，安得有數千之旨？若如杜預、孔穎達說，其不具者概為闕文，則斷爛朝報之譏，誠不免矣。」筆者以為皮錫瑞論《左傳》之處，或有偏訛，未必盡信。但從此段論述，可知《公》、《穀》於闡發一字定褒貶的貢獻。清‧皮錫瑞：《經學通論》（臺北：臺灣商務印書館，1989），第四篇〈春秋〉，頁76。

[41] 傅隸樸：《春秋三傳比義》（臺北：臺灣商務印書館，2006），頁1114。

[42] 鄭樵：「泥一字褒貶之說，則是《春秋》二字皆挾劍戟風霜，聖人之意，不如是之勞頓也。」宋‧鄭樵：《六經奧論》（臺北：臺灣商務印書館，1983年出版，景印文淵閣四庫全書），卷4〈褒貶〉，頁184-86。

[43] 傅隸樸：《春秋三傳比義》，頁61。

削則削，子夏之徒不能贊一辭。」（卷 47，頁 1944）。又詳揭「筆削」之義有五：「一曰略同而顯異，……二曰略常以明變，……三曰略彼以見此，……四曰略是以著非，……五曰略輕以明重，……非有關於天下之大，故不悉書是也。」[44]陳壽祺《左海文集》論筆削，謂：「是非由此明，功辠由此定，勸懲由此生，治亂由此正。」[45]故「孔子成《春秋》，而亂臣賊子懼」。[46]盛讚《春秋》假褒貶以治世的目的。基於這項原則，《春秋》所書，皆所以示褒貶、供資鑑，以明大義。[47]

孔子講尊尊、親親、賢賢之禮，故《春秋》中，能發現到不少曲筆諱飾的例子。如〈仲尼世家〉所引述，僖公二十八年「天王狩於河陽」的例子。《春秋經》載：「冬，公會晉侯、齊侯、宋公、蔡侯、鄭伯、陳子、莒子、邾婁子、秦人于溫。天王狩於河陽。[48]」「天王狩於河陽」，為筆削之辭，係「諱天王被召之恥」。[49]另如閔公元年，《春秋經》曰「齊仲孫來」。《公羊》釋之曰：

> 齊仲孫者何？公子慶父也。公子慶父則曷為謂之齊仲孫？繫之齊也。曷為繫之齊？外之也。曷為外之？春秋為尊者諱，為親者諱，為賢者諱。子女子曰：以春秋為春秋，齊無仲孫，其諸吾仲孫與！[50]

《春秋》是講階級名分的，「名不正則言不順，言不順則事不成；事不成則禮

---

[44] 元‧趙汸：《春秋屬辭》，（臺北：臺灣商務印書館，1983，《文淵閣四庫全書》本），卷 8，頁 127。

[45] 清‧陳壽祺：《左海文集》（合肥：黃山書社，2009），卷 4 下，頁 101。

[46] 漢‧趙氏注，宋‧孫奭疏：《孟子》，卷 6 下〈滕文公章句下〉，頁 5898。

[47] 張師高評據閻步克〈史官主書主法之責與官僚政治之演生〉，以為：「《春秋》為明大義之書，故凡事之無關於大義者，皆削而不書。苟書之，皆所以示褒貶，供資鑑，此有得於魯《春秋》主書主法之職守與精神」。參張高評：《春秋書法與左傳史筆》（臺北：里仁書局，2011），頁 89。

[48] 傅隸樸：《春秋三傳比義》，頁 488-489。

[49] 傅隸樸：《春秋三傳比義》，頁 489、492。

[50] 傅隸樸：《春秋三傳比義》，頁 322-323。

樂不興，禮樂不興則刑罰不中，刑罰不中，則民無所錯手足」。[51]藉由《公羊》
的闡發，此理昭然。由於孔子撰《春秋》，目的在為後王立法，故尤其重視階
級名號之分。因此，現實生活中的事件如果有悖於他理想中的古禮，孔子會
不惜以千鈞之筆力將其扭轉。[52]這樣的做法，固然符合儒家綱常名教，然則，
往往違背了事件的真實。有鑑於此，史公或透過「本傳諱之，他傳發之」的
互見筆法，傳達事件真相，微致裁評。抑或從治亂內因，考究根源，加以解
決。改良了《春秋》諱筆，強化了歷史真實。

　　《春秋》「約其文辭而指博」（卷 47，頁 1943），有微辭、微文、微意、
微旨，如董仲舒所言：「弗能察，寂若無，能察之，無所不在」。[53]由於失卻《魯
史春秋》難以考核聖人的筆削之迹，造成文意隱諱、難讀難曉，似有字天書。
雖有《公羊》、《穀梁》以義解經為長，意在闡釋《春秋》的大義微言。但仍
須結合「論本事以作傳」、「依經而述其事」的《左傳》，藉由史實的載錄，還
原事件初貌，才不致於曲解了孔子的真意。如孔子所以讚賞晉太史董狐的秉
筆直錄，有賴於《左傳》載錄趙盾弒君本末，才得以明白趙盾係「為法受惡」
的真意。故須結合三傳，才較能貼近《春秋》書法的真實面貌。

　　史公言孔子撰史，「是非二百四十二年之中」（卷 130，頁 3297），二百四
十二年之內，即當代史。史公並云：「孔氏著《春秋》，隱桓之閒則章，至定
哀之際則微，為其切當世之文而罔褒，忌諱之辭也。」（卷 110，頁 2919）由
此觀察《史記》，於漢世的記載，定然多聖人書法的運用。[54]書法即文心，欲

---

[51] 魏・何晏集解、邢昺疏：《論語注疏》（臺北：大化書局，1989），卷 13〈子路〉，頁 5443。

[52] 詳參程金造：〈從《春秋》看《史記》在古史學上的發展〉，《中國史研究》，1985 年第 4 期，頁
　　130；傅修延：《先秦敘事研究——關於古中國敘事傳統的形成》（北京：東方出版社，1999），頁
　　187-188。

[53] 董仲舒：「今《春秋》之為學也，道往而明來者也。然而其辭體天之微，故難知也。弗能察，寂若
　　無；能察之，無物不在。是故為《春秋》者，得一端而多連之，見一空而多貫之，則天下盡矣。」
　　蘇輿撰、鍾哲點校：《春秋繁露義證》（北京：中華書局出版，1992），頁 96-97。

[54] 據張師高評的闡述：「司馬遷纂修《史記》，述及秦楚之際，楚漢之爭，與漢初開國以來，至武帝
　　時；近代、現代、當代史，是《史記》一書『定哀之際』的歷史，觸忌犯諱往往有之，於是『推見
　　至隱』之《春秋》書法，以『見之於行事』替代「空言」載記之史家筆法，遂為司馬遷所運用。」

研治《春秋》，首先必由書法入手。先立其大，方能於學無所遺。杜預揭示《春秋》五例曰：「微而顯」、「志而晦」、「婉而成章」、「盡而不污」、「懲惡而勸善」。[55]前四例示載筆之體，第五例則為載筆之用。然杜預偏就文法為之，僅窺管豹，未得全面。應連繫《公》、《穀》義理，兩者兼具，以臻詳備。由於《穀梁傳》「言義不及《公羊》之大，記事不及《左傳》之長」，[56]故在三傳裡，受到較少重視，這是史公吸納《穀梁傳》經說，較少的原因之一。史公對《春秋》三傳的接受，敘事多取《左傳》，議論則本於《公羊》，認為「撥亂世反之正，莫近於《春秋》」，以經世致用為宗旨。

（二）從《左傳》「以事為義」到《史記》「于序事中寓論斷」

　　黃澤評論《春秋》三傳，以為：「《春秋》，以明書法為主，其大要則在考覈三傳，以求向上之功，而脈絡盡在《左傳》」，並提挈道：「事據《左氏》，義參《公》《穀》。」[57]《左傳》主要是藉由歷史事件的載述，來解釋《春秋》。故透過見之行事、窮源竟尾的敘述方式，表現事件的發展脈絡，從中可以理解《春秋》於微言中，所寓託的意涵，此即「以史傳經」。[58]如徐復觀所言：

張高評：〈《史記》敘事藝術成就與詩歌語言〉，收錄於《第五屆漢代文學與思想學術研討會議論文集》，（政治大學中文系，會議日期：2004 年 10 月 2 日、3 日），頁 5。

[55] 晉·杜預：《春秋經傳集解》（臺北：臺灣商務書局，1967，《四部叢刊》），〈序〉，頁 2。

[56] 蔣伯潛：「（《穀梁》）言義不及《公羊》之大，記事不及《左傳》之長，故宣帝時雖曾立學官，建初八年雖曾詔諸儒各選高材生，受《左氏》、《穀梁》；而其後仍廢，靈帝熹平石經所以獨無《穀梁傳》者，殆以此者。」傅隸樸藉以反駁陸淳看法，申訴己論曰：「《穀梁傳》除不採《公羊》妖妄淫邪之說外，很少能超越《公羊》範圍者，由於其求勝心切，喜為深論，往往在經義之外，附加議論，雖偶有一得，而畫蛇添足者實多」。蔣伯潛：《十三經概論》（上海：上海古籍出版社，1983），頁 428；傅隸樸：《春秋三傳比義》，〈自序〉，頁 xi。

[57] 明·宋濂等撰：《新校本元史並附編二種》（臺北：鼎文書局，1981，《二十五史》校點本），卷189〈黃澤傳〉，頁 4323；趙汸〈自述〉：黃先生「於《春秋》，只令熟讀《三傳》，於《三傳》內自有向上工夫」，此乃黃澤說《春秋》「事據《左氏》，義參《公》《穀》」。張高評：〈黃澤論《春秋》書法——《春秋師說》初探〉，收錄於《元代經學國際研討會論文集》，地點：臺北，中研院中國文哲研究所，2000 年 10 月，頁 583。

[58] 據趙生群的統計，以為就《春秋》經文總數 1870 條而言，《左傳》據經發義者，高達 1300 條，居五分之四。趙生群：《春秋經傳研究》（上海：上海古籍出版社，2000），頁 175。

> 以義傳經，是代歷史講話，或者說孔子代歷史講話。以史傳經，則
> 是讓歷史自己講話，並把孔子在歷史中所抽出的經驗教訓，還原到
> 具體的歷史中，讓人知道孔子所講的根據。[59]

透過平實曉暢的敘事，「使生在今日的人，對由西紀前七二二年（魯隱元年）
到西紀前四八一年（魯哀十四年）的這一段古代史，還可以清楚而生動的把
握的清清楚楚。」[60]需要辨明的是，三傳其實都有以敘事解經之處，只是《左
傳》在敘事的部分，往往較之詳贍，因而受到凸顯，由此可見敘事對於解經
的必要性。

　　《左傳》敘事，行文優美，而富有表現力，劉知幾在《史通》裡，便盛
讚了《左傳》的敘事技巧。[61]此外，《左傳》更透過詳敘事蹟始末的方式，讓
情罪昭顯，使後世學者藉由知其「事」、明其「文」，進而能推尋「義」。[62]舉
隱公元年「鄭伯克段於鄢」為例，經文僅寥寥數字，而透過《左傳》據事直
書、窮究始末的事實呈現，則可知悉：「魯史原文當是『鄭伐公弟段於鄢。』
夫子將鄭改為鄭伯，以譏莊公之失教，將伐字改為克字，以譏兄弟如二國，
故公弟段為段，以著段之不弟」。[63]經由《左傳》敘事，得以明白孔子改削魯
史《春秋》，寄寓褒貶的用心，從而體察出「屬辭比事」的《春秋》教。另如
趙盾弒君事件的「藉言敘事」，「觀魚于棠」的「諱言諱書」等，亦屬《左傳》

---

[59] 徐復觀：《兩漢思想史》，卷3〈原史──由宗教通向人文的史學的成立〉，頁271。

[60] 徐復觀：《兩漢思想史》，卷3〈原史──由宗教通向人文的史學的成立〉，頁276。

[61] 劉知幾：「《左氏》之敘事也，述行師則簿領盈視，哤聒沸騰；論備火則區分在目，修飾峻整；言
勝捷則收獲都盡，記奔敗則披靡橫前；申盟誓則慷慨有餘，稱譎詐則欺誣可見；談恩惠則煦如春
日，紀嚴切則凜若秋霜；敘興邦則滋味無量，陳亡國則淒涼可憫。或腴辭潤簡牘，或美句入詠歌；
跌宕而不羣，縱橫而自得。若斯才者，殆將工侔造化，思涉鬼神，著述罕聞，古今卓絕。」唐・劉
知幾撰、清・浦起龍釋：《史通通釋》，卷16外篇〈雜說上〉，頁451。

[62] 張素卿：《敘事與解釋──《左傳》經解研究》，頁79-80。

[63] 傅隸樸：《春秋三傳比義》，頁10。

「藉事明義」例。[64]

　　《左傳》敘事有本有源，尤其擅長描寫戰爭。以僖公二十八年的「城濮之戰」為例，《春秋經》載：「夏四月己巳，晉侯、齊師、宋師、秦師及楚人戰于城濮，楚師敗績。」[65]「楚軍敗績」為軍事術語，意謂楚軍敗亡；言楚令尹為「子」，則帶有貶抑。於《春秋》謹言裡，只能約略得知有城濮大戰這件事、楚國敗軍這項結果。在這段記載裡，左丘明對於戰事僅用略筆交代，而著重於雙方將領特質、謀略技巧。節錄如下：

> 子玉使宛春告於晉師曰：「請復衛侯而封曹，臣亦釋宋之圍。」子犯曰：「子玉無禮哉！君取一，臣取二，不可失矣。」先軫曰：「子與之！定人之謂禮，楚一言而定三國，我一言而亡之，我則無禮，何以戰乎？不許楚言，是棄宋也，救而棄之，謂諸侯何？楚有三施，我有三怨，怨讎已多，將何以戰？不如私許復曹、衛以攜之，執宛春以怒楚，既戰而後圖之。」公說，乃拘宛春於衛，且私許復曹、衛，曹、衛告絕於楚。[66]

子玉的策略雖然高明，卻被先軫運用「能破」的計策破除，進而「能立」。化劣勢為優勢，瓦解子玉計策，分化曹、衛，並讓他們和楚國為敵。透過言事相兼的筆法，比較了子玉、先軫謀略的高下，而子玉「無禮」的性格，也由子犯口，做了凸顯。[67]這段細事描寫，間接影響了戰事的結果，這種以敘為義

---

[64] 「趙盾弒君」、「觀魚于棠」等書法的考掘，詳張高評〈「于敘事中寓論斷」與藉事明義——以《左傳》解經為討論核心〉，收錄於許雄溪、林慶彰編：《嶺南大學經學國際研討會論文集》（臺北：萬卷樓圖書公司，2014），頁 508-529。

[65] 楊伯峻：《春秋左傳注》（臺北：漢京文化事業有限公司，1987），〈僖公二十八年〉，頁 448

[66] 楊伯峻：《春秋左傳注》，〈僖公二十八年〉，頁 457。

[67] 劉知幾《史通‧載言》：「逮左氏為書，不遵古法，言之與事，同在傳中。然而言事相兼，煩省合理，故使讀者尋繹不倦，覽諷忘疲。」唐‧劉知幾撰、清‧浦起龍釋：《史通通釋》，卷 2〈載言〉，頁 34。

的方式，後來在《史記》裡，得到很好的發揮。連繫城濮大戰事件始末，則於抑揚中，表彰晉國能以德攻的褒美，藉以資鑑後代，闡揚《春秋》的勸懲之效。

　　對於春秋時事，史公的史料來源，每取自《左傳》。[68]在學習《左傳》敘事之虞，亦部份採納其中義理，據劉師培的發明，凡十六條義例。[69]表現出「民本」的思想，是《史記》王道觀的重要來源之一。[70]〈十二諸侯年表序〉載：

　　七十子之徒口授其傳指，為有所刺譏褒諱挹損之文辭不可以書見也。魯君子左丘明懼弟子人人異端，各安其意，失其真，故因孔子史記具論其語，成《左氏春秋》。（卷14，頁509-510）

就史公的認識，孔子是以各國舊有的歷史材料來作《春秋》，刪汰大量的具體事實，用簡約的文辭，傳達深刻的褒貶，此即「義法」。《左傳》的編纂，便是仰賴孔子用以作《春秋》的歷史資料，來說明《春秋》的文義。[71]此見，史公認為《左傳》亦得到孔子的真傳。[72]

---

[68] 史公寫春秋時期的歷史，史料少數來源於《公羊》、《穀梁》，絕多數採自《左傳》。據統計，《史記》引用《左傳》的史料，超過二百條之多。詳參姚曼波：〈從《史記》考孔子作《春秋》〉，收錄於孫以昭等：《中國古代散文研究》（安徽：安徽大學，2001），頁62；陳桐生：《儒家經傳文化與史記》，頁149。

[69] 清・劉師培：〈司馬遷左氏義敘錄〉，收錄於氏著：《劉申叔遺書》（南京：江蘇古籍出版社，1997），卷3，頁1357-1367。

[70] 陳桐生：《儒家經傳文化與史記》，頁163-170。

[71] 趙伯雄：《春秋學史》（濟南：山東教育出版社，2004），頁156。

[72] 趙伯雄以為「在司馬遷看來，孔子所作《春秋》與《左氏春秋》是一而二、二而一的東西，這一點在《史記》中表現得非常清楚。《史記》中多次提到《春秋》，有好多處實際上是指《左傳》的」劉正浩採取「本證法」，由《史記》〈太史公自序〉所提及「十歲誦古文」、「為太史令紬史記金匱石室之書」，以及見於諸篇章、《漢書・儒林傳》的載錄。論證得出史公所據《春秋》為左氏派。另，〈太史公自序〉雖引董仲舒之言，然僅將公羊視為《春秋》別派。「故知史公作書，折衷左氏，丘明緒說，賴以僅存。西漢・張賈而外，說左之書，莫古於《史記》」。趙伯雄：《春秋學史》，頁156；劉正浩：《太史公左氏春秋義述》（國立臺灣師範大學國文研究所碩士論文，1961），〈前言〉，頁1-3。

同樣是「據《經》發義」,《左傳》「以事為義」(或曰「藉事明義」),便與《公羊》、《穀梁》「借事明義」異趣。[73]《左傳》以史傳經,於歷史敘事中,寄託著《春秋》大義,闡發著「民本」思想。因其性質使然,於議論、褒貶的範疇,尚未能別出於《春秋經》外,故其敘事主要用以解經,即寓敘事於解釋。[74]史公非惟學習《左傳》精妙的敘事優長,其以敘為義的特點,在史公的推衍下,而有「于序事中寓論斷」書法的多元運用。

(三)《公羊》義理對《史記》議論的沾漑

漢武帝在接受董仲舒的《春秋公羊學》後,獨尊儒術,連帶尊《詩》、《書》、《禮》、《易》(樂本無經),並設立五經博士。須要辨明的是,董仲舒的《春秋公羊傳》所以受到武帝的歡迎,根源在以其完備成熟的受命改制學說,適應了現實政治的迫切需要。不僅能滿足一般大眾,在經歷秦末戰亂後,希望重建王道的普遍心理,[75]也與武帝的英雄觀不謀而合。[76]在公孫弘依《春秋公羊學》,位居當朝丞相後,更讓《公羊》位居主流,形同利祿之門。在此時代背景下,史公雖不隨波逐流,以學習《公羊》作為登科之途,但亦不免受其沾漑。

與上節提到的《左傳》一樣,都是「據《經》發義」的解經之「傳」。不同的是,《左傳》是「以史傳經」的「以事為義」,《公羊》、《穀梁》則是「以義解經」的「藉事明義」,著重於《春秋》義法的解讀。[77]據金德建的研究,《史

---

[73] 張高評:《春秋書法與左傳史筆》,頁85;〈「于敘事中寓論斷」與藉事明義——以《左傳》解經為討論核心〉,收錄於許雄溪、林慶彰編:《嶺南大學經學國際研討會論文集》,頁507-508。

[74] 《左傳》於敘事中的議論,尚未能脫離《春秋》解經之用。另據陳致宏的說法,《左傳》「以敘事為解釋」,名之為「解釋」,意在使範圍更為擴充,而不專指議論、褒貶。詳參陳致宏:《《左傳》之敘事與歷史解釋》(國立成功大學中文所博士論文,2006)。

[75] 陳桐生:《儒家經傳文化與史記》,頁25、43。

[76] 關於武帝的英雄觀,可見於《資治通鑑》所載,武帝自道功業的話語:「漢家庶事草創,加四夷侵陵中國,朕不變更制度,後世無法;不出師征伐,天下不安;為此者不得不勞民。」宋‧司馬光撰、胡三省注,章鈺校記:《新校資治通鑑注》(臺北:世界書局,1962),卷22〈漢紀〉,頁726。

[77] 張高評:《春秋書法與左傳史筆》,頁85。

記》裡稱《春秋》者，往往不獨指《春秋》，或指《左傳》、《公羊》。[78]可見史公將《春秋》「經」、「傳」視為一體：「史是《春秋》的軀殼，義是《春秋》的精神」。[79]

在〈太史公自序〉裡，史公透過與上大夫壺遂的對話，將孔子作《春秋》的目地，做了討論，徵引如下：

> 上大夫壺遂曰：「昔孔子何為而作《春秋》哉？」太史公曰：「余聞董生曰：『周道衰廢，孔子為魯司寇，諸侯害之，大夫壅之。孔子知言之不用，道之不行也，是非二百四十二年之中，以為天下儀表，貶天子，退諸侯，討大夫，以達王事而已矣。』」（卷130，頁3297）

就史公的認識，孔子作《春秋》，是為了「當一王之法」。[80]而這項說法，源於董仲舒。「王」者謂誰？《公羊傳》謂「文王也」。[81]關於「文王」的解讀，阮芝生綜合諸家看法，以為言「文德之王」較為切中。[82]至於「一王之法」謂何？由於《春秋》「文成數萬，其旨數千」（卷130，頁3297），故當從其綱領「三世義」探起。[83]〈孔子世家〉記載道：

---

[78] 金德建：〈司馬遷所稱春秋系指左傳考〉、〈司馬遷所稱春秋亦指公羊傳考〉，收錄於氏著：《司馬遷所見書考》（上海：人民出版社，1963），頁106、112。

[79] 趙伯雄：《春秋學史》，頁160。

[80] 〈自序〉亦載壺遂曰：「孔子之時，上無明君，下不得任用，故作《春秋》，垂空文以斷禮義，當一王之法。」（卷130，頁3299）〈儒林列傳‧序〉，也提到孔子「因史記作《春秋》，以當王法」（卷121，頁3115）。

[81] 《春秋經》：「元年，春，王正月」（隱公）。《公羊傳》：「元年者何？君之始年也。春者何？歲之始也。王者孰謂？謂文王也。」引自傅隸樸：《春秋三傳比義》，頁1。

[82] 阮芝生：《從公羊學論春秋的性質》，頁64-45。

[83] 阮芝生指出，公羊家舊有五始、三科、九旨、七等、六輔、二類、七缺之義，其中三科惟「張三世」之義，明見於《公羊》傳。因其通貫《春秋》全書，為《春秋》立意所在，故曰「《春秋》當以三世義為宏綱」。參阮芝生：《從公羊學論春秋的性質》，頁66-71。

> （孔子）乃因史記，作《春秋》，上至隱公、下迄哀公十四年，十
> 二公；據魯、親周、故殷，運之三代。（卷 47，頁 1943）

史公的《春秋》義既聞之董仲舒，故比對《春秋繁露》的文字，可得：「據魯、
親周、故殷」，指《春秋》的「存三統」（或云「通三統」）義；「運之三代」，
即董仲舒的「三等義」：[84]

> 《春秋》分十二世以為三等，有見、有聞、有傳聞。有見三世，有
> 聞四世，有傳聞五世。故哀、定、昭，君子所見也；襄、成、文、
> 宣，君子所聞也；僖閔莊桓隱，君子之所傳聞也。所見六十一年，
> 所聞八十五年，所傳聞九十六年。於所見微其辭，於所聞痛其禍，
> 於傳聞殺其恩，與情俱也。[85]

董仲舒將春秋二百四十二年事分成三個時段：所見三世（哀、定、昭），所聞
四世（襄、成、文、宣），所傳聞五世（僖、閔、莊、桓、隱），表現出書法、
用辭的差異。從《公羊》的傳文，來考察「三世義」，則有遠近之別、內外之
異。依林義正的闡釋，條列如下：

> 所傳聞之世：內其國而外諸夏，首重尊禮自立，戒貪小利，強調親
> 　　　　　　親尊尊而大復九世讎。
> 所聞之世：內諸夏而外夷狄。
> 所見之世：借夷狄進至於爵、譏二名之義例著治太平。[86]

---

[84] 林義正：《春秋公羊傳倫理思維與特質》（臺北：臺大出版中心，2003），頁 190-195。

[85] 蘇輿撰、鍾哲點校：《春秋繁露義證》，〈楚莊王第一〉，頁 9-10。

[86] 林義正：《春秋公羊傳倫理思維與特質》，頁 177、181、184。

由此可見，《公羊》的「三世義」除了書法上的因時而異，亦帶有致治行動的示例。串起「革命說」、「尊王說」、「攘夷說」、「正名說」等義例，包含經世的步驟，並樹立理想的政治模式。[87]

《春秋公羊傳》的義理，特別是董仲舒的《公羊》學，主要在思想層面上，影響著史公，作為史公議論的養料。[88]尤須要注意的是，《史記》中兩項三統論的材料，雖然來自於董仲舒〈天人三策〉。但董仲舒認為漢代用夏代忠樸政治，是出於補救秦朝弊政的需要，並無三王之道終始循環的意義：「夏上忠，殷上敬，周上文者，所繼之捄，當用此也。」[89]史公則以為「三王之道若循環，終而復始」（卷8，頁394），提出忠、敬、文的循環系統。[90]

史公對於《公羊》義理的吸收，或來自董仲舒的公羊學，或直接來自《公羊傳》。如「推刃復仇說」，在《公羊傳》、董氏《公羊》學，均獲得肯定。董仲舒於《春秋繁露・王道》說：「《春秋》之義，臣不討賊非臣，子不復仇非子也。」史公繼承了《公羊》的理論，於《史記》中記載了許多悲壯激烈的復仇故事，甚至漢家統治者也以《公羊》大義討伐匈奴。「經權說」，係《公羊傳》根據孔孟的權變說，所提出來的概念，然全書僅一見，未給予特別重視。直到董仲舒反覆強調經權、常變，合理地解釋趙盾弒君、別牘復見的情形。才使之成為《公羊》學重要的經學範疇。[91]史公不但在〈絳侯周勃世家〉、〈陳丞相世家〉等，載述善用權變者。並運用權變理論，論載並評價戰國縱

---

[87] 林義正：《春秋公羊傳倫理思維與特質》，頁 196-215；陳柱：《公羊家哲學》（臺北：臺灣中華書局，1980），「目錄」，頁 3-4。

[88] 據段熙仲的整理，《史記》引《公羊》義者，有〈五帝本紀〉、〈殷本紀〉、〈周本紀〉、〈秦始皇本紀〉、〈高祖本紀〉、〈三代世表〉等26個篇章，以〈十二諸侯年表〉7例為眾。另外，據陳桐生的整理，史公述董氏公羊學義理者，在〈太史公自序〉、〈十二諸侯年表〉、〈宋微子世家〉、〈外戚世家〉、〈齊太公世家〉、〈陳杞世家〉等。詳參段熙仲：《春秋公羊學講疏》（南京：南京師範大學出版社，2002），頁 697-701；陳桐生：《儒家經傳文化與史記》，頁 43-51。

[89] 漢・班固、唐・顏師古注：《漢書》，卷 56〈董仲舒傳〉，頁 2518。

[90] 陳桐生：《儒家經傳文化與史記》，頁 55-62。

[91] 如《春秋繁露・玉杯》、〈竹林〉、〈玉英〉、〈精華〉等。

橫家，見於〈六國年表〉、〈張儀列傳〉。又如「德治說」，董仲舒不僅闡述了王道德治，並從陰陽角度論證德治的必要性，具有創造性。史公對於董仲舒《公羊》學所闡述的《春秋》尚德精神，有深入領會。故於《史記》中，形成以尚德為核心標準評判歷史與現實政治、歌頌聖君仁政、鞭撻暴君虐政的王道觀。[92]史公雖然對董氏《公羊》學的引用頗多，但並不是全盤接納，而是有所選擇。兩者較大的歧異點，表現在「天人關係」的討論上：

> 臣謹案春秋之中，視前世已行之事，以觀天人相與之際，甚可畏也。國家將有失道之敗，而天乃先出災害以譴告之，不知自省，又出怪異以警懼之，尚不知變，而傷敗乃至。以此見天心之仁愛人君而欲止其亂也。自非大亡道之世者，天盡欲扶持而全安之，事在彊勉而已矣。[93]

就董氏的說法，上天雖然不言，但會採取「災害─怪異─傷敗」三階段的形式，表達意志，對天子示警。[94]是董仲舒吸收了陰陽五行與神仙方術，所提出的「天人感應」理論。史公則不然，基於維護天命的崇高和深微，對於天道、性命、禍福，採取《春秋》、《春秋公羊傳》「紀異而說不書」的審慎作法，如〈外戚世家序〉曰：「孔子罕稱命，蓋難言之也。非通幽明之變，惡能識乎性命哉？」（卷49，頁1967）表現出史學家實錄歷史的精神。

　　《史記》裡對於《公羊》義理的引述，常用於當代政治的評論上。如：以「德治」說，批評漢武帝與民爭利的經濟政策；以「紀異而說不書」說，

---

[92] 除了上引三例，陳桐生另舉出「孔子獲麟為受命之符說」、「孔子作《春秋》當一王之法說」、「《春秋》大一統說」、「慎始審微說」、「紀異而說不書說」、「君臣綱常說」，藉由《春秋公羊傳》、董氏《公羊》學的依次論述，再談到《史記》的申發，脈絡清楚，值得參考。詳參陳桐生：《儒家經傳文化與史記》，頁51-143。

[93] 漢・班固，唐・顏師古注：《漢書》，卷56〈董仲舒傳〉，頁2498。

[94] 別見於陳桐生：《儒家經傳文化與史記》，頁128。

來理解孔子對於天命的看法，故諷刺武帝封禪，將天命降低到方術水平；以「推刃復仇」說，作為武帝討伐匈奴的依據。對於「三世」異辭的吸收，則表現出切當世，而化用微辭，於敘事中寓議論，委婉述志的書法。如同《春秋》的致治功能，《史記》則藉由載史傳真，提供後世資鑑，闡揚美、善之德。

三、博通經史，縱橫古今

在戰國秦漢之際，確立了孔子作《春秋》、刪述六經的形象：《春秋》是講天子之事，通過對歷史事件的褒貶，行使天子賞善罰惡的威權，達到撥亂反正的目地；孔子刪述六經的說法，則為儒家在理論創造方面，找到載體，使儒家成為王道文化的代表。[95]不僅為當時社會所接受，《春秋繁露》、《史記》也大體沿襲著這樣的看法。〈太史公自序〉裡，就闡述著孔子作《春秋》，以達王事。在載述史談遺囑時，說道：

> 太史公曰：「先人有言：『自周公卒五百歲而有孔子。孔子卒後至於今五百歲，有能紹明世，正《易傳》，繼《春秋》，本《詩》《書》《禮》《樂》之際？』意在斯乎！意在斯乎！小子何敢讓焉。」（卷130，頁3296）

《史記》著出人群中各類人物的活動，明其前後盛衰變化因果之道，以為後世為政理國者治亂之資鑑。故太史公的《史記》是體察六藝的總精神發展出的，而不完全是紹法《春秋》一書造成的。[96]如鄭樵《通志》所說：

---

[95] 前者說法，首見於《孟子・滕文公下》：「世衰道微，邪說暴行有作，臣弒其君者有之，子弒其父者有之。孔子懼，作《春秋》。《春秋》，天子之事也。是故孔子曰：『知我者其惟《春秋》乎！罪我者其惟《春秋》乎！』」後者，則初見於《莊子・天運》：「孔子謂老聃曰，丘治《詩》、《書》、《禮》、《樂》、《易》、《春秋》，自以為久矣，孰知其故矣。」在戰國秦漢之際，廣泛為當時社會接受。陳桐生：《儒家經傳文化與史記》，頁 11-16。

[96] 程金造：〈從《春秋》看《史記》在古史學上的發展〉，《中國史研究》，頁 137。

> 司馬氏世司典籍，工於制作，故能上稽仲尼之意，會《詩》、《書》、
> 《左傳》、《國語》、《世本》、《戰國策》、《楚漢春秋》之言，通黃帝、
> 堯、舜至於秦、漢之世，勒成一書。[97]

除了《春秋》經傳外，針對史公「于序事中寓論斷」的筆法，筆者挑揀出關
係較為密切者：六藝範疇的《易》、《詩》、《書》，以及史書範疇的《國語》、《戰
國策》來作析論，如下：

（一）究天人之際，通古今之變：傳承《易經》的顯隱通變之理

在〈太史公自序〉中，史公自述父親交付的遺命，期勉他以「紹明世，
正《易傳》，繼《春秋》，本《詩》《書》《禮》《樂》之際」（卷130，頁3296）
為己任。可見《春秋》之外，史公受《易經》的影響，是凌駕於其他四藝之
上。[98]由《史記》述《易》諸例中，更多是受到《易傳》思想的影響。這是因
為史公相信《易傳》為孔子所作，他這樣做也就是在繼承孔子的事業。[99]除了
父親史談的影響外，史公述《易》，是心儀孔子的又一例。[100]

---

[97] 宋・鄭樵：《通志》（北京：中華書局，1987），〈總序〉，頁1。

[98] 史公對《六經》的排序大別有二，即以《易》居首和以《詩》居首。李師偉泰總結先秦兩漢羣書敘
《六經》次第，有五：1.除少數情形外，先秦兩漢學者對《六經》的次序，可大別為以《詩》居首
和以《易》居首兩種。其餘諸經次序，即使同書乃至同篇，並無一定次序；2.《淮南子》與《史記》
以前，絕大部分均屬以《詩》居首，其後則為以《易》居首。既如黃沛榮所說反映《周易》地位的
提升，但無疑也含有所謂「八卦是伏羲畫的，所以《易》列在第一」的因素；3.無論以《詩》居首
或以《易》居首，《六經》的次序並不完全反映排序者對各部經書的重視程度；4.以《詩》居首的
次序，反映的是先秦以來的習慣，也就是當時人對《六經》的熟習與應用的普遍程度；5.《史記》
敘《六經》，兼採以《詩》居首和以《易》居首兩種次第，反映的應是當時兩種次第並行的現象。
李偉泰：〈《史》、《漢》論贊比較八則〉，收錄於國家圖書館等編：《屈萬里先生百歲誕辰國際
學術研討會論文集》，2006年6月，頁34-35。

[99] 引述自陳桐生：《儒家經傳文化與史記》，頁176-177。陳桐生復由《史記・孔子世家》、《漢書・
藝文志》的文獻記載，加以推測：孔子作《易傳》的說法，不是史公的個人發明，而是戰國秦漢之
際的儒家，特別是《易》學家的共同看法。詳參陳桐生：《儒家經傳文化與史記》，頁177。

[100] 史談〈論六家要旨〉謂《易大傳》：「天下一致而百慮，同歸而殊塗。」（卷130，頁3288）另據
陳桐生的說法：《周易》特別是其中的《易傳》，在哲學宇宙觀、歷史觀、政治倫理觀、人生觀、

〈司馬相如列傳贊〉：「《春秋》推見至隱，《易》本隱之以顯」（卷117，頁3073）據《史記索隱》引虞喜《志林》語：「《易》以天道接人事，是本隱以之明顯也」（卷117，頁3073）。表明了《易》是由一些抽象原則（如天道），而藉象徵來說明的。《史記》與《易傳》由於性質的不類，在天人關係的表現是異中有同。[101]歷來學者多將「究天人之際，通古今之變，成一家之言」，[102]視為《史記》的撰作宗旨。其中「究天人之際，通古今之變」的通變觀，與《易傳》「窮則變，變則通，通則久」的三階段論，關係密切。〈太史公自序〉曰：「《易》著天地陰陽四時五行，故長於變」（卷130，頁3297）《易傳》不僅將天人連繫起來考察，更從爻象的變化得到啟示，認為變化是天人宇宙永恆的法則。[103]受到《易傳》的影響，史公認為宇宙之變會引起人類社會之變，人類社會之變不過是宇宙整體變化的一環。故「究天人之際」、「通古今之變」並不是兩個互不相干的獨立命題，而是同一問題的兩個側面。[104]由《史記》「八書」的撰述旨意，可得到印證：「禮樂損益，律曆改易，兵權山川鬼神，天人之際，承敝通變，作八書」（卷130，頁3319）。《史記》中的「承敝通變」呈現著一個封閉式的循環系統，如〈高祖本紀贊〉：

> 夏之政忠。忠之敝，小人以野，故殷人承之以敬。敬之敝，小人以鬼，故周人承之以文。文之敝，小人以僿，故救僿莫若以忠。三王之道若循環，終而復始。周秦之閒，可謂文敝矣。秦政不改，反酷

文化學術觀等方面，深刻影響了《史記》的整體構思，尤其在方法論上，給史公有益的啟迪。陳桐生：《儒家經傳文化與史記》，頁192。

[101] 《周易》本是殷周時的占筮書籍，到了春秋戰國時代，才逐漸將《周易》的闡釋，從卜筮轉移到講變化為核心的哲學方面。《史記》與《周易》的相異點，主要在體裁上，一為卜筮之書，一為史書，側重點有別，故表達的內容自然會有不同。

[102] 漢・班固、唐・顏師古注：《漢書》，卷62〈司馬遷傳〉，頁2735。

[103] 陳桐生：《儒家經傳文化與史記》，頁206-207。

[104] 陳桐生：《儒家經傳文化與史記》，頁211。

刑法，豈不繆乎？故漢興，承敝易變，使人不倦，得天統矣。（卷
8，頁 394）

透過忠、敬、文，三代循環之理，極言漢代救秦之敝，故得天下的正統性。
關於「變」、「通」的環節，每每是史公特筆強調的所在，故有「詳變略漸」
的載述方式。據聶石樵的提示，「承敝通變」的寫作方法，比較集中地體現在
秦漢之際的歷史，此即近、當代史的範疇。[105]結合「詳變略漸」、「詳近略遠」
原則，大區塊落在楚漢相爭到漢高祖時期、漢武帝由盛轉衰的癥結點；小段
落，則詳於楚漢相爭、漢初諸王之亂、諸呂亂事、七國之亂、淮南王之亂，
這幾件亂事的載述。

　　《史記》裡「重時」的概念與「士道觀」，和《易傳》的主張，亦有相契
合處。[106]〈太史公自序〉：「扶義俶儻，不令己失時，立功名於天下，作七十
列傳」（卷 130，頁 3319），史公在這裡提出了「時」的概念。另見於〈平津
侯主父列傳贊〉：「公孫弘行義雖脩，然亦遇時。漢興八十餘年矣，上方鄉文
學，招俊乂，以廣儒墨，弘為舉首。」（卷 112，頁 2963）按照史公的看法，
天運按一定的時間間隔發生轉機，也就是士林及時立功名於天下的機運。將
士林功業與宇宙論聯繫起來，可追溯到《易傳》、《中庸》的超越哲學。《中庸》
強調通過心性修養而與天地相參，《易傳》主張君子應致力於進德修業而與天
地的生生創造力相結合。史公的超越哲學淡化了道德意味，主張立功名而遙
契天意，使個人生命突破時間與空間的限制，在空間上與天意相通，在時間
上永垂青史。[107]

---

[105]聶石樵：〈司馬遷的文筆〉，收錄於張高評：《《史記》研究粹編（二）》（高雄：高雄復文圖書
　　出版社，1992），頁 636。

[106]《易傳》將六爻吉凶因時而變的原理，運用在進德修業中。認為只有把握了有利時機，才能趨吉避
　　凶，獲得成功。故提出重時思想，主張因時而行、伺機而動。陳桐生：《儒家經傳文化與史記》，
　　頁 240。

[107]陳桐生：《中國史官文化與史記》，頁 253-254。

因應著戰國秦漢時的審微思潮，《易傳》亦通過闡釋卦象和爻辭，主張防微杜漸。〈太史公自序〉：「故《易》曰『失之毫釐，差以千里』。故曰『臣弑君，子弑父，非一旦一夕之故也，其漸久矣』」（卷130，頁3298）〈田敬仲完世家贊〉亦謂：「《易》之為術，幽明遠矣，非通人達才孰能注意焉？」（卷46，頁1903）。史公汲取《易傳》的審微思想，為《史記》中「慎始」、「名小旨大」的部分。史公審視歷史的方式是「原始察終，見盛觀衰」（卷130，頁3319），是故在五體中貫徹了這種慎始防微的思想精神，提供歷史資鑑。《易傳》解釋卦爻辭時，提出了「名小旨大」的概念。史公於〈屈原賈生列傳〉，便鎔鑄了〈繫辭〉之語來評價〈離騷〉，語云：「其文約，其辭微，其志潔，其行廉，其稱文小而指極大，舉類邇而見義遠。」（卷84，頁2482）闡言屈原心志高潔、行為廉正，〈離騷〉文辭約簡，託意卻很深微。〈騷〉中所稱述，雖然所舉例眼前習見的事物，旨意卻很宏遠博大。緣此道理，史公轉化成細節描寫、軼事描寫，側筆旁溢，曲曲揭露事件的真相，以傳達褒貶。

（二）詩書隱約者，欲遂其志之思也：體史義詩，史蘊詩心

〈太史公自序〉曰：「夫《詩》《書》隱約者，欲遂其志之思也。」（卷130，頁3300）代表了秦漢以來，人們對於詩歌功能的認識。時人對詩歌的理解，主要放在「《詩》以達意」（卷130，頁3297）上：即通過美刺手法，來對現實政治進行諷諫。如《詩經‧鄘風‧君子偕老》，便藉由「君子偕老」這句頌讚語，委婉傳達深刻而強烈的反諷。在〈周本紀〉、〈秦本紀〉、〈十二諸侯年表〉、〈司馬相如列傳〉、〈滑稽列傳〉這些篇章，史公揭示了古代詩人以天下為己任的深沉責任感。強調詩歌批判、干預現實政治的功能，與《易》、《春秋》是等同的。如〈司馬相如列傳贊〉：

> 《春秋》推見至隱，《易》本隱之以顯，《大雅》言王公大人而德逮黎庶，《小雅》譏小己之得失，其流及上。所以言雖外殊，其合德一也。（卷117，頁3074）

史與《詩》皆以史實為材料，再酌以加工而成，是以這些材料便體現出一定的褒貶精神。即使是詠唱個人的苦樂得失，也要通過個人不平的遭遇，向統治者提揭出某種帶有普遍性的社會問題，從而諷諫現實。即〈毛詩序〉所謂：「是以一國之事，繫一人之本，謂之風；言天下之事，形四方之風，謂之雅」。[108]

〈太史公自序〉：「《詩》記山川谿谷禽獸草木牝牡雌雄，故長於風」（卷130，頁3297）意指詩人的諷諫，不是直說，而是通過山川草木鳥獸等藝術形象來委婉表現。據陳桐生的說法，「除了受到《魯詩》以史說《詩》，為每一首詩都找到一個特定的歷史背景的啟示之外，還與春秋時期在外交禮儀場合賦詩託諷以及戰國士林遊說諸侯時大量使用比喻、寓言、象徵手法有關。」[109]此即後來《毛詩》所提出的「主文而譎諫」、「比、興」手法。詩人的怨刺，不是直陳，而是透過婉轉的方式表達，這是建立在儒家「溫柔敦厚」的詩教觀。從史公將「《詩》可以風」的特質明白指出這點看來，史公對詩教是有著充份的領悟、理解。以此為基礎，故有「依《詩》論〈騷〉」、「依《詩》論〈賦〉」的舉措。[110]章學誠曰：

> 《騷》與《史》，皆深於《詩》者也。言婉多風，皆不背於名教，而梏於文者不辨也。故曰必通六義比興之旨，而後可以講春王正月

---

[108] 上述文字，詳參陳桐生：《儒家經傳文化與史記》，頁 417-418。另，陳桐生：「司馬遷可能沒有見過《毛詩》（筆者案：史公當時為《魯詩》派當道），但他在說《詩》時，揭示了類似於《毛詩》所弘揚的以一身繫天下的高度政治責任感」。陳桐生：《儒家經傳文化與史記》，頁 418。

[109] 陳桐生：《儒家經傳文化與史記》，頁 424。

[110] 陳桐生以為：從《史記‧屈賈列傳》的載述，可見《史記》並非突破溫柔敦厚的詩教觀，繼承並發揚楚辭發憤以抒情的批判傳統，而應是「依《詩》論〈騷〉」。然筆者以為，史公固然有「依《詩》論〈騷〉」、「依《詩》論〈賦〉」的舉措。但他吸收了屈騷精神，成為其發憤著書的內蘊。「依《詩》論〈騷〉」、「依《詩》論〈賦〉」的例證，見於《史記》卷84，頁2482、卷117，頁3074。參陳桐生：《儒家經傳文化與史記》，頁 436。另外，「依《詩》論〈賦〉」的內容。參陳桐生：《儒家經傳文化與史記》，頁450-453。

之書。[111]

　　章學誠在《文史通義・史德》，反覆強調「必通六義比興之旨，而後可以講春王正月之書」這項論點。此謂不通曉《詩》的褒貶精神與藝術技巧，就不可能理解，在這兩方面皆與《詩》相通的史書。[112]《詩》蘊含著美刺現實社會的功能，不主於怨刺一端，在更多情況下，是用在頌美。呂祖謙謂：「司馬遷作《史記》，卻有變風變雅底意思，惜乎卻少正風之意。」[113]然則，根據統計，《史記》中所述的美詩有 12 首，刺詩有 5 首。從比例上，得見史公的詩學批評觀，並不侷限在諷刺，「他不僅從個體與社會的矛盾衝突這個基本的出發點去觀察詩歌藝術，而且更多地是從個體與社會的和諧角度去說明詩歌功能」。[114]值得強調的是「頌美是為了弘揚王道文化傳統，諷刺是希望弊政得到改良，因此美與刺二者是殊途同歸的關係。忽視了《史記》詩學觀中的頌美內容，也就等於閹割了《史記》的理想精神」。[115]

　　史公的詩學觀，可由史談以及《魯詩》大師申公、浮丘伯，上溯到荀子。《荀子・賦篇》：「天下不治，請陳佹詩。」荀子以詩歌為批判黑暗現實、諷諫政治的工具，應該是受到孔子「興觀群怨」說法的影響。而孔子的說法，可溯自《詩三百》。[116]是故，史公尊崇孔子，學於《魯詩》，然追溯根本，其詩學批評觀，還是源自《詩經》的沾溉。不僅形式上的模仿，還吸納了內蘊性的詩學義理，故能「體史而義詩」。[117]或明引以佐證，或暗用以美刺，融通

---

[111] 清・章學誠撰、葉瑛校注：《文史通義校注》（臺北：漢京文化事業有限公司，1986），卷 3〈史德〉，頁 222。

[112] 李少雍：〈中國古代的文史關係──史傳文學概論〉，《文學遺產》，1996 年第 2 期，頁 14。

[113] 轉引自李淼編：《中國古代序跋文選集》（廣東：汕頭大學出版社，1996），頁 574。

[114] 陳桐生：《儒家經傳文化與史記》，頁 421。

[115] 陳桐生：《儒家經傳文化與史記》，頁 421。

[116] 陳桐生：《儒家經傳文化與史記》，頁 421。

[117] 范文瀾《文心雕龍注・史傳篇》有云：「史遷為紀傳之祖，發憤著書，辭多寄託。景武之世，尤著微旨，彼本自成一家言，體史而義詩，貴能言志云耳。」揭露著《史記》富有詩化語言的傾向。梁・

於撰史書法上，表現出「用晦」、「崇虛」、「致曲」、「尚簡」等詩化筆法。[118]透過「于序事中寓論斷」的方式，使言之者無罪，聞之者足以戒，體現詩家的美、善要求。

（三）藉言敘事，言以足志：《尚書》、《國語》、《戰國策》的發凡

除了「厥協《六經》異傳」，尚有「整齊百家雜語」、「紬史記石室金匱之書」（卷 130，頁 3319-3320、3296）史公非惟私淑孔子，以六藝為指導，對於春秋戰國的諸子百家學術，亦有充分體會。諸如《莊》《老》的寓言性、《戰國策》縱橫捭闔的說辭、《論語》之類的語錄體，都為《史記》以敘為議的撰作形式，提供了充分的養料。[119]由於筆者學力所限，難以一一勘破、詳加說解。故扣合著《史記》「于序事中寓論斷」的題目，針對其中「藉言敘事」的部分作溯源，揀取《左傳》之外，以記言為昭著的《國語》、《戰國策》。而談論記言，自然得溯至《尚書》，一起申論如下。

古史體式，有記言、記事之分，《尚書》主記言，《春秋》主記事。《尚書》雖以記言為主，然抑或記載行事動作，如孔穎達的說法：「因言而稱動」。[120]舉〈堯典〉所載為例：

> 帝曰：「咨，四岳，有能典朕三禮？」僉曰：「伯夷。」帝曰：「俞，
> 咨！伯，汝作秩宗，夙夜惟寅，直哉惟清。」伯拜稽首，讓於夔、
> 龍。帝曰：「俞，往欽哉！」帝曰：「夔，命汝典樂，教冑子，直而

劉勰撰、范文瀾校注：《文心雕龍注》，卷4〈史傳〉，頁304。

[118] 張高評：〈《史記》敘事藝術成就與詩歌語言〉，收錄於《第五屆漢代文學與思想學術研討會會議論文集》，（政治大學中文系，會議日期：2004年10月2日、3日），頁1、6；胡艷惠：《《史記》之《春秋》書法研究》，頁37。

[119] 從《孟子》及同時代的《莊子》，年代稍早的《墨子》，顯示出「語錄體向專論過渡的迹象」。李炳海：《中國文學史》（北京：高等教育出版社，2005），頁218。

[120] 張素卿：《敘事與解釋——《左傳》經解研究》，頁162。

溫，寬而栗，剛而無虐，簡而無傲。詩言志，歌永言，聲依永，律
和聲，八音克諧，無相奪倫，神人以和。」夔曰：「於，予擊石拊
石，百獸率舞。」[121]

透過帝舜、伯夷、夔的對話，傳達出帝舜即位後，命伯夷、夔分典禮樂的事
情。表達了帝舜制禮作樂的目的：意在用詩、樂、舞教化貴族子弟。[122]而由
伯夷、夔龍相讓的動作，體現了賢臣謙讓的風度。通過《尚書》典、謨、誓、
誥等文辭，窺得上古語言的用法，反映當時的政治環境、思想意蘊、人物風
範。其文字雖然詰屈聱牙，但初步建立了藉人物言行，反映時代情狀的範式，
是研究上古史的珍貴史料。在《史記·五帝本紀》裡，收錄了這段文字，惟
內容上，採取「對譯」的方式，略有改易，譯古語為今語，使之較能明白通
曉。[123]

　　到了《左傳》、《國語》、《戰國策》，言事相兼的情形更為顯著，敘事的技
巧增進了，妙於通過典型事件、人物、場面，反映史實與議論。如《國語》「召
公諫厲王止謗」、「敬姜論勞逸」、「叔向賀貧」等，皆為顯例。以「召公諫厲
王止謗」來說，召公藉由河川為喻，極言「防民之口，甚於防川」之理，以
勸諫厲王。可惜厲王不聽從，遂於三年後「流王於彘」。[124]在當時有忠諫性質，
於後代有資鑑作用。透過史實的載述，言外則為召公的忠心、厲王的昏庸做
出了評判。

　　時序進入戰國，群雄鋒起，戰火燎原。此時最能因應時代需求的說客、

---

[121] 漢·孔安國撰，唐·孔穎達正義：《尚書正義》（臺北：大化書局，1989，《十三經注疏附校勘記》
本），卷3〈虞書·舜典〉，頁274-277。

[122] 此段闡解，參陳桐生：《儒家經傳文化與史記》，頁309。

[123] 邱詩雯在《〈史記〉之「改」、「作」與歷史撰述》中，透過比對考據資料的方式，來梳理《史記》
與其引用文獻的關係。參邱詩雯：《〈史記〉之「改」、「作」與歷史撰述》，國立成功大學中文
所碩士論文，2008。

[124] 清·吳楚材、吳調侯評註；吳留村鑑定：《評註古文觀止》（臺北：廣文書局，1981），卷 3〈周
文〉，頁3-4。

策士，大為風行。尤以策士們機趣橫生的高辭俊論，最能反映當代情狀。[125]值
得注意的是，關於《戰國策》的作者，向有異說，以為非一時、一地、一人
所撰作。而今本《戰國策》，目前學界多持劉向纂輯的論點。稽考劉向生卒年，
係於史公之後，既然如此，何來《戰國策》影響《史記》之說呢？據金德建
的研究，史公於〈田儋列傳〉所提到的《蒯通書》，即後來的《戰國策》。史
公所採的部分，或為秦、漢之交的蒯通所作，或為蒯通、主父偃以後的人所
作，還不到劉向編定的版本。史公當時所見版本，並非今本經劉向、曾鞏纂
輯的《戰國策》，宜加以區隔。[126]

　　《史記‧張儀列傳》收錄了「司馬錯與張儀爭論於秦惠王前」的對話，
史料來源於《戰國策‧秦策》。與今本《戰國策》比對，文字大致相同，[127]節
錄如下：

> （張儀）曰：「親魏善楚，下兵三川，塞什谷之口，當屯留之道，
> 魏絕南陽，楚臨南鄭，秦攻新城、宜陽，以臨二周之郊，誅周王之
> 罪，侵楚、魏之地。周自知不能救，九鼎寶器必出。據九鼎，案圖
> 籍，挾天子以令於天下，天下莫敢不聽，此王業也。今夫蜀，西僻
> 之國而戎翟之倫也，敝兵勞眾不足以成名，得其地不足以為利。臣
> 聞爭名者於朝，爭利者於市。今三川、周室，天下之朝市也，而王
> 不爭焉，顧爭於戎翟，去王業遠矣。」
> 司馬錯曰：「不然。臣聞之，欲富國者務廣其地，欲彊兵者務富其
> 民，欲王者務博其德，三資者備而王隨之矣。今王地小民貧，故臣

[125]《戰國策》說服術之高明，許立軒廣收古今中外的說服言論，引述《戰國策》446 則文本案例，分
　　成三類八式共二十一項說服術。詳參許立軒：《戰國策說服術研究》，國立成功大學中文所碩士論
　　文，2010 年 6 月。

[126]參金德建：〈《戰國策》作者推測〉，收錄於氏著：《司馬遷所見書考》，頁 328-333。

[127]今本《戰國策》的載述，參漢‧劉向輯，元‧吳師道校注：《戰國策校注》（北京：中華書局，1985，
　　《叢書集成初編》），卷 3〈秦策〉，頁 37-29。

願先從事於易。夫蜀，西僻之國也，而戎翟之長也，有桀紂之亂。以秦攻之，譬如使豺狼逐羣羊。得其地足以廣國，取其財足以富民繕兵，不傷眾而彼已服焉。拔一國而天下不以為暴，利盡西海而天下不以為貪，是我一舉而名實附也，而又有禁暴止亂之名。今攻韓，劫天子，惡名也，而未必利也，又有不義之名，而攻天下所不欲，危矣。……不如伐蜀完。」（卷70，頁2282-2283）

張儀主張伐韓，而司馬錯主張伐楚，兩者持論異端，各持己見。張儀首倡破周之說，違背了尊王大義，實為喪心之論。故司馬錯先用「不然」，否定張儀的說法，而後引物連類，句句駁倒張儀。「生當戰國，而能顧惜大義，誠超人一等」，故秦惠王最後採取司馬錯的辦法。[128]從兩人的言辭中，不僅反映了人物的個性，也照應時局，褒貶自在其中，允為藉言敘事的良例。據以體察出《戰國策》已經不是單純的語錄體。不僅僅是記錄，而是為了強調策士的奇謀，靈活運用環境氛圍的渲染與個性化的語言，製造矛盾、衝突，使情節跌宕起伏、波瀾橫生。[129]

　　徐復觀在〈韓詩外傳的研究〉提到，思想家表達自己思想的方式，可概分為兩種：一種，屬於《論語》、《老子》的系統：把自己的思想，用自己言語表達出來，賦予概念性的說明，是諸子百家所用的方式；第二種，或可說是《春秋》的系統：把自己的思想，通過古人的言行來表達，以作為自己思想得以成立的依據。[130]上舉的《尚書》、《國語》、《戰國策》，均屬於後者，透過言事相兼的記述，闡明義理，議論即在其中，可收側筆旁溢的功效。史公

[128]吳楚材：「周雖衰弱，名器猶存，張儀首倡破周之說，實是喪心。司馬錯建議伐蜀，句句駁倒張儀，生當戰國，而能顧惜大義，誠超於人一等。秦王平日信任張儀，而此策獨從錯，可謂視時務之要。」清・吳楚材等評註；清・吳留村鑑定：《評註古文觀止》，卷4〈秦文〉，頁5。
[129]參劉文晃：〈從人物刻畫看《戰國策》的小說基因〉，《江淮論壇》，2004年3期，頁30；付強、王穎：〈《戰國策》人物形象塑造探究〉，《牡丹江師範學報（哲學社會科學版）》，2005年第1期。
[130]徐復觀：《兩漢思想史》，卷3〈《韓詩外傳》的研究〉，頁1。

妙於通過謄錄、刪改、修增、對譯等方式，將這些史書的內容引為撰史的材料，有意無意間，便受到這些史書的沾溉。故能於博綜古今之虞，吸收前史筆法的優長，以為撰史之資。

四、忍辱發憤，成一家之言

上節提到，史公的受刑事件，與對當代史的諷刺，應該要分開討論，以免落入「謗書說」的窠臼。史公受宮刑，雖不影響《史記》議論的價值，然而，對史公身心上的戕害，是相當大的。在此條件下，構成了「忍辱發憤」強大的撰史動機。在〈太史公自序〉裡，史公排比《周易》、《春秋》、〈離騷〉、《國語》、《呂覽》、《詩》三百篇，以為皆在「意有所鬱結，不得通其道」的情況下，「發憤之所為作也」（卷130，頁3300）。底下分就史公紹繼父命、忍辱發憤而成一家之言的因緣作論述，進一步探索《史記》的成書背景，以明白是書，得以與日月爭輝，留名青史的原因。

（一）紹繼父命：以撰史為志業

撰作《史記》這樣縱貫古今、偉大的曠世鉅製，是要有無比的膽識與強烈的動力作為驅遣。於〈太史公自序〉中，便載述了史公的撰述動機，由來自父親司馬談的遺命：

> 太史公執遷手而泣曰：「余先周室之太史也。自上世嘗顯功名於虞夏，典天官事。後世中衰，絕於予乎？汝復為太史，則續吾祖矣。今天子接千歲之統，封泰山，而余不得從行，是命也夫，命也夫！余死，汝必為太史；為太史，無忘吾所欲論著矣。且夫孝始於事親，中於事君，終於立身。揚名於後世，以顯父母，此孝之大者。夫天下稱誦周公，言其能論歌文武之德，宣周邵之風，達太王王季之思慮，爰及公劉，以尊后稷也。幽厲之後，王道缺，禮樂衰，孔子脩

> 舊起廢，論《詩》《書》，作《春秋》，則學者至今則之。自獲麟以
> 來四百有餘歲，而諸侯相兼，史記放絕。今漢興，海內一統，明主
> 賢君忠臣死義之士，余為太史而弗論載，廢天下之史文，余甚懼焉，
> 汝其念哉！」遷俯首流涕曰：「小子不敏，請悉論先人所次舊聞，
> 弗敢闕。」（卷130，頁3295）

首行、次行，史談執遷手泣曰：「余先，周室之太史也……汝復為太史，則
續吾祖矣」。據徐復觀的說法，史談由自身世系，得到啟發、激勵。就漢代史
官的職責來說，只職掌文史星曆一類的記載，有作史的便利，但無作史的責
任。是以，史談交付與史遷作史的任務，是出於自己「強烈的歷史意識及繼
承古代史官著史的要求。」因此，在教育史遷時，是以作史為目的。[131]而由
史談的遺命，可以見到史談希望史公作一位太史，記載孔子獲麟後到漢興以
來四百餘年的事蹟，記載下來，以「明主賢君忠臣死義之士」的願景。

　　父談，學天官於唐都，受《易》於楊何，習道論於黃子。史公皆傳其學，
又受業於孔安國治《尚書》，聞《春秋公羊》於董仲舒。史談學術上的成就，
即史公所接受的教育基礎：「沒有這樣的教育基礎，在當時大概很不容易產生
這樣的一位偉大的史學家」。[132]史公豐厚的學養，除了自身聰慧穎悟外，家風
家學的濡染下、師友淵源、廣博遊歷的體會亦是箇中要因。父親史談的遺命
與囑託，讓史公以撰史為職志，然則史公心中卻有著更大的目標。見於〈自
序〉裡，史公與上大夫壺遂的對話，節錄如下：

> 壺遂曰：「孔子之時，上無明君，下不得任用，故作《春秋》，垂空
> 文以斷禮義，當一王之法。今夫子上遇明天子，下得守職，萬事既
> 具，咸各序其宜，夫子所論，欲以何明？」

---

[131]漢代太史，其職只主管「文史星曆」，其中「文」是天文，「史」是「國有瑞應災異則記之」這類
的記載。故就漢代史官而言，並無作史的責任。徐復觀：《兩漢思想史》，卷3〈論史記〉，頁314。
[132]徐復觀：《兩漢思想史》，卷3〈論史記〉，頁315。

太史公曰:「唯唯,否否,不然。余聞之先人曰:『伏羲至純厚,作《易》《八卦》。堯舜之盛,《尚書》載之,禮樂作焉。湯武之隆,詩人歌之。《春秋》采善貶惡,推三代之德,褒周室,非獨刺譏而已也。』漢興以來,至明天子,獲符瑞,封禪,改正朔,易服色,受命於穆清,澤流罔極,海外殊俗,重譯款塞,請來獻見者,不可勝道。臣下百官力誦聖德,猶不能宣盡其意。且士賢能而不用,有國者之恥;主上明聖而德不布聞,有司之過也。且余嘗掌其官,廢明聖盛德不載,滅功臣世家賢大夫之業不述,墮先人所言,罪莫大焉。余所謂述故事,整齊其世傳,非所謂作也,而君比之於《春秋》,謬矣。」(卷130,頁3299-3300)

從史公的回答來看,雖不敢以《史記》比《春秋》,然則從此處明引孔子作《春秋》「述而不作」的道理,[133]再連繫〈自序〉裡的其他載述:

太史公曰:「先人有言:『自周公卒五百歲而有孔子。孔子卒後至於今五百歲,有能紹明世,正《易傳》,繼《春秋》,本《詩》《書》《禮》《樂》之際?』意在斯乎!意在斯乎!小子何敢讓焉。」(卷130,頁3296)

據《孟子‧盡心下》,「五百歲」在儒家傳統中,是具有象徵意義的數字。史公既然秉承父命。那他所能繼承孔子事業的方式,便表現在修《史記》上。[134]可見,史公的確是以撰作第二部《春秋》為志業,當仁而不讓。至於史公何以不敢明確將《史記》、《春秋》相提並論,與其說是自謙,不如說是出於政治上的顧忌:「儘管司馬遷躊躇滿志,在封建皇權的淫威面前,他也只好自我

---

[133] 詳參本論著二、(二)「對《春秋》書法與褒貶義法的學習」,頁32;及註91,頁33的論述。

[134] 林聰舜:《《史記》的世界——人性與理念的競逐》(臺北:國立編譯館,2009),頁7-8。

貶抑，稍斂其效法孔子，繼寫《春秋》的心跡而已」。[135]從史公「唯唯否否」，欲言又止的語氣看來，誠是。

因此，「我們看《史記》中，這一類文章時，必須了解司馬遷的處境，注意他為避免直接觸怒當道所使用的行文方式」。[136]是以，史公敘近、當代史範疇時，為了避免觸犯時諱，往往將議論含藏於敘事行文中，曲曲傳之。這便是《史記》多寓言外論斷的原因之一。

（二）發憤著書：撰作《史記》的動力

〈太史公自序〉中「昔西伯拘羑里……故述往事，思來者」（卷 130，頁 3300）一段，除了部分字句的斟酌改動外，與〈報任安書〉中的載述多所雷同，可見史公對這段文字的重視。[137]透過比物連類的方式，一口氣羅列了西伯姬昌、孔子、屈原、左丘明、孫子、呂不韋、韓非子等人物；《詩》、《書》、《易》、《春秋》、〈離騷〉、《國語》、《呂覽》的撰作。以〈離騷〉來說，在〈屈原賈生列傳〉裡，史公除了對屈原作出極高的評價外，亦從中得到了諷諫當世的寫作方式和精神力量。[138]照史公敘來，他們的共通點，皆因「意有所鬱結，不得通其道」，故「述往事，思來者」（卷 130，頁 3300）。史公藉此發凡，提撕出「發憤」、「舒其憤」的主旨，此即著名的「發憤著書」說：

> 七年而太史公遭李陵之禍，幽於縲絏。乃喟然而歎曰：「是余之罪也夫！是余之罪也夫！身毀不用矣。」退而深惟曰：「夫《詩》《書》隱約者，欲遂其志之思也。昔西伯拘羑里，演《周易》；孔子厄陳

---

[135] 趙伯雄：《春秋學史》，頁 162。

[136] 林聰舜：《《史記》的世界——人性與理念的競逐》，頁 9。

[137] 徐復觀：《兩漢思想史》，卷 3〈論史記〉，頁 315。

[138] 呂培成以為屈騷精神，就是《史記》精神，體現在發憤抒情、悲劇意識、以奇為美三方面。一言以蔽之就是「悲怨」，是無法一展己志的「憂愁沉思」。呂培成：《司馬遷與屈原和楚辭學》（西安：陝西人民教育出版社，2000），「司馬遷對楚辭美學思想的繼承和發揚」，頁 86-141。

蔡，作《春秋》；屈原放逐，著〈離騷〉；左丘失明，厥有《國語》；孫子臏腳，而論兵法；不韋遷蜀，世傳《呂覽》；《詩》三百篇，大抵賢聖發憤之所為作也。此人皆意有所鬱結，不得通其道也，故述往事，思來者。」於是卒述陶唐以來，至于麟止，自黃帝始。（卷130，頁3300）

天漢七年，史公因為李陵辯說，被判「誣罔」罪，論罪當死。史公在「家貧，財賂不足以自贖」，加上「交游莫救」、「左右親近不為壹言」的情況下，只能「自請受腐」，才能得到一線生機。[139]根據阮芝生的分析，史公不死節，而請求受腐的原因，約有幾點：1.如果現在死去，後人還以為史公是罪有應得；2.秉承史談遺命撰《史》的史公，若《史記》未成，有何面目向父親覆命；3.除了父親遺命，《史記》是書可是關係到天下史文的興廢。[140]〈報任安書〉中提到，「僕誠已著此書，藏之名山，傳之其人通邑大都，則僕償前辱之責，雖萬被戮，豈有悔哉！」[141]因此，史公隱忍苟活的最大目的，在於撰成《史記》，任重道遠。史公自覺擔負了傳承歷史文化的重擔，故不得不如此抉擇。

對於自負長才，且深具重名觀念的史公來說，宮刑實為奇恥大辱，生不如死。世人的非議與誤解，更讓史公受到了再次的打擊：桑弘羊以為史公為「無行之人」，連甚有交情的摯峻也作如此理解。[142]史公真實的心意，又有誰

[139] 〈報任安書〉：「以為僕沮貳師，而為李陵游說，遂下於理。拳拳之忠，終不能自列，因為誣上，卒從吏議。家貧，財賂不足以自贖，交遊莫救，左右親近不為壹言。身非木石，獨與法吏為伍，深幽囹圄之中，誰可告愬者！」書中提到，「因為誣上，卒從吏議」，此知史公犯下的罪行，係指「誣罔」罪或「罔上」罪，這在當時屬於死刑重罪。與史公同時的方士巒大亦「坐誣罔要斬」。參漢・班固、唐・顏師古注：《漢書》，卷62〈司馬遷傳〉，頁2730、卷6〈武帝紀〉，頁187；日・大庭脩著、林劍鳴等譯：《秦漢法制史研究》，頁83-92。

[140] 阮芝生：〈司馬遷之心——〈報任少卿書〉析論〉，《臺大歷史學報》第26期，2000年12月，頁181。

[141] 漢・班固、唐顏師古注：《漢書》，卷62〈司馬遷傳〉，頁2735。

[142] 桑弘羊對史公語見《鹽鐵論・周秦》：「今無行之人，貪利以陷其身，蒙戮辱而捐禮義，恒於苟生，何者？一日下蠶室，創未瘳，而宿衛人主，出入宮殿，得由受奉祿，食太官享賜，身以尊榮，妻子

能明白呢？除了在〈報任安書〉，透過重辭累書的方式，藉題發揮，自陳心跡外。從〈悲士不遇賦〉中，字裡行間所流露的悲悽與憤慨，可略窺史公當時的心境：

> 悲夫！士生之不辰，愧顧影而獨存。恆克己而復禮，懼志行之無聞。
> 諒才韙而世戾，將逮死而長勤。雖有形而不彰，徒有能而不陳。……
> 我之心矣，哲已能忖；我之言矣，哲已能選。沒世無聞，古人惟恥；
> 朝聞夕死，孰云其否。[143]

哀嘆自己空有滿腹才華，卻時運不濟，生不逢時；抒發受刑之後，不甘歿世無聞的憤激之情。史公的「不遇」，帶有雙重含意，不僅意指立功名願望的失落，也帶有自己心跡不被世人明白的苦楚。

　　身體上的痛苦、內心的悲慟，宮刑事件帶來的卑微感、恥辱感，使得史公的思想產生轉變，對人對事的觀察，也有了另一番深度體會。陳桐生以為宮刑事件，帶來了三方面的影響：使史公從心理上拉開了與漢家的距離，獲得了獨立觀察思考的人格條件；使史公產生憤書激情；使《史記》滲進了史公個人的身世之嘆。[144]正因為受宮刑，「才使他更多地看到了下層人民的美德，和統治階級內部的種種黑暗、腐朽與陰私。受宮刑對司馬遷的肉體與精神的摧殘是嚴重的，但這卻是使《史記》的思想內容產生巨大飛躍的重要條件。」[145]對於《史記》的撰作來說，焉知非福。

獲其饒」、摯峻語見〈報司馬子長書〉：「峻聞古之君子，料能而行，度德而處。故悔吝去於身，利不可以虛受，名不可以苟得。漢興以來，帝王之道，於斯始顯，能者見利。不肖者自屏，亦其時也。《周易》：『大君有命，小人勿用。』徒欲偃仰從容，以送餘齒耳。」詳參漢·桓寬：《鹽鐵論》（臺北：大化書局，1967），〈周秦〉第五十七，頁59、漢·摯峻：〈報司馬子長書〉，收錄於清·嚴可均校輯：《全漢文》（京都：株式會社中文出版社，1981），卷26〈司馬遷〉，頁273。

[143] 司馬遷：〈悲士不遇賦〉，收錄於清·嚴可均校輯：《全漢文》，卷26〈司馬遷〉，頁270-271。

[144] 陳桐生：《中國史官文化與史記》，頁297、299、300。

[145] 韓兆琦：《史記博議》（臺北：文津出版社，1995），頁152。

　　章學誠:「後人泥於發憤之說,遂謂百三十篇,皆為怨誹所激發。」[146]值得注意的是,《史記》畢竟是史書,作者的抒情,是緣歷史事實來發抒,既不能喧賓奪主,也不能歪曲歷史。是以,史公的發憤,應放在鞭策著書的動力上,而不是「怨誹」的觀點。

　　一個人能不能發憤,先決條件在於,是否具備堅韌頑強的奮鬥精神、忍辱負重的生死觀,[147]如〈報任安書〉所謂:「恥辱者,勇之決也」、「勇者不必死節,怯夫慕義,何所不勉焉」。[148]正因為史公有身歷其境的體會,對於「隱忍就功名」的「烈丈夫」們,往往給予肯定,如伍子胥、句踐、范雎、蔡澤、季布等。這些人物的記載,正是史公的志向、遭遇、心路歷程的寫照。[149]史公並沒有規定什麼時候就該採取死,什麼時候就該採取忍。他是要求每個人在自己面臨生死抉擇時,要衡量客觀形式,也要考慮自身的具體條件。[150]並不是倡導怯懦苟活,而是要考慮如何讓這僅有一次的生命,發揮出它更大的能量、創造出更大的價值、綻放更大的光輝。

(三)成一家之言:以立言為不朽

　　史公的重名觀點,流露於《史記》,遍見於〈太史公自序〉、〈報任安書〉、

---

[146] 清・章學誠撰、葉瑛校注:《文史通義校注》,卷3〈史德〉,頁221。

[147] 這段話,筆者改寫自張大可:〈簡評《史記》論贊〉,收錄於張大可:《《史記》研究》,頁262。另外,關於史公的生死觀,韓兆琦評論道:「司馬遷好寫悲劇英雄,司馬遷自己也是一個悲劇英雄,他之所以把《史記》寫成了一道悲劇英雄人物的畫廊,他自己的一生所以如此度過,這都是由他的生死觀決定的。」韓兆琦是書,並將史公的生死觀做了分類敘述。詳參韓兆琦:《史記博議》,頁134-143。

[148] 漢・班固、唐・顏師古注:《漢書》,卷62〈司馬遷傳〉,頁2727、2733。

[149] 司馬遷在〈范雎蔡澤列傳贊〉提出「激」的概念,這是說士林因遭受人生困厄而激發起內在的強大人格力量。「激」是一種超越困厄的動力,「隱忍」是達到目的的手段,最終目標則是立功名於天下。司馬遷為何要給「隱忍就功名」的「烈丈夫」以如此熱烈的禮贊?首先是因為司馬遷和這些士林人物有共同的遭遇,共同的志向,經歷了共同的心路歷程,這些人物傳記也是司馬遷個人心境的寫照。詳參陳桐生:《中國史官文化與史記》,頁281-283。

[150] 韓兆琦:《史記博議》,頁143。

〈悲士不遇賦〉、〈與摯伯陵書〉[151]等著作。在〈與摯伯陵書〉更提出了立德、立功、立言三不朽的議題。[152]《史記》是先秦文化之集大成，史公也是先秦士風與優秀士人思想人格的直接繼承者。史公承接了這種以天下為己任，勇於挑重擔而毫不推辭的傳統。然而受到現實條件的侷限，他只有選擇寫史，以著書成就一家之言，以立言為不朽。[153]關於史公的「一家之言」，梁啟超做了很好的解讀：

> 其（史公）著書最大目的，乃在發表司馬氏「一家之言」，與荀卿著《荀子》，董生著《春秋繁露》，性質正同。不過其「一家之言」，乃借史的形式以發表耳。故僅以近世史的觀念讀《史記》，非能知《史記》者也。[154]

梁啟超的說法，提示了讀《史記》，須帶有「同理心」，要放在當時文、史不分的背景來看，而不能以近世「純史」的角度來理解。史公撰史，是帶有一定的目的性。透過記載歷史來傳達議論，更是史公追求的目標之一。往往藉由曲折委婉的方式，寄寓著史公的褒貶、是非，在緩衝與傳真之間，達成微妙的平衡。雖然極有價值，卻不容易輕易看出，甚至一不小心，就會落入迷茫中，這便為研究者增添了困難度。因此，研究《史記》「于序事中寓論斷」這個主題，不僅富有意義與價值，同時也極具挑戰性。

　　鄔國平在《中國古代接受文學與理論》提出了「論無定」的說法，並曰：

---

[151] 〈與摯伯陵書〉或曰可能為偽書，然其內容想法與史公近似，若為偽書，也是能理解史公的「知心」所作。

[152] 三不朽的議題，由來自《左傳》。叔孫豹舉臧文仲身死言立為例曰：「大上有立德，其次有立功，其次有立言。」立德、立功、立言的排序，從春秋時期乃至於清代，隨時代風尚而異趣。楊伯峻：《春秋左傳注》，〈襄公二十四年〉，頁1088。

[153] 參韓兆琦：《史記博議》，頁159-160。

[154] 清·梁啟超：《要籍解題及其讀法》（臺北：華正書局，1974），頁36。

「一時之優劣，不代表未來的公論；目前的屈抑，也不代表永遠的埋沉」。[155]史公雖於〈報任安書〉言：「要之死日，然後是非乃定」。[156]然則，評述古今人物，每每「不以成敗論英雄」，不也是「論無定」的換句話說！從《史記》的流播情形來看，漢廷對是書雖然存在著忌憚，但未嘗不珍重其書，且詔令續補其書。筆者以為，這與史公妙於運用「于序事中寓論斷」的筆法，避免直截觸忌，關係密切。統治者固然不同意《史記》褒貶當代的做法，但又不得不承認是書的實錄精神與求真價值，而讓《史記》得以大致無恙的流傳後世。雖然在漢代，由於統治者的干涉，尚得不到正確的估價。但隨著朝代的更迭，那敏感的觸忌鋒芒，便逐漸消弭在時間的洪流中。到了晉代以降，去漢已遠，更能從客觀的角度，去評判《史記》，從而掘發是書的優點。其實錄精神與文章風格，允為後世史家、文家所祖述。[157]

史公自幼博覽經史，少年壯遊四方，更嘗扈從武帝巡遊各地。以豐厚的學識與經歷為基礎，並將身心遭遇的打擊，化為著書的動力。在秉持著史家之真、善、美，發揮了史家四長，是以能無愧於史談「撰作第二部《春秋》」的遺命，[158]「厥協《六經》異傳，整齊百家雜語」（卷130，頁3319-3320）、「紬史記石室金匱之書」（卷130，頁3296），「究天人之際，通古今之變」，而能「成一家之言」，[159]是《史記》所以能青出於藍，且流芳後世處。

五、小結

「于序事中寓論斷」的筆法，別於直接議論的序、贊、論，有其特定的

---

[155]鄔國平：《中國古代接受文學與理論》（哈爾濱：黑龍江人民出版社，2005），頁5。

[156]漢・班固、唐・顏師古注：《漢書》，卷62〈司馬遷傳〉，頁2736。

[157]參陳直：〈漢晉人對《史記》的傳播及其評價〉，收錄於歷史研究編輯部編：《司馬遷與《史記》論集》，頁241-242；馮家鴻：〈論司馬遷和班固孰優──《史記》、《漢書》同篇目比照評述〉，《金陵職業大學學報》第15卷第4期，2000年12月，頁27。

[158]詳見〈太史公自序〉，卷130，頁3295。

[159]漢・班固、唐・顏師古注：《漢書》，卷62〈司馬遷傳〉，頁2735。

罔褒忌諱的時空背景。是史公秉持著良史實錄歷史的職責，與避免觸忌殺身、禍延子孫，考量到《史記》的流傳，依傍著史識與智慧，所作出的權衡。不是史公突如其來的「發明」，而是透過體察六藝的精思，汲取前人的優長，以實錄精神為統領，加以改良而成。

　　立意上，繼承著《春秋》「貶天子，退諸侯，討大夫」的批判精神，取法孔子以王道文化傳統批判現實政治的做法。故能「善善惡惡，賢賢賤不肖」。形式上，取法著《左傳》平易曉暢，富有表現力的歷史敘事。其中寓解釋於歷史敘事的方式，更為史公以敘為議的筆法，樹立典範。建立在儒家「溫柔敦厚」的詩教基礎，《詩》蘊含著美刺現實社會的功能，成就了史公的詩學批評觀。《春秋公羊傳》、董氏公羊學，對《史記》的哲理內涵，產生深遠的影響。史公經常引述《公羊》，用來評論現實。受到《易傳》的影響，促成「究天人之際，通古今之變」的通變觀，貫徹在「詳變略漸」的載述模式。汲取《易傳》的審微思想，轉化成《史記》以慎始防微的思想精神，提供歷史資鑑的撰述。非惟私淑孔子，以六藝為指導，對於春秋戰國的諸子百家學術，史公亦有充分領會。諸如《尚書》、《國語》的言事相兼，《戰國策》縱橫捭闔的說辭，《論語》之類的語錄體，都為《史記》以敘為議的撰作形式，提供了充沛的養分。

　　史公豐厚的學養，除了自身聰慧穎悟外，家風家學的濡染、師友淵源、廣博遊歷的體會亦是箇中關鍵。父親史談的遺命與囑託，促使史公以撰史為志業，有撰作第二部《春秋》的宏大抱負。宮刑事件的打擊，不是將撰史，作為報復私怨的謗書，而是將身心遭受的創傷，作為忍辱發憤的動力。在前史的示例與基礎上，史公鎔鑄了諸家優長，運化於優美的敘事行文中；於抒情與實錄間，取得平衡，並以「不虛美，不隱惡」的實錄精神，改良諱言諱書、歪曲事實的記載方式。在秉持著史家之美善的同時，發揮詩家「言之者無罪，聞之者足以戒」的精神，以史傳真，藉史明心，傳達出自己的褒貶愛憎。是以能無愧於史談遺命，「究天人之際，通古今之變」，成就「一家之言」，以《史記》名留史冊。繼《春秋》，而能超越《春秋》，以立言永垂不朽。

第三章　以敘為議，即事明理：
論《史記》「于序事中寓論斷」的表現形式

　　顧炎武提出《史記》「于序事中寓論斷」的書法特質，為這樣鎔鑄《春秋》書法、史家筆法、詩家比興托諷要旨、蘊含論斷的變體敘事作了命名，方使《史記》敘事成就的研究，向前開展了一大步。

　　由於「于序事中寓論斷」有其特殊的使用條件，加上史公「詳近略遠」、「詳變略漸」的撰述原則，故筆者以楚漢相爭到漢武帝朝的敘事文本作為探討對象。依言、意的指涉關係定義「直筆」、「側筆」，再予以細分八個項目。[1] 必須說明的是，《史通》「直書」、「曲筆」的區分，與本論著的分類名稱近似，詞彙意涵，有必要稍作廓清。劉知幾的定義裡，「直書」幾乎等於「實錄」，以彰善顯惡為奧義；「曲筆」是相反的概念，意謂或因撰史者的偏私、或因個人恩仇之故，扭曲（違背）實錄原則者。至於中國固有的親親尊尊倫理，則屬於「雖曲實直」者。而劉氏褒「直書」、抑「曲筆」，除了是自己撰史的實證經驗，亦為見諸王沈《魏書》、董統《燕史》，及於浦起龍所提示的魏收等，有其對應的時代課題。[2] 筆者「直筆」、「側筆」之分，俱以實錄精神為依歸，兩者相映相發，並無優劣之意。目的在通過言、意指涉的對應來區分，使意義的解讀趨於明朗，並藉由舉大該細的方式，試圖將史公「于序事中寓論斷」

---

[1]　本論著，以「直筆」、「側筆」統攝的八個條目，為「據事直書」、「屬辭比事」、「重辭累書」、「藉言敘事」、「寓意閒事」、「正言若反」、「移位敘述」、「虛實相生」。

[2]　詳見唐・劉知幾撰、清・浦起龍釋：《史通通釋》（臺北：里仁書局，1980），卷7〈直書〉、〈曲筆〉，頁192-199。

的表現形式，加以歸納、分類，以作為探析言外重旨的敲門磚。

一、直筆

「盡而不污」為《春秋》五例之一，意謂「直書其事，具文見意」。[3]以史筆而言，主要有三種類型：「據事直書」、「屬辭比事」、「重辭累書」。這之間的轉化，如余英時所言：

> 褒貶之史法係由史官直筆一脉相承而來，不過隨時勢之不同而略一轉變，而直筆之本意正在於記載事實之真象，則「春秋」之書法——今人所謂以道德判斷家諸史事者——不但沒有歪曲，反而倒保存了歷史的客觀性。[4]

余氏說法，良然。此處所謂「直筆」，係史公融通了《春秋》書法、史家筆法，及《左傳》「以史傳經」的特質，於書寫近、當代史時，為避免觸犯忌諱，又要秉筆直書，在不扭曲客觀真實的前提下，如實記載善惡賢賤，以供資鑑勸懲的筆法。

（一）據事直書：歷陳事實以寓評判

「據事直書」，意謂將個人的褒貶及議論，通過歷史敘事的過程中，表述出來。不是一般的判斷，而是帶有史家的歷史眼光。這是「于序事中寓論斷」最典型的筆法形式，尤見於秦漢以來史事的批評上。[5]舉〈呂后本紀〉為例：

---

[3] 晉・杜預：《春秋經傳集解》，〈序〉，頁1。

[4] 余英時：〈章實齋與柯靈烏的歷史思想——中西歷史哲學的一點比較〉，收錄於氏著：《歷史與思想》（臺北：聯經出版事業公司，1976），頁177。

[5] 「尤其是對於秦漢的歷史敘述，這樣的表達形式是很顯著的。」白壽彝：〈司馬遷寓論斷于序事〉，收錄於歷史研究編輯部編：《司馬遷與《史記》論集》，頁140。

> 梁王恢之徙王趙，心懷不樂。太后以呂產女為趙王后。王后從官皆
> 諸呂，擅權，微伺趙王，趙王不得自恣。王有所愛姬，王后使人酖
> 殺之。王乃為歌詩四章，令樂人歌之。王悲，六月即自殺。太后聞
> 之，以為王用婦人棄宗廟禮，廢其嗣。……九月，燕靈王建薨，有
> 美人子，太后使人殺之，無後，國除。（卷9，頁404-405）

通過這段記載，得見呂后的跋扈、專政、擅權，乃至於無所不用其極的殘害
劉氏後嗣，以鞏固呂氏家族權力，幾乎易姓而代，可作為後世立后的資鑑。
至於景帝時的七國之亂，史公詳載亂事的前因後果，得出：吳王濞早有謀反
之心；雖以誅鼂錯為名，實意不在錯。而從中虛與委蛇，藉機排除異己的袁
盎，於盎傳中即可得見真相，徵引如下：

> 盎素不好鼂錯，鼂錯所居坐，盎去；盎坐，錯亦去：兩人未嘗同堂
> 語。及孝文帝崩，孝景帝即位，鼂錯為御史大夫，使吏案袁盎受吳
> 王財物，抵罪，詔赦以為庶人。吳楚反，聞，鼂錯謂丞史曰：「夫
> 袁盎多受吳王金錢，專為蔽匿，言不反。今果反，欲請治盎宜知計
> 謀。」丞史曰：「事未發，治之有絕。今兵西鄉，治之何益！且袁
> 盎不宜有謀。」鼂錯猶與未決。人有告袁盎者，袁盎恐，夜見竇嬰，
> 為言吳所以反者，願至上前口對狀。竇嬰入言上，上乃召袁盎入見。
> 鼂錯在前，及盎請辟人賜閒，錯去，固恨甚。袁盎具言吳所以反狀，
> 以錯故，獨急斬錯以謝吳，吳兵乃可罷。……及鼂錯已誅，袁盎以
> 太常使吳。（卷101，頁2742-2743）

透過這段記錄，將盎、錯不和的情狀點出。可見，讓袁盎構陷鼂錯的導火線，
乃在於鼂錯知道袁盎和吳王私下勾結的陰事。藉由這段載述，將袁盎兩面討
好，善用心計的形象點出，傳達出史公對袁盎的裁評。〈魏其武安侯列傳〉中，
田蚡、竇嬰和灌夫相傾抑的事件，箇中因緣，便在於竇、灌知道田蚡和淮南

王交私的陰事。同樣的敘法，類似的情節，只是罪魁禍首換成了外戚田蚡。

歷陳事實以寓褒貶，更多的是詳載事件始末，使得失寄意其中。以〈張耳陳餘列傳〉為例，筆者整理如下表：

表二：〈張耳陳餘列傳〉整理表

①嫌隙的開端：張黶、陳澤事件

王離兵食多，急攻鉅鹿。鉅鹿城中食盡兵少，張耳數使人召前陳餘，陳餘自度兵少，不敵秦，不敢前。數月，張耳大怒，怨陳餘，使張黶、陳澤往讓陳餘曰：「始吾與公為刎頸交，今王與耳旦暮且死，而公擁兵數萬，不肯相救，安在其相為死！苟必信，胡不赴秦軍俱死？且有十一二相全。」陳餘曰：「吾度前終不能救趙，徒盡亡軍。且餘所以不俱死，欲為趙王、張君報秦。今必俱死，如以肉委餓虎，何益？」張黶、陳澤曰：「事已急，要以俱死立信，安知後慮！」陳餘曰：「吾死顧以為無益。必如公言。」乃使五千人令張黶、陳澤先嘗秦軍，至皆沒。（卷89，頁2579）

②兩人正式決裂：陳餘投印，張耳不讓

張耳與陳餘相見，責讓陳餘以不肯救趙，及問張黶、陳澤所在。……陳餘怒曰：「不意君之望臣深也！豈以臣為重去將哉？」乃脫解印綬，推予張耳。張耳亦愕不受。陳餘起如廁。客有說張耳曰：「臣聞『天與不取，反受其咎』。今陳將軍與君印，君不受，反天不祥。急取之！」張耳乃佩其印，收其麾下。而陳餘還，亦望張耳不讓，遂趨出。……由此陳餘、張耳遂有卻。（卷89，頁2580）

③常山剖符之封：陳餘意項羽封賞不平

張耳之國，陳餘愈益怒，曰：「張耳與餘功等也，今張耳王，餘獨侯，此項羽不平。」（卷89，頁2581）

④陳餘攻打張耳：張耳走漢，漢軍如虎添翼

田榮欲樹黨於趙以反楚，乃遣兵從陳餘。陳餘因悉三縣兵襲常山王張耳。張耳敗走，念諸侯無可歸者，曰：「漢王與我有舊故，而項羽又彊，立我，我欲之楚。」甘公曰：「漢王之入關，五星聚東井。東井者，秦分也。先至必霸。楚雖彊，後必屬漢。」故耳走漢。（卷89，頁2581）

⑤竟成仇讎：欲置對方於死地

漢二年，東擊楚，使使告趙，欲與俱。陳餘曰：「漢殺張耳乃從。」於是漢王求人類張耳者斬之，持其頭遺陳餘。陳餘乃遣兵助漢。漢之敗於彭城西，陳餘亦復覺張耳不死，即背漢。（卷89，頁2582）

⑥尾聲：促成張耳殺陳餘的結果

漢三年，韓信已定魏地，遣張耳與韓信擊破趙井陘，斬陳餘泜水上，追殺趙王歇襄國。（卷89，頁2582）

依照史公的載述內容，可分成六個段落，隱隱以利害關係為針線，如吳敏樹的分析：「當陳餘投印之時（第②段），張耳若不乘便收取，雖交分少疏，何至便相仇殺。又若常山剖符之日（第③段），能以趙歇竟辭，而身與成安等，受君侯之號，捐前忿，去後嫌，賢者之風，不當如是耶？而陳餘既脫身澤中，隱身漁獵，三線之封，婉辭無受，張耳獨侈，然為王得無內愧而投謝哉！不此之務，徒見利所在。」[6]從張耳、陳餘由刎頸交到反目成仇的過程，傳達出兩人見利忘義及至決裂相殺的情形。通過據事直書的筆法，寄寓著史公對友朋交往的態度，反映著人情世態的現實，並連繫著自身遭遇的感傷。另如〈封禪書〉總括武帝封禪始末，透過疑辭虛字的安置，傳達神仙之事的荒謬、虛妄，史公結之以「其效可睹矣」。則於微婉陳詞中，寄寓了史公對漢武帝迷信方士妄言的譏諷。[7]〈平準書〉，藉由數字為提綴，層層加深，傳達出開邊、戰爭，勞民傷財的實情。[8]從歷史敘事中，便見史公賦予其中的教訓。

　　〈項羽本紀〉、〈陳涉世家〉、〈淮陰侯列傳〉、〈李將軍列傳〉等名篇，尤其集中運用了這樣的形式。意謂著史公善於「通過代表性的歷史人物去說明、論斷歷史問題」。[9]以〈陳涉世家〉來說，敘陳涉從發難顛末到敗亡殺身，通過其一生行事，讓讀者領會到陳涉的敗因，引為借鑑。[10]另如歷時百年的漢匈戰爭，亦通過史實自明的方式，以著開邊之失。此即李長之所謂：「事實往往

---

[6]　楊燕起等：《史記集評》，〈張耳陳餘列傳〉載吳敏樹語，頁528。

[7]　錢鍾書以為史公〈封禪書〉用「云」字為多，並謂：「『云』之為言，信其事之有而疑其說之非爾。常談所謂『語出有因，查無實據』也」。此處的論述，近於將「若」、「云」、「焉」、「蓋」，視為疑詞，以其具有懷疑不定的意味。筆者認為，此誠史公信以傳信，疑以傳疑原則的運用。於不確定之處，以「疑詞」標示，不妄加論難，正符合史公實錄精神的宗旨。錢鍾書：《管錐編》冊一，〈史記會注考證・封禪書〉，頁286。

[8]　凌稚隆：「書中連曰數萬人，十萬餘人，二十萬餘人，六十萬人，又連曰賜黃金二十餘萬斤、五十萬金，百餘巨萬計，以億計，不可勝數之類，皆以著其勞民傷財之實也。」明・凌稚隆輯校、李光縉增補，日・有井範平補標：《補標史記評林》，卷30〈平準書〉凌稚隆按語，頁1084。

[9]　白壽彝：〈司馬遷寓論斷于序事〉，收錄於歷史研究編輯部編：《司馬遷與《史記》論集》，頁145。

[10]　參楊燕起等：《史記集評》，載楊慎語，頁420。

是最強有力的諷刺」，誠然。[11]

（二）屬辭比事：類比牽連，寄意其中

《春秋》書法有所謂「屬辭比事」者，是透過史料的鑑別剪裁與排比編撰，來編纂歷史的史筆。[12]在《史記》裡，得到相當靈活的運用：透過剪裁、筆削、排比、互見、錯綜等形式，在歷史敘事的過程中，讓是非善惡從中淹透而出。[13]在不違背歷史真實的前提下，又能使美惡自見。是故，藉由以事牽連的方式，層層抽絲剝繭，釐清頭緒，有助於考察出史公透過縱橫比較與分類中，對人對事的論斷。分成四個類別，析論如下：

1.破除：用敘述破除敘述

史公直陳史實之虞，往往巧妙的安置破綻、矛盾，以啟人疑竇，進而讓讀者在考索的過程中，曉悟史公所寄寓的議論。據徐復觀的說法，是屬於：「以敘述破除敘述」的技巧。[14]以〈封禪書〉為例，一則雜引鬼神之事，以見三代並無封禪之實；二則兩載周之九鼎亡去之迹，扣合漢武得鼎事，暗指所得之鼎為新垣平所偽造者；三則舉文成將軍以帛書飯牛，誑騙武帝，後因識破被殺，武帝為之回護，稱其「文成食馬肝死耳」（卷28，頁1390），以見武帝執迷不悟，對方士妄語，猶存希望之情；四則透過方士以乘龍登天為誇，武帝巡行至黃帝冢，方士誑言為衣冠冢，見主暗臣諛之情；五則備載秦皇、漢武

---

[11] 李長之：《司馬遷之人格與風格》，頁371。

[12] 高攀龍於《春秋孔義》云：「《春秋》屬辭比事而義見。」茅坤氏則云：「古人比事屬辭，事奇則文亦奇」分引自明‧高攀龍：《春秋孔義》（臺北：臺灣商務書局，1983年出版，景印文淵閣四庫全書：據國立故宮博物院藏本影印），頁179-67；清‧茅坤氏：《史記菁華錄》（臺北：聯經出版社，2002），〈題辭〉，頁1。

[13] 如史公於自序中評論〈天官書〉中「比集論事」一詞。原文：「比集論其行事，驗于軌度以次。」（卷130，頁3306）釋為：綜合歷代史迹，日星行進的軌道躔度來加以論述。「軌度」一詞，可引申理解為法度。意謂綜合歷代史迹，驗對法度來加以論述。

[14] 徐復觀：《兩漢思想史》，卷3〈論史記〉，頁374。

封禪求仙妄信方士、古今異義處，並藉微言暗示的方式加以點破，以見其效彌篤，人君猶信的情形。是書中的諷刺，尤以敘漢武時為最：「其于禱祠百出，則隨之以若有符驗之言；于求仙無方，則隨之以終不可得之言。」[15]史公不厭其煩的載述，並一次次的破除方士的虛言妄語，以敘事代批評，便見漢武之無道。

在〈高祖本紀〉中，載述劉邦初舉事時，常伴隨著許多神怪事蹟，如高祖醉斬大蛇事件，便通過老嫗口，言其「為赤帝子」（卷 8，頁 347）；通過秦皇帝口，以為「東南有天子氣」，呼應著「季（劉邦）所居上常有雲氣，故從往常得季。」（卷 8，頁 348）。似將劉邦代秦建漢的功業，與「天命」畫上等號。史公復於〈項羽本紀〉載楚漢相爭，情勢危急之際，「審食其從太公、呂后閒行，求漢王，反遇楚軍」（卷 7，頁 322）事。如此一來，則見矛盾：若真有「雲氣」，為何呂后會與高祖失散呢？連繫傳中載述，高祖雲氣事後，史公接敘「沛中子弟或聞之，多欲附者矣」（卷 8，頁 348）；比較〈陳涉世家〉載陳涉初起時，假魚腹狐鳴異事而起的事情。可知，依託神異事的用意乃在「兆帝王之興起」，為劉邦軍隊起事時，用來收服人心的一種心理策略。[16]透過事實真相的揭露，傳達出神仙怪異事蹟的不足信。

〈魏其武安侯列傳〉敘武安侯田蚡處，甫言其「非痛折節以禮詘之，天下不肅」（卷 107，頁 2844），下面便提到「（武安）嘗召客飲，坐其兄蓋侯南鄉，自坐東鄉，以為漢相尊，不可以兄故私橈。」（卷 107，頁 2844）後者即勘破前載用禮法約束臣下的事實，揭示田蚡虛偽矯飾的一面。在〈衛將軍驃騎列傳〉中，對於霍去病的功勞，史公多用詔書代敘事，傳達不甚肯定的意味。藉由詔書內容與實際功績的比對，往往得出詔書虛辭諱飾的情形，如：

---

[15] 明・凌稚隆輯校、李光縉增補，日・有井範平補標：《補標史記評林》，卷 28〈封禪書〉凌稚隆語，頁 1065。

[16] 楊詢吉曰：「斬蛇事沛公自托，以神靈其身，而駭天下之愚夫婦耳。大虹大霓，蒼龍赤龍，流火之鳥，躍舟之魚，皆所以兆帝王之興起者，此斬蛇之計所由設也。」明・凌稚隆輯校、李光縉增補，日・有井範平補標：《補標史記評林》，卷 8〈高祖本紀〉引楊詢吉語，頁 292。

驃騎將軍亦將五萬騎，車重與大將軍軍等，而無裨將。悉以李敢等
為大校，當裨將，出代、右北平千餘里，直左方兵，所斬捕功已多
大將軍。軍既還，天子曰：「驃騎將軍去病率師，躬將所獲葷粥之
士，約輕齎，絕大幕，涉獲章渠，以誅比車耆，轉擊左大將，歷涉
離侯。濟弓閭，獲屯頭王、韓王等三人，將軍、相國、當戶、都尉
八十三人，封狼居胥山，禪於姑衍，登臨翰海。執鹵獲醜七萬有四
百四十三級，師率減什三，取食於敵，遠行殊遠而糧不絕，以五千
八百戶益封驃騎將軍。」（卷 111，頁 2936）
兩軍之出塞，塞閱官及私馬凡十四萬匹，而復入塞者不滿三萬匹。
（卷 111，頁 2938）

吳見思評曰：「止序功伐，而喪師處，竟不提起，只師減什三一句，約略過去，
此詔旨也。而史公亦不明言，却于馬數上，閒閒點出。馬猶如此，人其幾何，
一片文情，正於閒處著色也。」[17]史公故露敘事破綻，藉由馬數從十四萬匹到
不滿三萬匹，破除詔書所載「師率減什三」的虛偽。除了為霍去病諱言損失
人數、馬數外，史公亦記載著武帝以詔書為衛青、霍去病浮誇戰功處，詳於
下節論述，此處暫略。通過詔書與實際功績的比對，諸般「破綻」、「矛盾」、
不合理處，從中可以覺察出，史公認為霍去病的戰功，多建立在「天幸」上，
寓含著史公對漢武帝、霍去病的批評。

　　相對於霍去病的平步青雲，在〈李將軍列傳〉裡，敘述了一位數戰卻不
得封爵的將領。史公透過李廣與望氣者王朔的閒談，以殺降而不得封侯的「詭
辭」用法，作為李廣數戰而不得侯的原因，以無理由為理由，傳達出史公對
漢家封賞不平的不滿。[18]

　　以上數例，皆是史公通過史料安排，故露敘事「破綻」，微致史公裁評的

---

[17] 清‧吳見思評點：《史記論文》（臺北：臺灣中華書局，1987），〈衛將軍驃騎列傳〉，頁 598。
[18] 詳見本論著第五章二、「（三）天幸親貴與數奇不遇」的論述。

方式。生花妙筆之間，事外曲致遙深。

2. 反射：正反對照，相反相成

藉由正反的強烈對比，激射出褒貶與諷刺，是史公慣用的手法，即吳闓生所謂「反射」。[19]有從篇名判斷，容易辨別者，如十類傳兩兩構成對比的情形。[20]最明顯的莫過於〈循吏列傳〉與〈酷吏列傳〉，由所敘年代、治績、影響正為相反的載述方式，對武帝朝的吏治，進行批判。並透露出若干新政，對民眾利益的損害。[21]

有從篇名，不容易直接判斷，而需細讀文字，比事類義，才能看出對比的情節者，以〈項羽本紀〉與〈高祖本紀〉為例。在〈高祖本紀〉裡，史公用三件事摹寫劉邦所以能得民心：「不殺子嬰」、「約法三章」、「義帝發喪」。至於項羽，則一切反是。除了殺子嬰，徙義帝、殺義帝，更任用秦民所厭惡的三秦王，務殘忍燒殺之能事。此外，項羽、劉邦的人格特質，及其反映在危機處理時的態度，亦注定了後來的成敗。在項羽兵敗烏江時，原有機會撤回江東，重整旗鼓，伺時東山再起的。只可惜，項羽並未如此打算，力持「天之亡我，我何渡為」（卷 7，頁 336）的看法，執意死戰。同樣是面臨著生死存亡的關頭，劉邦就顯現出頑強的態度，具體而微的表現在鴻門宴上。當是時，項羽擁兵四十萬，駐紮於新豐鴻門，沛公劉邦僅十萬兵馬，駐於霸上。項羽因劉邦先入關中，怒火中燒，亟欲於翌日一早便進擊漢軍。當此燃眉之

---

[19] 如吳闓生評論《左傳》，曰「反射」者：「莊公之不子，則以潁考叔之孝形之。齊豹之不臣，則以公孫卿之謹形之。季孟之怯荬縱敵，則以冉有之義、公叔務人、林不狃之節形之。臧孫紇之無罪，則以東門逐叔孫僑如之盟首形之。推之崔慶欒高之亂齊，而以晏子正君臣之義。昭公之亡國，而以子家子主反正之策。」此皆「相反而益著者也。」清・吳闓生《左傳微》（臺北：中華書局，1970），卷首〈與李右周進士論左傳書〉，頁 4。

[20] 如《儒林列傳》與〈游俠列傳〉；〈儒林列傳〉與〈刺客列傳〉；〈酷吏列傳〉與〈游俠列傳〉；〈儒林列傳〉與〈滑稽列傳〉，正成兩兩對比。

[21] 李師偉泰嘗對〈循吏列傳〉、〈酷吏列傳〉的內容，進行了詳細的比較。參李偉泰：〈《史》、《漢》論贊比較八則〉，收錄於國家圖書館等編：《屈萬里先生百歲誕辰國際學術研討會論文集》，2006年 6 月，頁 25-31。

急，雙方便在張良獻計與項伯的居中牽線下，召開了鴻門宴。

　　鴻門宴的召開，雙方各有考量。從漢軍角度看，雖然危機四伏，但不失為一個緩兵之計；以楚軍來說，若能藉機消除心腹大患——劉邦，則江山指日可待。宴會的進行，伴隨著雙方陣營的勾心鬥角，謀臣們更是策略盡出。情勢危急時，沛公便藉口脫逃：

> 樊噲從良坐。坐須史，沛公起如廁，因招樊噲出。沛公已出，項王使都尉陳平召沛公。沛公曰：「今者出，未辭也，為之奈何？」樊噲曰：「大行不顧細謹，大禮不辭小讓。如今人方為刀俎，我為魚肉，何辭為。」於是遂去。（卷7，頁313-314）

劉邦假意如廁，而得到脫逃的機會。這樣的情事，雖然不光彩，但在當時，卻是保全性命的唯一辦法。樊噲所言：「大行不顧細謹，大禮不辭小讓」，如此亦反映了史公的看法：為了日後大業著想，暫時性的屈辱又算得了什麼呢？藉由項羽、劉邦的個性特質、政治決策，危機處理的方式，以及史公有意安置的鴻門宴等典型事蹟，逐一比對後，便見造就漢勝楚敗結果的關鍵要素與史公有抑有揚的褒貶。

　　張釋之的守法不阿意與周陽由「所愛者，撓法活之；所憎者，曲法誅滅之」（卷122，頁3135），一為文帝朝賢臣，一為武帝朝酷吏，賢、酷對比，判若雲泥。〈李將軍列傳〉與〈衞將軍驃騎列傳〉中，李廣的「數奇」與衞、霍的「天幸」；亦為兩兩對照的情形。〈李將軍列傳〉附載李陵與〈匈奴列傳〉、〈大宛列傳〉附載的李廣利，出身、個性、才幹、治軍方式皆有別。透過比較，孰優孰劣，自然明白。以天漢二年的戰役來說，「貳師將軍李廣利將三萬騎擊匈奴右賢王於祁連天山，而使陵將其射士步兵五千人出居延北可千餘里，欲以分匈奴兵，毋令專走貳師也。」（卷109，頁2877）漢武帝以貳師將軍為伐匈戰爭的主帥，目的便在於提供他建功立業的機會，但又怕匈奴大軍的攻勢，故派遣李陵來分散匈奴兵力。藉由李陵相形，頗見武帝厚此薄彼處。

另以伐宛之戰為例：

> 貳師之伐宛也，而軍正趙始成力戰，功最多；及上官桀敢深入，李
> 哆為謀計，軍入玉門者萬餘人，軍馬千餘匹。貳師後行，軍非乏食，
> 戰死不能多，而將吏貪，多不愛士卒，侵牟之，以此物故眾。天子
> 為萬里而伐宛，不錄過，封廣利為海西侯。又封身斬郁成王者騎士
> 趙弟為新時侯。軍正趙始成為光祿大夫，上官桀為少府，李哆為上
> 黨太守。軍官吏為九卿者三人，諸侯相、郡守、二千石者百餘人，
> 千石以下千餘人……士卒賜直四萬金。（卷 123，頁 3178）

伐宛戰役的成功，多賴趙始成的力戰、上官桀敢深入，李哆出謀計，才能得
勝。貳師將軍雖然後行又不愛士卒，卻能坐享其成，得到封侯的賞賜。武帝
更能體恤貳師千里伐宛的辛苦，而不計較過程的損失，給予李廣利及其部屬
豐厚財富的慰勞。反觀〈李將軍列傳〉的記載，憑軍功起家的李廣、李陵屢
次戰爭，都是身先士卒、銳不可當，然則每每功過相抵，奮勇力戰其猶無賞。
經由對照，便見史公對漢武帝偏愛李廣利封賞不平的議論。

　　汲黯為漢廷第一直臣，以其數切諫，而屢遭貶斥。同傳帶敘的司馬安，
則以「文深巧善宦」（卷 120，頁 3111），而青雲直上，位居卿相。非惟如此，
於〈汲鄭列傳〉中，史公並載及公孫弘、張湯等，欲透過汲黯行事與之反襯，
得出史公對景、武之際朝臣的批判。在一傳之中，以諸人行事構成對比者，
如〈魏其武安侯列傳〉竇嬰、灌夫與田蚡者，亦為顯例。

　　有多篇連同，合併一意，構成對比者：如〈彭越列傳〉、〈黥布列傳〉、〈淮
陰侯列傳〉闡述功臣遭戮與〈韓信盧綰列傳〉無功受祿而叛反；漢初三傑張
良、蕭何謹莫保身與韓信直露遭忌，不同的處世哲學對應著不同的下場；叔
孫通的面諛欺上、萬石君石奮等的順從上意與汲黯的伉直、張釋之的廉節，
正成反照。通過以上數例，得見史公妙於經由正反對照，以強烈的反差，增
加諷諭的說服力、感染力。故，相反而能相成。

3. 連類：比物連類，凸顯重旨

「比物連類」，語出〈魯仲連鄒陽列傳贊〉：「鄒陽辭雖不遜，然其比物連類，有足悲者，亦可謂抗直不撓矣，吾是以附之列傳焉。」（卷83，頁2479）贊語所指，即鄒陽的獄中上書。意謂鄒陽將古今竭忠盡信於君，反遭迫害的事例，透過連類排比的方式，自況處境，因此得到史公的肯定。以為同魯仲連般，屬於剛直不屈的人物，故合傳。茲節錄鄒陽「獄中上書」一段為例，如下：

> 故女無美惡，入宮見妒；士無賢不肖，入朝見嫉。昔者司馬喜髕腳於宋，卒相中山；范雎摺脅折齒於魏，卒為應侯。此二人者，皆信必然之畫，捐朋黨之私，挾孤獨之位，故不能自免於嫉妒之人也。是以申徒狄自沈於河，徐衍負石入海。不容於世，義不苟取，比周於朝，以移主上之心。故百里奚乞食於路，繆公委之以政；甯戚飯牛車下，而桓公任之以國。此二人者，豈借宦於朝，假譽於左右，然後二主用之哉？感於心，合於行，親於膠漆，昆弟不能離，豈惑於眾口哉？故偏聽生姦，獨任成亂。昔者魯聽季孫之說而逐孔子，宋信子罕之計而囚墨翟。夫以孔、墨之辯，不能自免於讒諛，而二國以危。何則？眾口鑠金，積毀銷骨也。是以秦用戎人由余而霸中國，齊用越人蒙而彊威、宣。此二國，豈拘於俗，牽於世，繫阿偏之辭哉？公聽並觀，垂名當世。故意合則胡越為昆弟，由余、越人蒙是矣；不合，則骨肉出逐不收，朱、象、管、蔡是矣。今人主誠能用齊、秦之義，後宋、魯之聽，則五伯不足稱，三王易為也。（卷83，頁2473）

這個段落，透過一系列人物事蹟為譬況，旨在呼應「女無美惡，入宮見妒；士無賢不肖，入朝見嫉」的道理。如吳見思的評論：「此段見嫉見妒，方明言

之、暢言之，指目詭勝之徒，洗發自己心跡。然又不自說，只借古人應點，而其意自足。」[22]

　　除了節錄的部分，整篇獄中上書的內容，可分成六段，每段皆有一段文字為發凡，而後援舉一連串的事例作為佐證，以自明心跡。需要注意的是，經由不同人、事的排比，透過連類整合，隱含其中的主旨也因此而凸顯。〈鄒陽列傳〉所以大篇幅的載述獄中上書的文字，反覆引喻，而不嫌繁蕪。原因便在於，鄒陽的申說，正是藉史實以寄託諷諭的方式。不僅其內容，帶有為後世資鑑的效果；其形式，也與史公以敘為議的意念相合。

　　鄒陽「比物連類」的手法，可謂「古所未有，獨起此格」，史公做了絕佳的發揮。[23]〈陳丞相世家〉記載了陳平一連串的陰謀詭計，茲引兩則如下：

> 漢王謂陳平曰：「天下紛紛，何時定乎？」陳平曰：「……大王誠能出捐數萬斤金，行反間，間其君臣，以疑其心，項王為人意忌信讒，必內相誅。漢因舉兵而攻之，破楚必矣。」漢王以為然，乃出黃金四萬斤，與陳平，恣所為，不問其出入。陳平既多以金縱反間於楚軍，……項羽果意不信鍾離眛等。項王既疑之，使使至漢。漢王為太牢具，舉進。見楚使，即詳驚曰：「吾以為亞父使，乃項王使！」復持去，更以惡草具進楚使。楚使歸，具以報項王。項王果大疑亞父。亞父欲急攻下滎陽城，項王不信，不肯聽。亞父聞項王疑之，乃怒曰：「天下事大定矣，君王自為之！願請骸骨歸！」歸未至彭城，疽發背而死。（卷56，頁2055-2056）
> 漢六年，人有上書告楚王韓信反。高帝問諸將，諸將曰：「亟發兵阬豎子耳。」高帝默然。問陳平，……平曰：「今兵不如楚精，而

---

[22] 清·吳見思評點：《史記論文》，〈魯仲連鄒陽列傳〉，頁451。

[23] 「鄒陽書此體古所未有，獨起此格，所以比物連類。蓋情至窘迫，故反覆引喻，不能自己耳。」
明·凌稚隆輯校、李光縉增補，日·有井範平補標：《補標史記評林》，卷83〈魯仲連鄒陽列傳〉引董份語，頁2063。

將不能及，而舉兵攻之，是趣之戰也，竊為陛下危之。」上曰：「為之奈何？」平曰：「古者天子巡狩，會諸侯。南方有雲夢，陛下弟出偽游雲夢，會諸侯於陳。陳，楚之西界，信聞天子以好出游，其勢必無事而郊迎謁。謁，而陛下因禽之，此特一力士之事耳。」高帝以為然，乃發使告諸侯會陳，「吾將南游雲夢」。……見信至，即執縛之，載後車。（卷 56，頁 2056-2057）

〈陳丞相世家〉載平「六出其計」，上引兩文，均為奇計之一。[24]前者載陳平運用反間計，離間項羽與謀臣范增的關係，雖然達到目的，卻使得范增含怨而死；後者載陳平藉由高祖「偽遊雲夢」的策略，讓韓信在來不及防備下，束手就擒。造成韓信兵權被奪，形同高祖俎上肉。此見，陳平善使陰謀，雖兵不血刃，卻也讓兩位無辜的賢良遭禍亡身。連繫傳末陳平的自白，與子孫應驗的事實，可見到史公對於陳平擅使陰謀的譏刺，與善惡報應不爽的裁評。

此外，〈袁盎鼂錯列傳〉，經由「諫趙同驂乘」、「戒申屠嘉禮士」、「與絳侯結交始末」的載述，微見袁盎性格的詭詐。洪邁評論道：

爰盎真小人，每事借公言而報私怨，初非盡忠一意為君上者也。嘗為呂祿舍人，故怨周勃。文帝禮下勃，何豫盎事，乃有「非社稷臣」之語，謂勃不能爭呂氏之事，適會成功耳，致文帝有輕勃心。既免使就國，遂有廷尉之難。嘗謁丞相申屠嘉，嘉弗為禮，則之丞相舍折困之。為趙談所害，故沮止其參乘。素不好鼂錯，故因吳反事請誅之。蓋盎本安陵群盜，宜其忮心忍戾如此，死於刺客，非不幸

---

[24] 〈陳丞相世家〉載平「六出其計」，然則「奇計或祕，世莫能聞也」，由於史傳對第六計無具體載述，故說法莫衷一是。瀧川資言《史記會注考證》引錢大昭的說法，以為：「間疏楚君臣，一奇計也；夜出女子二千人滎陽東門，二奇計也；躡漢王立信為齊王，三奇計也；偽游雲夢縛信，四奇計也；解平城圍，五奇計也；其六當在從擊臧荼、陳豨、黥布時」。瀧川資言則以為躡漢王立信為齊王，當不算在內，「或以進草具使婢」為奇計之一。清・錢大昭《漢書辨疑》（北京：中華書局，1985，《叢書集成初編》本），卷 17，頁 287。

也。[25]

連繫〈吳王濞列傳〉，則見袁盎先後在淮南王之亂、七國之亂的時機，企圖陷害鼂錯，伺機報復私仇的舉動。史公透過「連類」的方式，揭露袁盎「忮心忍戾」的真實面貌，窺見至隱，帶有諷刺的意味。[26]其餘，諸如吳王濞驕恣謀反以致敗亡，淮南王、梁孝王由驕寵到亡身，〈南越列傳〉敘南越由僭越到亡國的過程，皆帶有史公通過比事的方式，傳達地方勢力過於興盛乃至於僭越的否定，以為權歸中央、強幹弱枝有助於國家發展的理念。[27]

4. 錯置：雜見錯出，以明正論

「雜見錯出，以明正論」，引自李笠的說法，其曰：

> 〈封禪書〉盛推神鬼之異，而〈大宛傳〉云「張騫通大夏，惡睹〈本紀〉所謂崑崙者乎」，又云「所有怪物，余不敢言之也」；〈高祖紀〉謂高祖豁達大度，而〈佞幸傳〉云「漢興，高祖至暴抗也」；此皆恐犯忌諱，以雜見錯出而明正論也。[28]

此猶字句修辭的「錯綜」法，是「互見」的一種。如李笠的舉例，對於封禪事件，史公在〈封禪書〉詳實載錄了方士談論神鬼異事的話語，而於〈大宛

---

[25] 宋・洪邁撰、孔凡禮點校：《容齋隨筆》（北京：中華書局，2005），頁 128-129。

[26] 明・凌稚隆輯校、李光縉增補，日・有井範平補標：《補標史記評林》，卷 101〈袁盎鼂錯列傳〉，凌稚隆按語，頁 2333。

[27] 林聰舜舉證歷歷，如〈太史公自序〉裡，稱讚鼂錯削藩策；於〈漢興以來諸侯王年表〉，肯定武帝以後推恩政策的成效。在在顯示了史公認為「這種『強幹弱枝』的辦法有助國家發展。……表現他比較接近法家中央集權，以郡縣代封建的主張。」參林聰舜：《西漢前期思想與法家的關係》（臺北：大安出版社，1991），「第六章《史記》思想與先秦儒、道、法家的關係」，頁 216。

[28] 李笠：《史記訂補》（北京：北京出版社，2000，1924 年瑞安李氏刻本），「敘例・三、互見例」，頁 3。

列傳〉則透過張騫的出使,實際上並未目睹所謂的昆侖仙山,闡明方士言論的虛妄。再來,對於高祖劉邦的性情,本紀、列傳,呈顯出異趣的面貌。因此「雜見錯出,以明正論」,即透過分配的方式,以避免觸犯忌諱的「錯置」手法,表現出錯落有致的巧思。清‧趙翼指出:

> 蓋為名臣立傳,其人偶有失誤,不妨散見於他人傳中,而本傳不復瑣屑敘入。此又善善欲長之微意,不欲以小疵累全體也。[29]

趙翼此段論述,雖是針對《明史》而發。然則,這項做法,在《史記》裡,已經做了絕佳的示例。功臣如絳侯周勃,本傳極言其戰功彪炳與木彊少文。其讒害陳平之處,便見於〈陳丞相世家〉;謀臣如酈食其,本傳極力描摹出一位卓犖不凡、智計絕倫的狂生形象,在〈留侯世家〉,則見酈食其偶有判斷失準的短處。傳載:

> 漢三年,項羽急圍漢王滎陽,漢王恐憂,與酈食其謀橈楚權。食其曰:「昔湯伐桀,封其後於杞。武王伐紂,封其後於宋。今秦失德棄義,侵伐諸侯社稷,滅六國之後,使無立錐之地。陛下誠能復立六國後世,畢已受印,此其君臣百姓必皆戴陛下之德,莫不鄉風慕義,願為臣妾。德義已行,陛下南鄉稱霸,楚必斂衽而朝。」漢王曰:「善。趣刻印,先生因行佩之矣。」(卷55,頁2040)

酈食其尚未出發,史公復接敘張良匆忙謁見劉邦,駁回酈生的提議。酈食其的主張,帶有回歸春秋、戰國時代,重建霸主威權的用意。只是,這樣的守舊想法,已難以因應時潮的變異。是故,在張良提出酈生計策的八大缺失後,藉由劉邦之口:「豎儒,幾敗而公事!」(卷55,頁2041)極言其辦法的不

---

[29] 清‧趙翼著,田樹民校證:《廿二史箚記校證》,卷31〈明史立傳多存大體〉,頁725。

妥。非惟功臣良將，載述帝王時，史公亦常用錯置的筆法，刻畫形象，傳達出有抑有揚的實情。除了上舉高祖例外，史公所推崇的文帝，其聖明德治，多見於〈孝文本紀〉，而其白璧微瑕的疵累處，則參〈封禪書〉、〈張釋之馮唐列傳〉、〈季布欒布列傳〉可以明白。

需要辨明的是：比物連類是透過不同事物排比，從中體察出共同點，藉以明白史公所欲凸顯、表達的意念；雜見錯出，則將同一人或同一事，不是原原本本的全盤道出，而是分散在不同段落、篇章，反映出不同的側面。讀者需藉由綜合歸納的方式，才能觀察出作者的褒貶、論斷所在。前者著眼於異中有「同」，後者則重在「同」中之「異」，畏觸忌諱的意味更濃。如漢初功臣遭戮情形，〈呂太后本紀〉、〈韓信盧綰列傳〉俱直指呂后為兇手。然合同〈蕭相國世家〉的一段載述，才得以明白高祖才是幕後的主使者的這項事實。對於邪佞而能獲得榮寵的辟陽侯，於〈淮南衡山列傳〉等，皆備載其惡而能獲專寵之情，讓人疑惑不解。惟連繫〈酈生陸賈列傳〉所載，平原君朱建說閎籍孺言，方真相大白。語云：

> 君所以得幸帝，天下莫不聞。今辟陽侯幸太后而下吏，道路皆言君
> 讒，欲殺之。今日辟陽侯誅，旦日太后含怒，亦誅君。何不肉袒為
> 辟陽侯言於帝？帝聽君出辟陽侯，太后大驩。兩主共幸君，君貴富
> 益倍矣。（卷 97，頁 2703）

藉由這段話語，呂后與辟陽侯審食其的陰事，便水落石出。對於呂后的弄權稱制、賊害三趙、人彘戚氏事件，史公多用直言不諱之筆道出，何以獨對審食其陰事，避諱如此呢？筆者推測，史公大概是出於史筆仁心，對於女主與佞臣的私通陰事，終究不忍直截揭露，一方面也是以顧全漢家面子為考量。另外，外戚干政如竇太后者，遍載於〈封禪書〉、〈外戚世家〉、〈絳侯周勃世家〉、〈魏其武安侯列傳〉、〈儒林列傳〉、〈酷吏列傳〉，不一而足。微見帝王受制於後宮意見，動輒得咎處。漢匈戰爭的載述，尤為複雜紛亂，

筆者繪成表格，如下：

表三：《史記》載漢匈戰爭詳略表[30]

主要篇章	次要篇章	其他篇章
〈匈奴列傳〉	〈李將軍列傳〉 〈衞將軍驃騎列傳〉 〈大宛列傳〉（斷匈奴右臂） 〈平準書〉（經濟政策，戰爭費用）	• 載四夷： 〈南越列傳〉 〈東越列傳〉 〈朝鮮列傳〉 〈西南夷列傳〉 • 兼載征伐事／諫止征伐事： 〈韓長孺列傳〉 〈平津侯主父列傳〉 〈汲鄭列傳〉 〈酷吏列傳〉 〈田叔列傳〉 （〈建元以來侯者年表〉、 〈漢興以來將相名臣年表〉）[31]

對於觸當代時諱的漢匈戰爭，由於牽連甚廣，故需藉由遍載諸傳、詳略互見的方式，隱藏批判鋒芒，將史公的真實心意寓於其中。大抵為忠於史家職責，又為避禍全身之考量的權宜計策。詳細內容，參本論著第四章第一、二節的論述，為省篇幅，此處暫略。

（三）重辭累書：反覆論述中寄寓論斷

　　《史記》的筆法豐富而多樣：簡潔的書法之外，尚有一種「反覆使用完全重複或者基本相似的語句來描寫同一件事情、同一個人物、同一種表情、

---

30 筆者參酌張大可：《〈史記〉研究》，頁384，及《史記》中諸傳所載篇幅比重，繪表之。

31 因〈建元以來侯者年表〉、〈漢興以來將相名臣年表〉，不屬於「于序事中寓論斷」者，故以括號表示。

同一個動作」的複筆形式。[32]小自字法，大到篇法、章法，或連續重複、或間隔重複、或隔篇重複，運用這種重言累書的方式，用來刻畫人物或抒情寫物、謀篇布局，藉以達到凸顯、強調、渲染的美感。儘管複筆的運用，可以是如此多姿多樣，然而，筆者所要討論的重點，是聚焦在：藉由複筆「周而復始」、「相映成趣」的特性，用來加強語勢，增強議論的力道。[33]

〈項羽本紀〉分立諸侯王的一段敘述，史公連下十三個「故」字，其中「恩怨之迹」，宛然可見：

> 項王、范增疑沛公之有天下，業已講解，又惡負約，恐諸侯叛之，乃陰謀曰：「巴、蜀道險，秦之遷人皆居蜀。」乃曰：「巴、蜀亦關中地也。」故立沛公為漢王，王巴、蜀、漢中，都南鄭。而三分關中，王秦降將以距塞漢王。項王乃立章邯為雍王，王咸陽以西，都廢丘。長史欣者，故為櫟陽獄掾，嘗有德於項梁；都尉董翳者，本勸章邯降楚。故立司馬欣為塞王，王咸陽以東至河，都櫟陽；立董翳為翟王，王上郡，都高奴。徙魏王豹為西魏王，王河東，都平陽。瑕丘申陽者，張耳嬖臣也，先下河南〔郡〕，迎楚河上，故立申陽為河南王，都雒陽。韓王成因故都，都陽翟。趙將司馬卬定河內，數有功，故立卬為殷王，王河內，都朝歌。徙趙王歇為代王。趙相張耳素賢，又從入關，故立耳為常山王，王趙地，都襄國。當陽君黥布為楚將，常冠軍，故立布為九江王，都六。鄱君吳芮率百越佐諸侯，又從入關，故立芮為衡山王，都邾。義帝柱國共敖將兵擊南郡，功多，因立敖為臨江王，都江陵。徙燕王韓廣為遼東王。燕將

---

[32] 俞樟華：《史記藝術論》（北京：華文出版社，2002），頁 129。

[33] 關於《史記》的「複筆」形式，諸如牛運震、吳見思等，於評點《史記》時，均有所提撕。當代學者，如俞樟華、張大可等，亦有專文論述。俞氏對複筆的論述，尤為詳析。張大可則將複筆視為「于序事中寓論斷」的筆法形式之一，以為「記事雷同，周而復始，相映成趣，構成諷刺」。詳參俞樟華：《史記藝術論》，頁 129-141、張大可：《《史記》研究》，頁 465-468。

臧荼從楚救趙，因從入關，故立荼為燕王，都薊。徙齊王田巿為膠
東王。齊將田都從共救趙，因從入關，故立都為齊王，都臨菑。故
秦所滅齊王建孫田安，項羽方渡河救趙，田安下濟北數城，引其兵
降項羽，故立安為濟北王，都博陽。田榮者，數負項梁，又不肯將
兵從楚擊秦，以故不封。成安君陳餘棄將印去，不從入關，然素聞
其賢，有功於趙，聞其在南皮，故因環封三縣。番君將梅鋗功多，
故封十萬戶侯。項王自立為西楚霸王，王九郡，都彭城。（卷 7，
頁 316-317）

猶吳見思的評論：「因立因封因其舊也，餘自王自立故立乃立故不封，只平序
去，而不平處自見。」[34]史公詳載項羽分封諸王的過程，重覆以「故」字來穿
插，則見項羽掛念恩怨，封賞不平處，可謂直述中寓有褒貶。項羽封王不公，
主觀武斷，更未能處理好一些擁有實力的軍事集團，如田榮、陳餘、彭越，
皆在排除之列。[35]是以後來，田榮等三人，聯合起來反抗項羽，讓劉邦有了暗
渡陳倉的機會，重挫了項羽的霸權。張大可指出，項羽失敗的致命錯誤，其
中一點，便在於分封諸王，讓自己勢力分散，導致衰弱，是肇成楚敗漢勝結
局的關鍵要素之一。[36]聯繫篇幅詳略判斷，或許這就是史公詳載項羽封王的論
斷所在。分封諸王的策略，必須因時、因地、因人制宜，而不能貿然運用。
在〈留侯世家〉裡，酈食其也提出分封六國後代，屏藩漢室的做法，然張良
提出八點「不可」，加以批駁，語載：

---

[34] 內文所引吳見思語見清・吳見思評點：《史記論文》，〈項羽本紀〉，頁 60。此外，諸評家對此段
敘述的評論，亦可相參。見明・凌稚隆輯校、李光縉增補，日・有井範平補標：《補標史記評林》，
卷 7〈項羽本紀〉引陳仁錫語，頁 267、金隉星語，頁 267。

[35] 「田榮以負項梁不肯出兵助楚、趙攻秦，故不得王；趙將陳餘亦失職，不得王：二人俱怨項王。」
（卷 94，頁 2645）

[36] 參張大可：〈秦漢之際天下三嬗——司馬遷筆下的陳涉、項羽、劉邦〉、〈長風呼嘯，馬蹄聲碎
——司馬遷筆下的楚漢相爭〉，收錄於氏著：《史記十五講》（北京：國家圖書館出版社，2010），
頁 131、135-136。

張良對曰：「臣請藉前箸為大王籌之。」曰：「昔者湯伐桀而封其後
於杞者，度能制桀之死命也。今陛下能制項籍之死命乎？」曰：「未
能也。」「其不可一也。武王伐紂封其後於宋者，度能得紂之頭也。
今陛下能得項籍之頭乎？」曰：「未能也。」「其不可二也。武王入
殷，表商容之閭，釋箕子之拘，封比干之墓。今陛下能封聖人之墓，
表賢者之閭，式智者之門乎？」曰：「未能也。」「其不可三也。發
鉅橋之粟，散鹿臺之錢，以賜貧窮。今陛下能散府庫以賜貧窮乎？」
曰：「未能也。」「其不可四矣。殷事已畢，偃革為軒，倒置干戈，
覆以虎皮，以示天下不復用兵。今陛下能偃武行文，不復用兵乎？」
曰：「未能也。」「其不可五矣。休馬華山之陽，示以無所為。今陛
下能休馬無所用乎？」曰：「未能也。」「其不可六矣。放牛桃林之
陰，以示不復輸積。今陛下能放牛不復輸積乎？」曰：「未能也。」
「其不可七矣。且天下游士離其親戚，棄墳墓，去故舊，從陛下游
者，徒欲日夜望咫尺之地。今復六國，立韓、魏、燕、趙、齊、楚
之後，天下游士各歸事其主，從其親戚，反其故舊墳墓，陛下與誰
取天下乎？其不可八矣。且夫楚唯無彊，六國立者復橈而從之，陛
下焉得而臣之？誠用客之謀，陛下事去矣。」

細觀留侯所舉的「八不可」，有些項目內容，其實指的是同一件事。留侯何以
不嫌繁冗，而重辭累書呢？原來，這是一種藉由疊敘的方式，使文句如挾飛
騰之勢，達到聯珠齊發效果的說服術。無怪乎，漢王聽到這般說辭，大聲嘆
服之虞，也打消了先前的主意。史公洋洋灑灑地載錄這段言論，除了帶有對
張良計策高明的佩服外，藉由君臣間的問答，反覆使用「不可」、「未能」的
語辭，也寄寓著史公對封王六國的看法：不可行。

　　〈封禪書〉中，運用了「其後」、「其明年」、「其後三年」、「其春」、「其
來年冬」等一連串表達時間概念的詞語，一來史公藉以表明自己嘗親自參與
封禪的活動，對當時情況相當知悉；再者，史公是想藉由這般反覆的時間結

構，將漢武帝耗費龐大的精力、財力、物力，頻繁封禪的實情道出，以寓自己的微辭譏諷。[37]〈樊酈滕灌列傳〉載滕公夏侯嬰，自高祖起沛到文帝時，雖勞苦功高，而以太僕職終世。史公敘滕公，重言「太僕」，微露對漢家賞罰不公的譏評。[38]又〈外戚世家〉通篇，以「命」字為引，貫串宮闈恩倖敘事，匯歸〈序〉中「人能弘道，無如命何」之旨，言外寓有微言垂訓的深意。[39]

　　重言、重辭、重句之外，較大篇幅的重複論述，可見於〈淮陰侯列傳〉。武涉、蒯通的說服言論，大體一致，不外乎揭示淮陰的處境、漢王的疑忌，與規勸淮陰侯自立者。史公不厭其煩的載錄說者言論，並敘及淮陰侯的反應。如此連篇累牘，主要在藉由淮陰侯的不為所動，強調對漢朝的忠貞無二。更深一層看，乃在為韓信謀反事件翻案，並諷刺高祖殘害忠良的行為。

　　複筆形式，亦可打破篇章框架，跨及不同篇章，來做反覆申說。如〈留侯世家〉「圯上老人」事與〈張釋之馮唐列傳〉「令釋之結襪」事，幾近雷同。凌稚隆曰：「王生令釋之結韤，蓋黃老摧剛為柔本旨，與圯上納履事同。」[40]一為漢初三傑，一為文帝朝賢臣，透過軼事，將兩者串連起，傳達出史公對為人處世的看法。同樣是〈張釋之馮唐列傳〉，載有馮唐替魏尚發言事；而〈田叔列傳〉則記載著田叔救孟舒事。

---

[37] 俞樟華：《史記藝術論》，頁139。

[38] 關於滕公始終以太僕終世，有兩派意見：一派以為，正意謂高帝的知人善任，如王維楨；另一派，則認為可與漢家任人，封賞失準相連繫。如陳仁錫、鍾惺。詳參明・凌稚隆輯校、李光縉增補、日・有井範平補標：《補標史記評林》，卷95〈樊酈滕灌列傳〉王維楨語，頁2264、陳仁錫語，頁2260、鍾惺語，頁2266。

[39] 「齊家，治國，王道大端。故陳三代之得失，歸本于《六經》，而反覆感歎，以天命終焉，全篇大旨已盡于此。孔子罕稱命，一轉恐人盡委之于命，而不知所勸戒。故特結出性命之難知，蓋欲人弘道以立命也，此史公言外深意，不可不曉。」清・吳楚材、吳調侯評註；吳留村鑑定：《評註古文觀止》（臺北：廣文書局，1981）卷5，頁6。

[40] 明・凌稚隆輯校、李光縉增補、日・有井範平補標：《補標史記評林》，卷102〈張釋之馮唐列傳〉凌稚隆語，頁2346。

當是之時，匈奴新大入朝邢，殺北地都尉卬。上以胡寇為意，乃卒
復問唐曰：「公何以知吾不能用廉頗、李牧也？」唐對曰：「臣聞上
古王者之遣將也，跪而推轂，曰閫以內者，寡人制之；閫以外者，
將軍制之。軍功爵賞皆決於外，歸而奏之。……臣愚，以為陛下法
太明，賞太輕，罰太重。且雲中守魏尚坐上功首虜差六級，陛下下
之吏，削其爵，罰作之。由此言之，陛下雖得廉頗、李牧，弗能用
也。臣誠愚，觸忌諱，死罪死罪！」文帝說。是日令馮唐持節赦魏
尚，復以為雲中守，而拜唐為車騎都尉，主中尉及郡國車士。（卷
102，頁 2758-2759）

上曰：「先帝置孟舒雲中十餘年矣，虜曾一入，孟舒不能堅守，毋
故士卒戰死者數百人。長者固殺人乎？公何以言孟舒為長者也？」
叔叩頭對曰：「是乃孟舒所以為長者也。夫貫高等謀反，上下明詔，
趙有敢隨張王，罪三族。然孟舒自髡鉗，隨張王敖之所在，欲以身
死之，豈自知為雲中守哉！漢與楚相距，士卒罷敝。匈奴冒頓新服
北夷，來為邊害，孟舒知士卒罷敝，不忍出言，士爭臨城死敵，如
子為父，弟為兄，以故死者數百人。孟舒故驅戰之哉！是乃孟舒所
以為長者也。」於是上曰：「賢哉孟舒！」復召孟舒以為雲中守。
（卷 104，頁 2776-2777）

兩者皆敘出為友朋發言，使之免罪的故實。雷同的事蹟，兩載於列傳，帶有
史公欲嘉其懿行的用意。連繫史公因李陵案下獄，友朋親故不為一言，而受
腐刑事，則知其中應蘊含著史公自悼的微情在。文帝視臣如友的寬容，終究
與史公面對的武帝不類。史公既欽慕著文帝治世，也流露著對武帝務嚴刻的
不滿。

　　諸如〈萬石張叔列傳〉敘萬石君一家，以恭謹而不治事貫串，藉以批判
武帝朝臣的和柔媚上；〈酷吏列傳〉重言「上以為能」，側面揭櫫了酷吏濫用
權力、刑罰相尚的幕後主使者為武帝的真相。兩者均帶有史公斥責武帝、不

滿當世的論斷意味。由於後者牽涉到的事情較為敏感，故史公轉化為側筆，由側面寫出，為重言複筆的變例。[41]

二、側筆之一

　　錢鍾書《管錐編》以《左傳・成公十六年》事為例，透過楚王與伯州犁的君臣對答，使晉軍的一舉一動，呈現眼前，謂之「藉乙口敘甲事」，即「不直書甲之運為，而假乙眼中舌端出之（the indirect presentation）」。[42]錢氏所謂「藉乙口敘甲事」，實為「藉言敘事」中的「對話」環節，尚可做進一步的開展。既為「間接表述」（the indirect presentation），便意謂相較於直接表述的「直筆」，係打破言、意之間的直接對應關係，言在此而意在彼的表現手法。借鑒書畫理論名之，可謂「側筆」。

　　「側筆」的使用原則，誠如張師高評的闡發：「『側筆』，是為了迴避政治忌諱，不得已採行的一種書法史法，反常合道是它的筆法特色，揭示真相則是它的使命。」[43]換言之，其奧義便在不從正面說，而從側面、旁面說。此與「旁溢」實有脈絡關聯者，據吳闓生〈與李右周進士論左傳書〉，「旁溢」指「假軼事小文，肆為異采，則其橫溢而四出者也」。[44]兩者結合，意謂：經由軼出正文的文字，遂使行文增添波瀾變化、事外曲致，使之曲終江上意無窮。

　　前所提及「藉言敘事」屬之，抑且包含具事外曲致的「軼事小文」，意即

---

[41] 複筆的使用，多為直筆形式，由敘事中即見其旨。筆者以為，此處側筆形式傳達意態者，屬複筆的變例。

[42] 錢鍾書以為「純乎小說筆法矣」。筆者以為據《左傳》性質而言，屬「歷史想像」，與「小說」還是判然有別。但錢氏對該種筆法的論述，還是帶有參考性。錢鍾書：《管錐編》冊一，〈左傳正義・成公十六年〉，頁 210-211。

[43] 張高評：〈《史記》筆法與《春秋》書法〉，《春秋書法與左傳學史》（臺北：五南圖書公司，2011年 4 月初版 2 刷），頁 73。

[44] 吳闓生以為《左傳》文章之奇，主要有三：「逆攝」、「橫接」、「旁溢」。後者，係「假軼事小文，肆為異采，則其橫溢而四出者也」參清・吳闓生《左傳微》，卷首〈與李右周進士論左傳書〉，頁 3。

「寓意閒事」。無論是「藉言敘事」、「寓意閒事」，要領俱如禪宗術語「不犯正位」、「遶路說禪」，或用來揭示真相，或用來評議是非，其目的皆在於寄寓褒貶。

（一）藉言敘事，託言寓譏

　　《史通・敘事》將敘事之體別為四類，「因言語而可知者」[45]便為其三，此即「藉言敘事」，是敘事的變體。根據錢鍾書的闡發，史籍中工於記言者，「莫先乎《左傳》」，係「史家追敘真人實事，每須遙體人情，懸想事勢，設身局中，忖之度之，以揣以摩」，在史料安排錯注之際，酌以合理的歷史想像為黏劑，讓歷史人物現身說法，化靜為動，使形象更為立體、生動。[46]在此之前，諸如《尚書》、先秦諸子散文，便為「記言」體例，肇開端緒。到了《左傳》、《國語》、《戰國策》，衍生出言事相兼的筆法，活絡了史書的記載方式。[47]

　　《左傳》的「藉言敘事」，其議論的內容，主要不離「解經」範疇。到了《史記》，則發展、補充了這項形式，使得藝術性更為增強。顧炎武針對《史記》的議論，提出「于序事中寓論斷」的說法時，所舉的例證，便皆「藉言敘事」的範疇。透過顧氏的舉例，讓後人得以窺探《史記》議論的豐富多彩，並可按圖索驥，循出更多寓於文字外的批評。

　　「言」的範疇，不僅指「口說之語」，筆者以為宜擴大到「書面語」，使意義更為充實、完備。[48]故「藉言敘事」，可理解為：藉言語或書面語的形式，達到託言寓譏、借刀殺人目標的筆法，是以敘為議最為普遍的載述形式。依

---

[45] 唐・劉知幾撰，清・浦起龍釋：《史通通釋》，卷6〈敘事〉，頁168。

[46] 錢鍾書：《管錐編》冊一（臺北：書林出版公司，1990），〈左傳正義・杜預序〉，頁164、166。

[47] 《尚書》的記言，所道出的事實，雖然不夠明確，但對「藉言敘事」的生成，還是有所影響。

[48] 浦起龍以為《史通・言語》所指，為「口說之語」，「若方言之類載在史中者。」唐・劉知幾撰，清・浦起龍釋：《史通通釋》，卷6〈言語〉，頁149。

「言」的性質,析為六項,論述如下:[49]

1. 藉「人物獨白」以寓論斷

藉「人物獨白」以寓論斷,顧名思義,便是藉由傳中人物的自白,傳達議論的方式。如〈項羽本紀〉載其垓下決戰前的一段自白:

> (項羽)謂其騎曰:「吾起兵至今八歲矣,身七十餘戰,所當者破,所擊者服,未嘗敗北,遂霸有天下。然今卒困於此,此天之亡我,非戰之罪也。今日固決死,願為諸君快戰,必三勝之,為諸君潰圍,斬將,刈旗,令諸君知天亡我,非戰之罪也。」(卷7,頁333)

就錢鍾書的分析,他是「認輸而不服氣」,是「心已死而意猶未平」。[50]是以,欲透過最後的決戰,證明自己的勇略萬夫莫敵,證明楚漢相爭以失敗告終,錯不在己。透過重言「天亡我,非戰之罪」,將失敗的責任,歸咎於「天」,強調項羽至死不悟的個性,渲染英雄末路的悲涼。事實上,項羽的失敗,真的是「天」的緣故嗎?在〈項羽本紀〉裡,透過始末畢載的方式,實可歸納出項羽的敗因,主要有:「兵法不精,以力鬥智」、「用人惟親,賢才遭忌」、「殘暴不仁,失去民心」、「政治幼稚,封王失計」。[51]連繫〈高祖本紀〉,及〈陳丞相世家〉、〈留侯世家〉、〈淮陰侯列傳〉等當時人物的傳記,則項羽失敗的原因,透過史事的比類,更為突顯。對於項羽這樣的英雄人物,史公是相當佩服的。然則,秉持著實錄精神撰史的史公,雖然痛惜項羽的遭遇,卻也是褒

---

[49] 尚有「依成語以敘事」者,惟例證多見於論贊,不在敘事範疇,故略。

[50] 錢鍾書:「馬遷行文,深得累疊之妙,如本篇末寫項羽『自度不能脫』,一則曰:『此天之亡我,非戰之罪也』,再則曰:『令諸君知天亡我,非戰之罪也』,三則曰:『天之亡我,我何渡為!』心已死而意猶未平,認輸而不服氣,故言之不足,再三言之也。」錢鍾書:《管錐編》冊一,〈史記會註考證‧項羽本紀〉,頁272-273

[51] 張大可:〈秦漢之際天下三嬗──司馬遷筆下的陳勝、項羽、劉邦〉,收錄於氏著:《史記十五講》,頁130-131。

貶兼具的呈現史實。除了西楚霸王項羽，淮陰侯韓信也是位典型的悲劇人物。韓信擅於兵謀，有「兵仙」之譽，[52]其「背水一戰」的策略，扭轉了漢軍的劣勢，為楚漢相爭投下了震撼彈。可惜，韓信雖然善於用兵，卻不懂得處世，功高震主，而遭到高祖的嫉忌，進而亡身。在〈淮陰侯列傳〉裡，載述韓信遭到殺害之前，說了一段話：

> 吾悔不用蒯通之計，乃為兒女子所詐，豈非天哉！（卷 92，頁 2628）

透過韓信又悔又恨的絕命辭，帶有史公對韓信悲劇命運的痛惋，側面表露了史公對高祖劉邦危害功臣的斥責。同樣將因緣歸咎「上天」，箇中原因同樣在「人」，然則不同的身分、不同語境，則帶有不同的藝術效果、情感力量。藉由人物獨白，自結傳局，抒情意味甚為濃厚。此見史公以史觸情、以理節情，達到以情感人的絕佳藝術效果。[53]〈淮陰侯列傳〉亦載有韓信引俗語自白的話語：

> 信曰：「果若人言，『狡兔死，良狗亨；高鳥盡，良弓藏；敵國破，
> 謀臣亡。』天下已定，我固當亨！」（卷 92，頁 2625-2627）

高祖假意遊覽雲夢大澤，藉以捉拿不及防範的韓信。韓信遭到捕捉時，便通過引述「兔死狗烹，鳥盡弓藏」之理，來申明自己的冤屈。此見韓信已察覺到自己處境的危殆。這次的事件，讓韓信被褫奪了兵權，得了有名無實的淮陰侯。故韓信本傳以「淮陰侯」為名，實帶有史公運用稱謂修辭寄託評議的用心。可惜韓信明知道「漢王畏惡其能」（卷 92，頁 2628），卻不懂得諱莫保

---

[52] 如茅坤所說：「予覽觀古今兵家者流當以韓信為最，破魏以木罌，破趙以立漢赤幟，破齊以囊沙，彼皆從天而下，而未嘗與敵人血戰者。予故曰，古今來太史公文仙也，李白詩仙也，屈原詞賦仙也，劉阮酒仙也，而韓信兵仙也，然哉。」明・茅坤選：《史記鈔》，卷 59〈淮陰侯〉，頁 19。

[53] 陳蘭村：《中國傳記文學發展史》（北京：語文出版社，1999），頁 94。

身，面對劉邦的殺機逼近，仍提出自己帶兵多多益善的言論。雖然及時補上「陛下不能將兵，而善將將，此乃言之所以為陛下禽也。且陛下所謂天授，非人力也。」（卷92，頁2628）的褒獎，卻挽回不了禍患及身的災難。「兔死狗烹，鳥盡弓藏」的引述，不僅反映了韓信的困厄，也為後世居人臣者，提供了歷史借鑑。他如〈陳丞相世家〉末載陳平對自己多行陰謀，禍及子孫的預示語，亦屬此類。

2. 藉「他人語」以寓論斷

藉「他人語」以寓論斷，為「藉言敘事」中，為人熟知的典型。以〈劉敬叔孫通列傳〉載魯兩生語為例：

> 魯有兩生不肯行，曰：「公所事者且十主，皆面諛以得親貴。今天下初定，死者未葬，傷者未起，又欲起禮樂。禮樂所由起，積德百年而後可興也。吾不忍為公所為。公所為不合古，吾不行。公往矣，無汙我！」（卷99，頁2722-2723）

魯兩生的話語中，揭示叔孫通透過諂媚人主，得到親貴的實質。寄寓了史公對積德後才能興禮樂的想法，也帶有對叔孫通行為的貶抑。同樣是透過面諛而位極人臣，武帝朝以公孫弘為著。在〈儒林列傳〉中，便通過轅固生來對公孫弘進行規箴：

> 固之徵也，薛人公孫弘亦徵，側目而視固。固曰：「公孫子，務正學以言，無曲學以阿世！」自是之後，齊言《詩》皆本轅固生也。諸齊人以《詩》顯貴，皆固之弟子也。（卷121，頁3123-3124）

雖然是規勸語，卻也道出公孫弘的一生行事。發聲者轅固生，其品行、際遇和位居三公的公孫弘，正為反照。而從公孫弘對大儒轅固生斜眼睥睨的姿態，

及見載於〈平津侯主父偃列傳〉的行事，透露著史公對武帝用人的評議。上舉兩則，發聲者皆為所議論人物的相反類型。或藉事件關連人物發聲，如〈大宛列傳〉載張騫語；或載說客謀臣的諫言，如〈衛將軍驃騎列傳〉載甯乘語；或藉旁人議論，置身度外，覽觀全局，如〈黥布列傳〉載令尹語、〈酷吏列傳〉載光祿徐自為語，於褒貶論斷之際，增添了不同的藝術效果。

此外，發聲者若為帝王，王者一言九鼎，往往帶有一定的份量，不可輕忽。如〈李將軍列傳〉載文帝語：

> 文帝曰：「惜乎，子不遇時！如令子當高帝時，萬戶侯豈足道哉！」
> （卷 109，頁 2867）

〈李將軍列傳〉通篇以「不遇時」為眼目，然則李廣是否真的生不逢時，故數奇呢？著實耐人尋味。「文帝時，匈奴無歲不擾，豈得不倚重名將？」[54]是以，李廣的數奇，主要落在人為因素。由於茲事體大，故筆者在第四章、第五章再加以詳述，此處暫略。文帝非惟具有德性，尚有鑑別人材的識見。由文帝奇鼂錯、臨終時委託周亞夫與景帝，加上此處對李廣的評述，幾成李廣一生的寫照。史公錄此，除了借重帝王權威，增強議論的力量，也帶有為李廣不得封侯的惋惜。他如〈汲鄭列傳〉載武帝語及〈魏其武安侯列傳〉載景帝語、武帝語，道理亦同。

3. 藉「對話」以寓論斷

通過人物往來對話，藏寓史公要旨者，為此六類形式中，使用率最頻繁的。除了顧炎武所舉「鄧公與景帝語」外，如〈陳丞相世家〉載陳平社中分肉的一段軼事，便藉由分肉，能近取譬，為陳平日後宰天下的作為，拉開序幕。〈項羽本紀〉記載著項羽屠殺咸陽，燒毀咸陽宮殿後，思欲東歸的心情：

---

[54] 清・荸田氏：《史記菁華錄》，卷 5〈李將軍列傳〉，頁 198。

> 項王見秦宮皆以燒殘破，又心懷思欲東歸，曰：「富貴不歸故鄉，
> 如衣繡夜行，誰知之者！」說者曰：「人言楚人沐猴而冠耳，果然。」
> 項王聞之，烹說者。（卷7，頁315）

此見項羽不知深謀遠慮而驕傲自滿的情狀。說者直指其失，批評項羽「沐猴
而冠」的滑稽，果然遭到項羽的烹殺。好的話術，可使人有著如沐春風的舒
暢，反之，則往往帶來殺身之禍。史公為了李陵事件，因言語遭禍，記載此
類說服言論時，想必也帶有自身心境的投射。這類說服的記載，常常通過對
話形式，來加以呈現。如隨何說黥布的言論，言明楚漢情勢，藉由黥布口吻
的轉變，表述逐漸接納隨何意見，進而為劉邦效命的心境轉折。另如〈酈生
陸賈列傳〉載酈生與齊王語；〈張釋之馮唐列傳〉載張釋之與文帝語、馮唐與
文帝語；〈淮陰侯列傳〉載韓信與廣武君語等皆屬此類。

通過特點的歸納，可以發現到：藉「對話」以寓論斷，常用於君臣之間
的應答。再者，常通過人物問答來表述。目的在由「問」製造懸疑，由「答」
獲得「撥雲見日」的輕鬆感。[55]舉例來說，韓信最著名的「漢中對」，便是經
由君臣一往一來的問對，道出天下大勢的：

> 王曰：「丞相數言將軍，將軍何以教寡人計策？」信謝，因問王曰：
> 「今東鄉爭權天下，豈非項王邪？」漢王曰：「然。」曰：「大王自
> 料勇悍仁彊孰與項王？」漢王默然良久，曰：「不如也。」信再拜
> 賀曰：「惟信亦為大王不如也。然臣嘗事之，請言項王之為人也。……
> 此特匹夫之勇耳。……此所謂婦人之仁也。……有背義帝之約，而
> 以親愛王，諸侯不平。……項王所過無不殘滅者，天下多怨，百姓
> 不親附，特劫於威彊耳。名雖為霸，實失天下心。故曰其彊易弱。
> 今大王誠能反其道：任天下武勇，何所不誅！以天下城邑封功臣，

何所不服！以義兵從思東歸之士，何所不散！且三秦王為秦將，將
秦子弟數歲矣，……秦父兄怨此三人，痛入骨髓。今楚彊以威王此
三人，秦民莫愛也。大王之入武關，秋豪無所害，除秦苛法，與秦
民約，法三章耳，秦民無不欲得大王王秦者。於諸侯之約，大王當
王關中，關中民咸知之。大王失職入漢中，秦民無不恨者。今大王
舉而東，三秦可傳檄而定也。」於是漢王大喜，自以為得信晚。遂
聽信計，部署諸將所擊。（卷 92，頁 2611-2612）

韓信從項羽性格的缺失立論，進而層層加深，切入重旨。談到楚漢相爭的勝
負因素，更是酣暢淋漓，極為痛快。是韓信平素學問致用的珠澤。不僅緩解
漢王心中的擔憂，言外更透露著高祖只要反其道而行，即可轉弱為強，興劉
滅項。[56]從漢中對的分析內容，側面讚美了韓信謀略的高明與識見的不凡，具
有覽照全局的視野，傳達出史公將韓信列為定楚第一功臣的原因所在。此外，
〈蕭相國世家〉載高祖藉功人、獵狗為喻，平服群臣爭功的言論，凸顯蕭何
功績，並見高祖善於駕馭人心處；〈曹參世家〉載惠帝與曹窋語，明白蕭規曹
隨的本旨，以見黃老無為、清淨不擾民的治效，藉以對比武帝朝任用酷吏，
濫施刑罰，不恤民命處，可見史公心目中的理想統治者，標準之一便在於體
貼民心。

　　直言諫諍的汲黯，是漢朝初年的一流人物。史公於其本傳，多藉其口，
直指當代施政方針、掌權人物的缺失。對於汲黯人品的推崇，更透過武帝與
莊助口寫出：

---

[56] 韓信在〈漢中對〉中，論項王可滅之道，有五：1.不能任屬賢將，其勇只是匹夫之勇；2.分封不乾
脆，其仁只是婦人之仁；3.不居關中而都彭城，允為失策；4.背義帝之約，而以親愛王，使諸侯不
平；5.過於殘暴，喪失民心。是故，高祖只要反其道而行，即可轉弱為強，興劉滅項。參林聰舜：
《《史記》的世界──人性與理念的競逐》，頁 151。

> 上曰:「汲黯何如人哉?」助曰:「使黯任職居官,無以踰人。然至
> 其輔少主,守城深堅,招之不來,麾之不去,雖自謂賁育亦不能奪
> 之矣。」上曰:「然。古有社稷之臣,至如黯,近之矣。」(卷120,
> 頁3107)

鍾惺說:「莊助言黯招不來、麾不去,黯一知己也。武帝稱社稷臣,黯一知己也。」[57]透過近臣莊助的話語,可以察知汲黯比擬賁育之勇的氣節;非惟如此,史公復透過武帝語,對汲黯做了「社稷臣」的極高讚譽。只可惜,汲黯之儔的臣子畢竟只是少數,雖然得到武帝的推崇,卻往往因為直諫,不得久居君王之側,而顛沛流離,輾轉外放。

對於不同於中原習性的外夷,史公往往有著尊重與包容。〈匈奴列傳〉中除了記載冒頓與東胡王間,由「千里馬」、「閼氏」到「國土」,梳理出冒頓王於利害間的權衡。而藉由中行說與漢使言,則將漢、匈奴的國情,做了交鋒。茲引錄一則,如下:

> 漢使或言曰:「匈奴俗賤老。」
> 中行說窮漢使曰:「而漢俗屯戍從軍當發者,其老親豈有不自脫溫
> 厚肥美以齎送飲食行戍乎?」
> 漢使曰:「然。」
> 中行說曰:「匈奴明以戰攻為事,其老弱不能鬥,故以其肥美飲食
> 壯健者,蓋以自為守衛,如此父子各得久相保,何以言匈奴輕老
> 也?」(卷110,頁2989-2990)

漢使代表著漢朝本位的立場,中行說代表著匈奴一方。兩人的問答中,便透

---

[57] 明‧凌稚隆輯校、李光縉增補,日‧有井範平補標:《補標史記評林》,卷120〈汲鄭列傳〉引鍾惺語,頁2683。

露著史公寓有「四海之內皆兄弟」的民族觀。而介紹匈奴國情之虞，也為漢匈戰爭「不參彼己」，所以「建功不深」（卷 110，頁 2919）的原因，留下伏筆。

4. 藉「多人語」以寓論斷

〈項羽本紀〉的典型事件——「鴻門宴」，透過史公刻畫入微的筆觸，將各色人物的性格特質、往來互動做了精妙的呈現。在楚漢相爭一觸即發的危急中，安插這段氣韻從容的文字，不僅疏緩了項羽軍隊的節節進逼，也讓劉邦劫後餘生，得到收整隊伍，謀議長策的時間。是家喻戶曉的一段記載，也是史公藉由眾人之口，交錯雜見，從中寄寓言外之意，間接預告楚漢相爭輸贏的微言側筆。

呂后以女主稱制，透過危害劉氏宗族的方式，讓漢家天下幾乎改弦更張。所幸，在呂后去世後，在丞相陳平、絳侯周勃的主持下，發動了一場政變，誅鋤亂政的諸呂，才讓劉邦所建立的漢朝政權，不至於易姓。呂后亂政的教訓，太過慘痛，影響所及，使諸臣在議立天子時，往往把母家資質，納入考慮：

> 諸大臣相與陰謀曰：「少帝及梁、淮陽、常山王，皆非真孝惠子也。呂后以計詐名他人子，殺其母，養後宮，令孝惠子之，立以為後，及諸王，以彊呂氏。今皆已夷滅諸呂，而置所立，即長用事，吾屬無類矣。不如視諸王最賢者立之。」或言「齊悼惠王高帝長子，今其適子為齊王，推本言之，高帝適長孫，可立也」。大臣皆曰：「呂氏以外家惡而幾危宗廟，亂功臣今齊王母家駟（鈞），駟鈞，惡人也。即立齊王，則復為呂氏。」欲立淮南王，以為少，母家又惡。迺曰：「代王方今高帝見子，最長，仁孝寬厚。太后家薄氏謹良。且立長故順，以仁孝聞於天下，便。」迺相與共陰使人召代王。（卷 9，頁 410-411）

在大臣的討論裡，從齊悼惠王、淮南王、代王條件的比量下，見到代王脫穎而出的箇中關鍵，便在於母家品行的善惡。此見，諸臣鑒於呂后之亂的考量。史公序來，頗有為後世興資鑑的用意。

在連番戰亂之後，人心總是渴望清靜。是以，漢初以黃老之術為治，講求無為。黃老治世與儒家的理想，畢竟還是有著差異。在〈儒林列傳〉中，便載述了雙方各持立場的爭辯，是極其精彩的一場辯論，徵引如下：

> 黃生曰：「湯武非受命，乃弒也。」轅固生曰：「不然。夫桀紂虐亂，天下之心皆歸湯武，湯武與天下之心而誅桀紂，桀紂之民不為之使而歸湯武，湯武不得已而立，非受命為何？」黃生曰：「冠雖敝，必加於首；履雖新，必關於足。何者，上下之分也。今桀紂雖失道，然君上也；湯武雖聖，臣下也。夫主有失行，臣下不能正言匡過以尊天子，反因過而誅之，代立踐南面，非弒而何也？」轅固生曰：「必若所云，是高帝代秦即天子之位，非邪？」於是景帝曰：「食肉不食馬肝，不為不知味；言學者無言湯武受命，不為愚。」遂罷。是後學者莫敢明受命放殺者。（卷121，頁3122-3123）

這場辯論會，爭論於景帝前，是關於湯武革命的議論。治《詩》的轅固生，代表儒家的立場，主張湯武受命以誅桀紂；治黃老的黃生，則明確上下之分，主張湯武弒君。由於湯武革命的討論，事涉漢家立國的正統性，故景帝便跳到幕前，終止了這項討論。這問題的牽涉面，頗為複雜。非惟帶有漢初統治思想的爭辯，也帶有高祖代秦建漢事件合理性的質疑。轅固生的說法，在當時屬於異端，史公既然詳細記載，與黃生說法並存，其中有著史公的好奇與尚奇，也寄寓著史公不同流俗的思考。由於事涉上層階級的隱諱，故兩存其說以代議論。

對於武帝用人的譏諷，史公亦透過藉言敘事的方式，收側筆旁溢之效。以當朝甚獲榮寵的大將軍衛青為例，如下：

右將軍建、前將軍信并軍三千餘騎，獨逢單于兵，與戰一日餘，漢
兵且盡。前將軍故胡人，降為翕侯，見急，匈奴誘之，遂將其餘騎
可八百，犇降單于。右將軍蘇建盡亡其軍，獨以身得亡去，自歸大
將軍。大將軍問其罪正閎、長史安、議郎周霸等：「建當云何？」
霸曰：「自大將軍出，未嘗斬裨將。今建棄軍，可斬以明將軍之威。」
閎、安曰：「不然。兵法『小敵之堅，大敵之禽也』。今建以數千當
單于數萬，力戰一日餘，士盡，不敢有二心，自歸。自歸而斬之，
是示後無反意也。不當斬。」大將軍曰：「青幸得以肺腑待罪行間，
不患無威，而霸說我以明威，甚失臣意。且使臣職雖當斬將，以臣
之尊寵而不敢自擅專誅於境外，而具歸天子，天子自裁之，於是以
見為人臣不敢專權，不亦可乎？」軍吏皆曰「善」。遂囚建詣行在
所。入塞罷兵。（卷 111，頁 2927-2928）

關於蘇建事件的審判，議郎周霸基於漢律，主張殺蘇建以立軍威，罪正閎、
長史安則持相反意見。兩者的出發點，一為理、一為情，實難抉擇。衛青以
為，應呈報武帝，讓天子裁斷。據大庭脩的考察，漢初將軍在軍中擁有賞、
罰權力，其命令被准許優於皇帝詔令。衛青既然領兵符，就擁有獨立性與權
限，宜切合實際情況，秉公處理，這才是合乎職責的行為。然則，衛青卻寄
望著透過交予武帝裁奪的方式，來顯示出人臣不敢專權，專以天子意為意處。
衛青的「退讓和柔」，媚事上意由此可見。[58]這樣一味以君王之意為意的臣子，
史公以為是有失本分的。故史公於〈佞幸列傳〉插敘一筆：「衛青、霍去病亦
以外戚貴幸，然頗用材能自進。」（卷 125，頁 3196）以為這樣的特質，是近
於諸佞的。

---

[58] 「大將軍為人仁善退讓，以和柔自媚於上，然天下未有稱也。」（卷 111，頁 2939）

5. 藉「歌謠」以寓論斷

以歌謠為敘事，達到宛轉陳辭以寓諷刺的目的者，與詩「主文而譎諫」、楚騷「作辭以諷諫」、漢賦「勸百諷一」的宗旨，有異曲同工之妙。〈呂太后本紀〉載趙王歌，便是趙王友危殆之時的發紓，如下：

> 趙王餓，乃歌曰：「諸呂用事兮劉氏危，迫脅王侯兮彊授我妃。我妃既妒兮誣我以惡，讒女亂國兮上曾不寤。我無忠臣兮何故棄國？自決中野兮蒼天舉直！于嗟不可悔兮寧蚤自財。為王而餓死兮誰者憐之！呂氏絕理兮託天報仇。」（卷9，頁 403-404）

高祖去世後，權力掌握在呂后手中。不僅陷害戚夫人及其子如意，更將主意動到劉氏宗室上。幽死趙王友，便是一個先導。趙王友透過歌辭中，藉由自身窘迫的可憐處境，傳達諸呂危害劉氏子孫的情形。騷體的歌辭中，帶有對呂后濫權的痛恨。〈齊悼惠王世家〉載劉章〈耕田歌〉：

> 深耕概種，立苗欲疏，非其種者，鋤而去之。（卷 52，頁 2001）

劉章以耕田為喻，傳達了非劉氏子孫不得為王的寓意。側面表露了，史公支持漢家正統，反對諸呂為禍的用意。由「呂后默然」（卷 52，頁 2001）的反應，表示呂后固然明白劉章的言外之意，但也不好直截處置劉章。是故，通過歌辭進行委婉勸諫，縱使達不到目的，也比直諫安全得多。史公對呂后篡奪劉家天下的評議，在〈呂后本紀〉做了詳悉的揭示，言語間並不掩飾對呂后的叱責。何以此處，要藉由歌謠，曲曲傳之呢？筆者以為，通過趙王友、劉章的作歌，反映時代氣息的語彙，讓讀者們回歸到當時士人敢怒不敢言的時空。隱喻之際，復增添了濃郁的抒情氛圍，更容易使讀者感動。[59]

---

[59] 〈項羽本紀〉載項羽面臨四面楚歌時，悲歌慷慨的歌辭，則抒情的成分大於議論，連繫項羽的至死

歌謠的發聲者，除了本人外，亦有藉百姓作歌、兒謠、童謠等，來反映普羅大眾的觀感。如〈曹相國世家〉載百姓歌、〈魏其武安侯列傳〉載潁川兒歌，徵引於下：

> 百姓歌之曰：「蕭何為法，顜若畫一；曹參代之，守而勿失。載其清淨，民以寧一。」（卷54，頁2031）
> 潁川兒乃歌之曰：「潁水清，灌氏寧；潁水濁，灌氏族。」（卷107，頁2847）

前者，由百姓歌謠中見「蕭規曹隨」，曹參延續蕭何這種清靜、不擾民的治理方式，是符合大眾期望的。後者，則透過潁川當地的兒歌，表達灌夫家族豪猾鄉里的行徑。連繫灌夫日後遭到誅殺、族滅的下場，前後情事的巧合，或帶有著「詩讖」的作用。[60]另如〈河渠書〉載兩首〈瓠子〉歌、〈留侯世家〉載楚歌等，亦屬藉「歌謠」以寓論斷之儔。

6. 藉「書面語」以寓論斷

史公在《史記》中，收錄了許多具有文學性、藝術性的創作，不僅有保存史料的用意，也是藉以傳達論斷的一種方式。與前者以歌謠為論斷的不同點，在於書面語主要透過書面形式，如詔策、上疏、書信、詩、賦等。〈司馬相如列傳〉收錄著司馬相如華采雍容、氣度恢宏的大賦。其中一部分，或帶有寄寓褒貶的實質。如〈哀二世賦〉有著藉秦諷漢的用意；〈難蜀父老賦〉帶有以蜀父老為辭，諷漢武開西南夷之無利。[61]〈孝文本紀〉裡，大篇幅的收錄

不悟，帶有濃厚的悲劇性。

[60] 歷史上某些歌謠，有時與後來的史事產生巧合，因而被視作靈驗的讖言，依其性質稱作「詩讖」或「謠讖」。此外，除了作「詩讖」或「謠讖」解，部分乃野心家之心戰策略。

[61] 劉寧以為，史公連篇收錄司馬相如賦作，除了折服相如文采外，「主要是想通過相如的文讓後世的人們讀其文知其人，了解他屢屢欲諫而不能的心態。」筆者以為，劉寧的說法，雖頗有道理，然則，在未有更多證據之前，僅能先將史公收錄相如賦作，視為不因人廢言，而「藉書面語以敘事」。

文帝詔書、景帝詔書，其中緹縈上書與文帝的回覆，尤值得注意，如下：

> （緹縈）上書曰：「妾父為吏，齊中皆稱其廉平，今坐法當刑。妾
> 傷夫死者不可復生，刑者不可復屬，雖復欲改過自新，其道無由也。
> 妾願沒入為官婢，贖父刑罪，使得自新。」書奏天子，天子憐悲其
> 意，乃下詔曰：「蓋聞有虞氏之時，畫衣冠異章服以為僇，至治也。
> 今法有肉刑三，而姦不止，其咎安在？非乃朕德薄而教不明歟？吾
> 甚自愧。故夫馴道不純而愚民陷焉。詩曰『愷悌君子，民之父母』。
> 今人有過，教未施而刑加焉？或欲改行為善而道毋由也。朕甚憐
> 之。夫刑至斷支體，刻肌膚，終身不息，何其楚痛而不德也，豈稱
> 為民父母之意哉！其除肉刑。」（卷10，頁427-428）

太倉公淳于意犯罪當刑，淳于意的女兒便為父請命，期能沒入官婢，贖父親
的罪行。肉刑，據司馬貞《索隱》引韋昭說法，為「斷趾、黥、劓之屬」（卷
10《索隱》引，頁428），是相當刻酷的刑罰。文帝憐憫緹縈的孝心，故廢除
肉刑。透過雙方來往的對答，寓有史公對文帝的崇敬、仁君風度的褒美與崇
德治世的嘆服。言外未嘗不帶有對武帝務嚴刑竣罰的針砭。值得一提的是，
史公並非全然否定法家功能與秦的成就，而是反對武帝過度迷信嚴刑竣法的
治效，痛惡法家的殘酷面及其所帶來的惡性循環上。[62]

　　〈平津侯主父偃列傳〉連篇收錄了主父偃、徐樂、嚴安的上奏，層層加
重諷喻的內涵。各節錄一段，如下：

　　劉寧：〈論《史記》的敘事風格〉，《唐都學刊》，第25卷第4期，2009年7月，頁33。

[62] 參林聰舜：《西漢前期思想與法家的關係》，「第六章《史記》思想與先秦儒、道、法家的關係」，
頁216。

- 主父偃

　　夫匈奴難得而制，非一世也。行盜侵驅，所以為業也，天性固然。……夫上不觀虞夏殷周之統，而下（脩）〔循〕近世之失，此臣之所大憂，百姓之所疾苦也。且夫兵久則變生，事苦則慮易。乃使邊境之民獘靡愁苦而有離心，將吏相疑而外市，故尉佗、章邯得以成其私也。夫秦政之所以不行者，權分乎二子，此得失之效也。故《周書》曰「安危在出令，存亡在所用」。願陛下詳察之，少加意而熟慮焉。（卷112，頁2953-2956）

- 徐樂

　　臣竊以為陛下天然之聖，寬仁之資，而誠以天下為務，則湯武之名不難侔，而成康之俗可復興也。此二體者立，然後處尊安之實，揚名廣譽於當世，親天下而服四夷，餘恩遺德為數世隆，南面負扆攝袂而揖王公，此陛下之所服也。臣聞圖王不成，其敝足以安。安則陛下何求而不得，何為而不成，何征而不服乎哉！（卷112，頁2957）

- 嚴安

　　夫兵久而變起，事煩而慮生。今外郡之地或幾千里，列城數十，形束壤制，旁脅諸侯，非公室之利也。上觀齊晉之所以亡者，公室卑削，六卿大盛也；下觀秦之所以滅者，嚴法刻深，欲大無窮也。今郡守之權，非特六卿之重也；地幾千里，非特閭巷之貲也；甲兵器械，非特棘矜之用也：以遭萬世之變，則不可稱諱也。（卷112，頁2959-2960）

　　三人的上奏，重心皆在於諫武帝征伐事。以前事為資鑑，微致漢匈戰爭勞民傷財的本質及對武帝好大喜功的批評。雖論述內容同中有異，但史公不費重辭累書，連篇累牘的載錄，便帶有史公欲藉奏書，對漢武征伐事進行議論的

用心。又〈衛將軍驃騎列傳〉於詔中載霍去病戰功,「是史公春秋處」;[63]〈司馬相如列傳〉載司馬相如上疏;〈項羽本紀〉載陳餘遺章邯書;〈韓信盧綰列傳〉載韓王信報漢書;〈匈奴列傳〉載文帝與匈奴往來書信,皆屬此類。

(二)寓意閒事,談言微中

「閒事點染,姿致獨絕」,為吳見思評論〈蕭相國世家〉「召平種瓜」一段的用語。[64]此段軼事,看似與前後文不接,然接敘在呂后誅淮陰而封賞蕭何之後,頗具微意。分析召平的話語,可見到高祖猜忌功臣,能共苦,不能同甘之心。故筆者將這類旁出於正文之外,蘊含史公褒貶的細事、軼事,統稱為富含寓意性、隱括褒貶的閒事。如〈項羽本紀〉中,項羽少時學書學劍,寫他「胸懷大志,心比天高卻浮躁自負」(卷 7,頁 295),欲學兵法又不能精通的閒事,係為日後落敗預留伏筆。另如陳平佐漢,志見社中分肉;淮陰志異,於葬母事可窺見;高祖的寡恩,由對待家人的刻薄可得。[65]這類細事,傳達出傳主的「意」、「志」、「心」,誠為「寓意閒事」的妙用。舉〈李將軍列傳〉射石虎事為例:

> 廣出獵,見草中石,以為虎而射之,中石沒鏃,視之石也。因復更
> 射之,終不能復入石矣。廣所居郡聞有虎,嘗自射之。及居右北平
> 射虎,虎騰傷廣,廣亦竟射殺之。(卷 109,頁 2871-2872)

---

[63] 吳見思曰:「寫大將軍戰功,極力鋪序,而驃騎功多于大將軍,反只虛點一筆,于詔中詳序,是史公春秋處。」清‧吳見思評點:《史記論文》,〈衛將軍驃騎列傳〉,頁 598。

[64] 吳見思:「於傳外插入召平為益封事也,乃放過正文,偏接召平種瓜事。文情從天外飛來,夫豈人所能測。」又曰:「閒事點染,姿致獨絕。」清‧吳見思評點:《史記論文》,〈蕭相國世家〉,頁 313。

[65] 史公通過一連串閒事,曲見高祖寡恩的情致。詳參本論著第四章第三節(一)「誅戮功臣,忌心忍戾」處,此處略。

此段閒事，不僅呼應著李廣「其射猛獸亦為所傷」（卷 109，頁 2872）的性格
特點。由此推演到李廣戰場上的表現，則透露著李廣治軍往往欠缺謀略，故
常以敗績收尾。同傳亦載錄著李廣「生奪胡兒馬」的傳奇軼事。一則由「破
敗廣軍」、「漢兵死者大半」，得見廣軍破滅敗亡的情形，另則由廣以善射自完，
見李廣「敗後之勇決奇變」。[66]通過善惡畢書，並於其中寄寓著褒貶，則見史
公藉由細節描寫，「芥子納須彌」之用。此外，〈酷吏列傳〉載張湯幼時劾鼠
故事，微見一代酷吏善於揣摩上意、巧立名目的姿態；〈萬石張叔列傳〉則透
過軼事，著意描寫萬石君家族的恭謹，舉兩例申論如下：

> 建為郎中令，書奏事，事下，建讀之，曰：「誤書！『馬』者與尾
> 當五，今乃四，不足一。上譴死矣！」甚惶恐。其為謹慎，雖他皆
> 如是。（卷 103，頁 2766）
> 萬石君少子慶為太僕，御出，上問車中幾馬，慶以策數馬畢，舉手
> 曰：「六馬。」慶於諸子中最為簡易矣，然猶如此。（卷 103，頁 2767）

石慶為其家族中最為簡易者，其猶如此誠惶誠恐，近乎滑稽。那家族中其他
人物的「恭謹」、「孝謹」之甚，則不難想見，如上則石建例。連繫同傳所載：
石建為郎中令時，「事有可言，屏人恣言，極切；至廷見，如不能言者。是以
上乃親尊禮之。」石慶擔任丞相，「醇謹而已。在位九歲，無能有所匡言。……
諸子孫為吏，更至二千石者十三人。」（卷 103，頁 2765、2767-2768）是以，
通過萬石君家族的軼事載述，傳達上位者尸位素餐，務候伺君王旨意，而官
運亨通的情致，言外則寓有史公對當朝吏治的批判。另舉〈呂太后本紀〉載
孝惠帝去世一段為例：

七年秋八月戊寅，孝惠帝崩。太后哭，泣不下。留侯子張辟彊為侍
中，年十五，謂丞相曰：「太后獨有孝惠，今崩，哭不悲，君知其
解乎？」丞相曰：「何解？」辟彊曰：「帝毋壯子，太后畏君等。君
今請拜呂台、呂產、呂祿為將，將兵居南北軍，及諸呂皆入宮，居
中用事，如此則太后心安，君等幸得脫禍矣。」丞相迺如辟彊計。
太后說，其哭迺哀。呂氏權由此起。迺大赦天下。九月辛丑，葬。
太子即位為帝，謁高廟。元年，號令一出太后。（卷 9，頁 399）

張辟彊了解呂后為孝惠去世，勢單力孤的憂慮，故建議丞相，分封諸呂為王。
此段軼事，藉由呂后「哭，泣不下」到「太后說，其哭迺哀」的情緒變化，
形成生動的構圖。寄寓著史公對呂氏權興的導源者——張辟彊的批判。心理
描寫，也是寓意閒事的一種，或隨文點示、或集中敘述，以〈黥布列傳〉最
為顯著：

十一年，高后誅淮陰侯，布因心恐。（卷 91，頁 2603）
夏，漢誅梁王彭越，醢之，盛其醢徧賜諸侯。至淮南，淮南王方獵，
見醢，因大恐，陰令人部聚兵，候伺旁郡警急。（卷 91，頁 2603）
布所幸姬疾，請就醫，醫家與中大夫賁赫對門，姬數如醫家，賁赫
自以為侍中，迺厚饋遺，從姬飲醫家。姬侍王，從容語次，譽赫長
者也。王怒曰：「汝安從知之？」具說狀。王疑其與亂。赫恐，稱
病。王愈怒，欲捕赫。赫言變事，乘傳詣長安。布使人追，不及。
赫至，上變，言布謀反有端，可先未發誅也。上讀其書，語蕭相國。
相國曰：「布不宜有此，恐仇怨妄誣之。請繫赫，使人微驗淮南王。」
淮南王布見赫以罪亡，上變，固已疑其言國陰事；漢使又來，頗有
所驗，遂族赫家，發兵反。反書聞，上迺赦賁赫，以為將軍。（卷
91，頁 2603-2604）

藉由狀摹黥布的心理變化，層層加深內心的疑懼，闡明其所以叛反的緣由。
言外，則隱括了史公對漢家寡恩、對功臣苦苦相逼行徑的不滿。同樣書寫謀
反心理者，亦見於〈吳王濞列傳〉、〈淮南衡山列傳〉等。

　　黥布謀反後，史公並載及高祖與滕公、楚令尹薛公謀議打擊黥布的對話。
話中得見，楚令尹薛公用來對付黥布的方式，亦是根據黥布的性格，來加以
推敲、應變：

> 薛公對曰：「布反不足怪也。使布出於上計，山東非漢之有也；出
> 於中計，勝敗之數未可知也；出於下計，陛下安枕而臥矣。」……
> 上曰：「是計將安出？」令尹對曰：「出下計。」上曰：「何謂廢上
> 中計而出下計？」令尹曰：「布故麗山之徒也，自致萬乘之主，此
> 皆為身，不顧後為百姓萬世慮者也，故曰出下計。」上曰：「善。」
> 封薛公千戶。迺立皇子長為淮南王。上遂發兵自將東擊布。（卷 91，
> 頁 2604-2605）

由於掌握黥布的性格特點，戰略應用得宜，是以順利平定黥布的反叛。從狀
摹黥布的心理變化，到高祖把握黥布性格，制定方略，一脈敘來，隱隱傳達
著性格影響命運的思想。可見，對於人物心理的滲透，作為史公深入細節刻
畫，有點睛之用。

　　補敘、追敘的運用，往往用來補充文意的不足，藉以申發議論，可視為
閒筆的一種。如〈萬石張叔列傳〉，敘石奮一家，並於文末贅上「及慶死後，
稍以罪去，孝謹益衰矣」（卷 103，頁 2768）。隱隱傳達出，史公對萬石君家
族務孝謹以求功名的鄙薄。〈屈原賈生列傳〉，敘文帝宣室求賢一段，則見文
帝「不問蒼生，問鬼神」白璧微瑕處：

> 後歲餘，賈生徵見。孝文帝方受釐，坐宣室。上因感鬼神事，而問
> 鬼神之本。賈生因具道所以然之狀。至夜半，文帝前席。既罷，曰：

「吾久不見賈生，自以為過之，今不及也。」居頃之，拜賈生為梁
懷王太傅。（卷 84，頁 2502-2503）

賈誼懷抱著珠玉般的美質、鴻鵠般遠大的志向，其〈過秦論〉、〈治安策〉無
不切中時弊，娓娓道來，展露其不凡的政治長才。然則，侷限於現實條件，
賈誼終不能久居中央，實現抱負，而是屢遭外放。好不容易，再次見到文帝，
文帝詢問的，卻是鬼神諸語。鍾惺曰：「無限惋惜，在此一段，而語意若不相
干，此言外之音，後人畧之。」[67]此段軼事，閒閒著子，看似與前後文意不接，
但弦外之音，卻是史公為其「不遇」所深致的痛惜。也是史公所以將賈誼、
屈原合併成傳的原因。〈淮陰侯列傳〉補敘高祖赦免辯士蒯通一段，言外便見
高祖意在誅鋤韓信處。

三、側筆之二

《左傳‧成公十四年》君子論「僑如以夫人婦姜氏至自齊」，提出「《春
秋》之稱，微而顯，志而晦，婉而成章，盡而不汙，懲惡而勸善」。[68]杜預《春
秋經傳集解》本之，而揭櫫「《春秋》五例」。前三者可作為側筆形式的提挈，
意即透過微婉志晦的方式，來「推見至隱」，從而驪括褒貶論斷。循此，「側
筆」的面向，便不僅止於「旁溢」，依《史記》實際運用的情況，尚見「正言
若反，反寫寓譏」、「移位敘述，藉古諷今」、「虛實相生，驪括褒貶」，分項論
述如下：

（一）正言若反，反寫寓譏

正言若反，語出老子《道德經》。吳闓生論《左傳》之微旨，以為「凡其

---

[67] 明‧凌稚隆輯校、李光縉增補、日‧有井範平補標：《補標史記評林》，卷 84〈屈原賈生列傳〉引
鍾惺語，頁 2089。

[68] 楊伯峻：《春秋左傳注》，〈成公十四年〉，頁 870。

所推崇褒大者，皆必有所不足；其所肆情詆毀者，必有所深惜者也。一言以蔽之，曰正言若反而已矣！」[69]《史記》繼承並發揚了《左傳》的撰述筆法，「正言若反」便為其一。靳德峻《史記釋例》有所謂「用反寫法以寓微詞者」，洵為「正言若反」的簡要注解。[70]

〈劉敬叔孫通列傳〉記載著歷仕十主，猶能躬逢其盛的儒者叔孫通。[71]傳載：

> 二世召博士諸儒生問曰：「楚戍卒攻蘄入陳，於公如何？」博士諸生三十餘人前曰：「人臣無將，將即反，罪死無赦。願陛下急發兵擊之。」二世怒，作色。叔孫通前曰：「諸生言皆非也。夫天下合為一家，毀郡縣城，鑠其兵，示天下不復用。且明主在其上，法令具於下，使人人奉職，四方輻輳，安敢有反者！此特群盜鼠竊狗盜耳，何足置之齒牙閒。郡守尉今捕論，何足憂。」二世喜曰：「善。」盡問諸生，諸生或言反，或言盜。於是二世令御史案諸生言反者下吏，非所宜言。諸言盜者皆罷之。廼賜叔孫通帛二十四，衣一襲，拜為博士。叔孫通已出宮，反舍，諸生曰：「先生何言之諛也？」通曰：「公不知也，我幾不脫於虎口！」（卷99，頁2720-2721）
> 叔孫通因進曰：「諸弟子儒生隨臣久矣，與臣共為儀，願陛下官之。」高帝悉以為郎。叔孫通出，皆以五百斤金賜諸生。諸生廼皆喜曰：「叔孫生誠聖人也，知當世之要務。」（卷99，頁2724）

---

[69] 清・吳闓生：《左傳微》，卷首〈與李右周進士論左傳書〉，頁3-4。

[70] 靳德峻：《史記釋例》（商務印書館，1933），頁18。

[71] 凌稚隆：「敘叔孫通事十主，可知者：始皇二世、項梁、懷王、項藉、漢王，與五代馮道同。」明・凌稚隆輯校、李光縉增補，日・有井範平補標：《補標史記評林》，卷99〈劉敬叔孫通列傳〉凌稚隆語，頁2314-2315。

藉由「諸生」話語，「以不得進竊罵，至後得官則稱為聖人」，帶有史公對世俗趨勢利的貶斥。考察傳中對叔孫通事蹟的載錄，則如魯兩生所謂「皆面諛以得親貴」（卷 99，頁 2722）。上引第二則敘事中，諸生的話語：「叔孫生誠聖人也，知當世之要務」，即史公妙用「正言若反」的形式，以褒寓諷的筆法。

「正言若反」，最典型的例證，見於〈萬石張叔列傳〉，茲引石慶兩段為例：

> 元鼎五年秋，丞相有罪，罷。制詔御史：「萬石君先帝尊之，子孫孝，其以御史大夫慶為丞相，封為牧丘侯。」是時漢方南誅兩越，東擊朝鮮，北逐匈奴，西伐大宛，中國多事。天子巡狩海內，修上古神祠，封禪，興禮樂。公家用少，桑弘羊等致利，王溫舒之屬峻法，兒寬等推文學至九卿，更進用事，事不關決於丞相，丞相醇謹而已。在位九歲，無能有所匡言。嘗欲請治上近臣所忠、九卿咸宣罪，不能服，反受其過，贖罪。（卷 103，頁 2767）
>
> 元封四年中，關東流民二百萬口，無名數者四十萬，公卿議欲請徙流民於邊以適之。上以為丞相老謹，不能與其議，乃賜丞相告歸，而案御史大夫以下議為請者。丞相慙不任職，乃上書曰：「慶幸得待罪丞相，罷駑無以輔治，城郭倉庫空虛，民多流亡，罪當伏斧質，上不忍致法。願歸丞相侯印，乞骸骨歸，避賢者路。」天子曰：「倉廩既空，民貧流亡，而君欲請徙之，搖蕩不安，動危之，而辭位，君欲安歸難乎？」言欲歸於何人。以書讓慶，慶甚慙，遂復視事。
> （卷 103，頁 2768）

這兩段載述，言其唯唯諾諾、恭敬謹慎，反映出石慶雖居丞相，卻未掌握實權的情狀。於治所忠和咸宣處、徙流民處，則見其未有政治才能的樣子。故正言（「恭敬」、「醇謹」、「孝謹」）中，微露著無才能、不治事的反諷意味。如黃震所言：「萬石君家謹厚而已，而父子皆致二千石已過矣。慶備位丞相于

孝武多事之世何哉？」[72]透過附載的直不疑、周文等人，則透露著恭敬孝謹卻近於巧佞，雖無所治術，而位居榮寵的貶責。表面上愈窮盡褒美之能事，蘊含的諷刺也就越深刻。另以〈大宛列傳〉為例，詳下：

> 是時上方數巡狩海上，乃悉從外國客，大都多人則過之，散財帛以賞賜，厚具以饒給之，以覽示漢富厚焉。於是大觳抵，出奇戲諸怪物，多聚觀者，行賞賜，酒池肉林，令外國客徧觀（名）〔各〕倉庫府藏之積，見漢之廣大，傾駭之。及加其眩者之工，而觳抵奇戲歲增變，甚盛益興，自此始。自烏孫以西至安息，以近匈奴，匈奴困月氏也，匈奴使持單于一信，則國國傳送食，不敢留苦；及至漢使，非出幣帛不得食，不市畜不得騎用。所以然者，遠漢，而漢多財物，故必市乃得所欲，然以畏匈奴於漢使焉。宛左右以蒲陶為酒，富人藏酒至萬餘石，久者數十歲不敗。俗嗜酒，馬嗜苜蓿。漢使取其實來，於是天子始種苜蓿、蒲陶肥饒地。及天馬多，外國使來眾，則離宮別觀旁盡種蒲萄、苜蓿極望。自大宛以西至安息，國雖頗異言，然大同俗，相知言。其人皆深眼，多鬚䫇，善市賈，爭分銖。俗貴女子，女子所言而丈夫乃決正。其地皆無絲漆，不知鑄錢器。及漢使亡卒降，教鑄作他兵器。得漢黃白金，輒以為器，不用為幣。
> （卷103，頁3173-3174）

此段載述，吳見思評云：「太史公極狀漢之富厚，所以深貶之也」。[73]連繫傳中他段敘述，則見武帝好大喜功，貪心作祟，故不惜外征四夷，以逞其志。愈是渲染漢朝的富足，言外對漢武的貪侈之心，針砭意味則越濃。

[72] 宋・黃震：《黃氏日鈔》，頁577。

[73] 清・凌稚隆輯校、李光縉增補，日・有井範平補標：《補標史記評林》，卷123〈大宛列傳〉凌稚隆語，頁2741。

反言若正的例子，如顧炎武「于序事中寓論斷」五例之一的：「〈荊軻傳〉末載魯句踐語」。[74]透過魯句踐這位與荊軻有過交誼的人物，傳達出憐惜荊軻劍術不精，以致奇功不遂之處：「嗟乎，惜哉其不講於刺劍之術也！甚矣吾不知人也！曩者吾叱之，彼乃以我為非人也！」（卷86，頁2538）從句意的反面來說，如果荊軻跟從魯句踐學習劍術，順利學成的話，勢必增加刺殺秦始皇的勝算。這段話位居傳末，帶有收束全傳的作用，因此除了從反面解讀，進一步看，應寓有史公希望假荊軻之手終結秦朝的心思，帶有反抗強暴政權的意念。

（二）移位敘述，藉古諷今

陳曦在〈《史記》隱含敘述探索〉中，提到《史記》「移位敘述」的部分：「先秦歷史人物的故事與漢代現實中某些人物的遭遇，構成了共振關係。司馬遷對於前者的敘述，其用意往往是影射後者，從而含蓄地表現出他不便明白直陳的現實內容。」[75]為史公在吸收了詩歌比興手法之後，史蘊詩心，微言寓譏的一種形式。陳曦的說法，指出了史公敘事，或帶有「縱」的內在聯繫。即使是橫跨不同的時空，在敘述某些人物雷同的遭遇時，這之間往往存在著移位的共振關係。其實，不僅先秦與漢代具有可比性，史公在敘及近、當代的歷史時，亦每有借前事以寓後事的做法，最凸出者，莫過於「藉秦諷漢」的部分。〈項羽本紀〉中，載陳餘遺章邯書一段，可為顯例：

> 陳餘亦遺章邯書曰：「白起為秦將，南征鄢郢，北阬馬服，攻城略地，不可勝計，而竟賜死。蒙恬為秦將，北逐戎人，開榆中地數千里，竟斬陽周。何者？功多，秦不能盡封，因以法誅之。今將軍為秦將三歲矣，所亡失以十萬數，而諸侯並起滋益多。彼趙高素諛日

---

[74] 清‧顧炎武著，陳垣校注：《日知錄校注》下，卷26〈史記于序事中寓論斷〉，頁1432。

[75] 陳曦：〈《史記》隱含敘述探索〉，《解放軍藝術學院學報》，2002年第2期，頁11。

久，今事急，亦恐二世誅之，故欲以法誅將軍以塞責，使人更代將
軍以脫其禍。夫將軍居外久，多內郤，有功亦誅，無功亦誅。且天
之亡秦，無愚智皆知之。今將軍內不能直諫，外為亡國將，孤特獨
立而欲常存，豈不哀哉！將軍何不還兵與諸侯為從，約共攻秦，分
王其地，南面稱孤；此孰與身伏鈇質，妻子為僇乎？」（卷 7，頁
308）

書信中提到，秦二世「有功亦誅，無功亦誅」，與漢高祖時誅戮異姓諸侯事可
相連繫。「功多，秦不能盡封，因以法誅之」，則諷意更深。與武帝朝因開邊
太盛，爵封過濫，酷吏當道，微文苛罰、巧織罪名，褫奪爵位、動輒族誅的
情事，可謂如出一轍。〈張釋之馮唐列傳〉記載了張釋之藉秦時任用刀筆吏，
導致二世而亡，曉諭文帝的一段載述，言外則帶有針砭漢武任用酷吏，苛察
為尚的用意，兼具「藉秦諷漢」、「藉孝文以寓孝武」的用意。同傳，關於張
釋之執法公正、不分貴賤親疏的敘述，史公連舉數例，在在表現出心中的渴
慕與嚮往，而透露著對武帝朝法治不明的不滿。〈絳侯周勃世家〉載文帝細柳
勞軍一事，則見「軍中聞將軍令，不聞天子之詔」（卷 57，頁 2074）的剛正
不阿，對應著武帝朝衛青人臣不敢專權的情事，則高下立判。

　　〈封禪書〉的載述，亦可以體察出秦皇、漢武事蹟，遙相對應的情形。
對於秦始皇迷信方士誕妄言論，而一再行封禪、三遊海上求仙的作為，史公
採取據事直書的方式，詳其始末，終歸未果，「其術不能通」（卷 28，頁 1369）、
「冀遇海中三神山之奇藥。不得，還至沙丘崩」（卷 28，頁 1370）。雖詳略有
別，但一路敘來，則秦始、漢武性情行事、事跡略同，可見遙對暗照之意。
敘秦始封禪之末，緊接二世而亡的載述，可見史公以秦始皇事蹟為影射漢武，
並作為資鑑的用心。上述諸例外，〈平津侯主父列傳〉詳載嚴安上書，以及〈蒙
恬列傳〉、〈王翦白起列傳〉亦帶有藉秦事以刺時事的意味。

　　移位敘述的用法，以「藉秦諷漢」比重最高，其餘尚有「藉孝文以寓孝
武」（〈孝文本記〉、〈封禪書〉、〈張釋之馮唐列傳〉）、「藉齊桓以寓孝武」（〈封

襌書〉)、「虛指周事，實指今事」(〈劉敬叔孫通列傳〉) 等。此外，亦有學者將范蠡與張良相勾連，以為史公通過張良，豐富范蠡形象，寄寓著對黃老思想的批判。[76] 上舉諸例，均是史公妙於運用移位錯置的手法，跨越時間限制，機變橫生，藉由混淆讀者眼目，達到指桑罵槐，譏刺時事的目的。

（三）虛實相生，騶括褒貶

「虛」、「實」意涵指涉極為豐富，如「于序事中寓論斷」，敘事為實，論斷則為虛。就章法上言，「虛」指略筆、疏筆，為「賓」，為「輕」；「實」指詳筆、密筆，為「主」，為「重」。於「虛」、「實」的判定，可以見出史公所欲強調的重心、要旨。如〈李將軍列傳〉以李蔡襯托李廣；〈儒林列傳〉敘董仲舒、胡毋生、瑕丘江生三傳，皆以公孫弘為引線。賓主之間，則見史公對漢家用人不公、賞罰不明的論斷。有以實襯虛者，如〈魏其武安侯列傳〉，藉由賓客趨向（實），反映出竇嬰、田蚡勢力盛衰（虛）。而其中，則寓有史公對世態炎涼、人情冷暖的批判與自身遭遇的傷悼。〈汲鄭列傳〉帶敘司馬安處，敘司馬安「文深巧善宦，官四至九卿，以河南太守卒」（卷 120，頁 3111），即在反襯汲黯因「數切諫不得久居」的景況。[77]

藉由立意判斷虛實，辨別名實，亦可體察出史公含藏其中的議論。以〈韓信盧綰列傳〉敘盧綰處為例，如：

> 盧綰者，豐人也，與高祖同里。盧綰親與高祖太上皇相愛，及生男，高祖、盧綰同日生，里中持羊酒賀兩家。及高祖、盧綰壯，俱學書，又相愛也。里中嘉兩家親相愛，生子同日，壯又相愛，復賀兩家羊酒。高祖為布衣時，有吏事辟匿，盧綰常隨出入上下。及高祖初起沛，盧綰以客從，入漢中為將軍，常侍中。從東擊項籍，以太尉常

---

[76] 參韓兆琦、陳曦：〈談《史記》中的范蠡形象〉，《周口師範高等專科學校學報》，2000 年第 3 期。

[77] 參明・凌稚隆輯校、李光縉增補，日・有井範平補標：《補標史記評林》，卷 120〈汲鄭列傳〉，凌稚隆語，頁 2679。

從，出入臥內，衣被飲食賞賜，羣臣莫敢望，雖蕭曹等，特以事見
禮，至其親幸，莫及盧綰。綰封為長安侯。長安，故咸陽也。
高祖已定天下，諸侯非劉氏而王者七人。欲王盧綰，為羣臣觖望。
及虜臧荼，迺下詔諸將相列侯，擇羣臣有功者以為燕王。羣臣知上
欲王盧綰，皆言曰：「太尉長安侯盧綰常從平定天下，功最多，可
王燕。」詔許之。漢五年八月，迺立盧綰為燕王。諸侯王得幸莫如
燕王。（卷 93，頁 2637）

先言高祖與盧綰所以親愛的原因：同鄉、彼此父親感情好、同日出生。高祖
初起於沛地的時後，盧綰時常隨從在高祖身邊；進入漢中、攻打項羽、定天
下，盧綰更時常隨侍左右。故即使是以事功出身的蕭何、曹參，亦難以如盧
綰和高祖般親近。史公並未以實筆敘其功勞，而是虛筆一頓，云其常從高祖，
可見史公對於盧綰的功績並不十分肯定。更進一步看，既無功而王，高祖待
之甚厚，猶負恩反叛。其罪甚大，而猶封盧綰子孫，與淮陰侯功高震主遭戮
相形，則漢家賞罰不公處立見。[78]運用虛敘的手法，傳達史公對其功績的不認
同者，尚有〈曹參世家〉敘曹參軍功處，以從韓信為要；敘其治術，則以蕭
規曹隨為旨。〈萬石張叔列傳〉敘石奮，雖位極丞相，然只實寫其孝謹姿態，
宦迹俱虛寫，皆屬此類。[79]〈衛將軍驃騎列傳〉敘衛、霍戰功除了不具體寫出
戰場臨陣殺敵的情景，而僅以詔書為敘事外，考察詔書內容，亦透露著記載
浮誇處：[80]

---

[78] 李慈銘：「史公此篇之意，以韓燕二王皆無功而王，漢待之甚厚而負恩反叛，其罪甚大，乃猶封其
子孫，以與淮陰侯相形為古今之極冤也。末附陳豨，意尤明。」清・李慈銘：《史記札記》（北京：
北京圖書館出版社，2003），卷 2〈韓王信盧綰列傳〉，頁 4。

[79] 吳見思：「萬石君，宦迹俱虛寫過卻，于後總序其一生事，然俱不出孝謹二字。」清・吳見思評點：
《史記論文》，〈萬石張叔列傳〉，頁 544。

[80] 關於實寫戰功與詔中虛敘的「實」、「虛」判定問題，若將〈衛將軍驃騎列傳〉與〈李將軍列傳〉
兩相比對，則可以比較出：雙方敘戰處有別，正是史公妙於通過虛實筆法，來寄寓褒貶的方式。

實

其秋，青為車騎將軍，出雁門，三萬騎擊匈奴，斬首虜數千人。明年，匈奴入殺遼西太守，虜略漁陽二千餘人，敗韓將軍軍。漢令將軍李息擊之，出代；令車騎將軍青出雲中以西至高闕。遂略河南地，至于隴西，捕首虜數千，畜數十萬，走白羊、樓煩王。遂以河南地為朔方郡。以三千八百戶封青為長平侯。青校尉蘇建有功，以千一百戶封建為平陵侯。使建築朔方城。青校尉張次公有功，封為岸頭侯。（卷111，頁2923）

虛

天子曰：「匈奴逆天理，亂人倫，暴長虐老，以盜竊為務，行詐諸蠻夷，造謀藉兵，數為邊害，故興師遣將，以征厥罪。……今車騎將軍青度西河至高闕，獲首虜二千三百級，車輜畜產畢收為鹵，已封為列侯，遂西定河南地，按榆谿舊塞，絕梓領，梁北河，討蒲泥，破符離，斬輕銳之卒，捕伏聽者三千七十一級，執訊獲醜，驅馬牛羊百有餘萬，全甲兵而還，益封青三千戶。」（卷111，頁2923-2924）

「前數十萬，此百餘萬。詔書增多，若為青飾功者」，則見帝王寵信衛青之甚。透過虛實形式的載錄，傳達史公不置可否的議論。[81]至於白登之圍、輪臺之召則忌諱更深，故史公前者僅略敘，後者隱而不述。這種「隱而章」的方式，亦見於〈循吏列傳〉不敘漢吏、〈張丞相列傳〉多不載武帝朝丞相等。[82]此皆史公刻意留下的敘事空白，目的在以隱顯互見的方式，表達無聲之諷。

---

[81] 吳見思：「前數十萬，此百餘萬。詔書增多，若為青飾功者。」清・吳見思評點：《史記論文》，〈衛將軍驃騎列傳〉，頁594。

[82] 據倪豪士的推想，以為：《史記》沒有薛澤、李蔡、莊青翟、趙周，漢武帝朝四位丞相的傳記，是因為在漢武帝朝，丞相常常沒有權威和影響力，這是繼承《春秋》忌諱之辭的筆法。筆者以為倪氏說法誠然，換句話說，這是史公用隱顯對照手法，傳達對漢初丞相治效不滿的方式。美・倪豪士：〈史公和時勢——論《史記》對武帝時政的委曲批評〉，《北京大學學報（哲學社會科學版）》，第45卷第4期，2008年7月，頁113。

四、小結

　　「于序事中寓論斷」，為高明的史家筆法。不同於直接敘事或直接論斷，其筆法的特殊處，即在通過「寓」字，將截然不同的「敘事」、「論斷」，交融為一。何以如此，大費周章，而要將議論隱於言語，曲曲傳達意旨呢？史公於〈匈奴列傳〉的贊語，頗露微意：「孔氏著《春秋》，隱桓之間則章，至定哀之際則微，為其切當世之文而罔襃，忌諱之辭也。」（卷110，頁2919）史公紹繼《春秋》、《左傳》，並以撰作第二部《春秋》為志向。是故，融鑄《春秋》書法、史家筆法輔以詩家比興寄托的優長，而有所改進。大抵在不違背歷史真實，又要避免觸忌犯諱的考量下，以實錄精神為中心；在《春秋》「寓作於述」、《左傳》「以事為義」之後，而有「于序事中寓論斷」的書法形式，提升了史學的地位，確立了正史的載述形式。

　　依「于序事中寓論斷」，特定的書寫條件，以及史公撰史詳近略遠的原則，筆者將時代定限在楚漢相爭到漢武帝朝。依「敘事文」的原理，歷代以來學者的評點、論述，逐步考索。把梳出言、意的指涉關係，析分成兩大綱領「直筆」、「側筆」，統攝八項條目「據事直書：歷陳事實以寓評判」、「屬辭比事：類比牽連，寄意其中」、「重辭累書：反複論述中寄寓論斷」、「側筆旁溢，遶路說禪」、「正言若反，反寫寓譏」、「移位敘述，藉古諷今」、「虛實相生，驪括褒貶」的分類。前三者，屬直筆，旨在透過史料的連綴整合、排比編纂、剪裁筆削等方式，在「盡而不汙」的前題下，美惡自見。後四者，屬側筆，相對於直筆的直陳事實，意在言外。而是改變了言、意的直接對應關係，或由側面、反面、旁面角度切入論述，或由虛實變化、移位論述，使得論斷寓於離合之際，達到遶路說禪的目的。

　　《史記》的敘事筆法豐富而多樣，「于序事中寓論斷」更是為了避忌諱、畏觸逆麟，故變化敘事形式，以敘事為「表」、議論為「裡」，寓論斷於敘事之中。透過本論著的分類、歸納，可引為檢索《史記》寓論斷於敘事的南針，作為探析史公言外重旨的敲門磚。

第四章　裁評帝王，批判時政：
《史記》「于序事中寓論斷」內容析探（上）

　　專制高壓的時代環境下，史公撰述歷史時，對於某些特定、敏感的主題，惟恐觸忌殺身，而有「于序事中寓論斷」的書法。由於史公身處武帝朝，故漢代的歷史，屬於近、當代史範疇，也就是界於《春秋》的「定哀之際」。除了漢代的歷史，楚漢相爭這個段落，與漢朝開國，密切關聯，亦納入考索範圍。

　　在第三章，筆者將《史記》「于序事中寓論斷」的筆法形式，做了分類、歸納，以作為探析言外重旨的鎖匙。從中，透過梳理史公以敘為議的筆法，體察出史公的論述重心：以事件而言，漢匈關係為重；以朝代來看，多集中在漢武帝朝，並及於漢初以來帝王、政治的評判。[1]此外，其餘事件的載述，也多運用以敘為議的方式，傳達出「翻疑案」、「寓褒貶」、「寄感慨」、「供資鑑」的旨趣。在這個章節，先就「裁評帝王，批判時政」做論述，分成三節，試論如下：

一、對漢匈關係的評判

　　史公於〈匈奴列傳贊〉謂：「孔氏著《春秋》，隱桓之閒則章，至定哀之

---

[1] 「于序事中寓論斷」的例證，依時代來看，以武帝朝為多。依主題來看，以漢匈戰爭的載述為眾。此外，依詳變略漸原則，故亦聚焦在幾件亂事的敘事上。若以篇章來看，以〈淮陰侯列傳〉、〈李將軍列傳〉最多。

際則微,為其切當世之文而罔褒,忌諱之辭也。」(卷110,頁2829)史公藉由這段議論,指出《春秋》的撰述,具有在定哀之際,為避免觸犯當時忌諱,而化用微辭,寄寓褒貶的書法特質。這樣的褒貶書法,為史公所繼承。據筆者將楚漢相爭～漢武帝朝的文本稍作梳理的結果,得出漢匈關係的載述部分,多運用了「于序事中寓論斷」的筆法。由於茲事體大、牽涉範圍甚廣,故別為一節,論述如下:

(一)高皇帝遺朕平城之憂:漢武帝討伐匈奴的導因

漢匈關係,一直是漢初帝王們最為頭痛的問題。高、惠、文、景的和親策略,到了武帝時,則打破了這項規則,大舉發動戰事。據逯耀東的考察,從武帝於太初四年所頒布的詔書中,可以得見發動戰爭的起因,[2]載道:

> 高皇帝遺朕平城之憂,高后時單于書絕悖逆。昔齊襄公復九世之讎,《春秋》大之。(卷110,頁2917)

從「昔齊襄公復九世之讎,《春秋》大之」句,可見漢武帝發動漢匈戰爭,與《春秋公羊傳》所讚美的「推刃復仇」說,是帶有關連性。[3]至於,武帝為了什麼事情要復仇呢?詔書中,也給了線索:「高皇帝遺朕平城之憂,高后時單于書絕悖逆」。平城之圍,發生於高祖七年,〈高祖本紀〉載:

> 七年,匈奴攻韓王信馬邑,信因與謀反太原。白土曼丘臣、王黃立故趙將趙利為王以反,高祖自往擊之。會天寒,士卒墮指者什二三,遂至平城。匈奴圍我平城,七日而後罷去。令樊噲止定代地。立兄

---

[2] 逯耀東:〈對匈奴問題處理的限制〉,收錄於氏著:《抑鬱與超越:司馬遷與漢武帝時代》,頁272。

[3] 《公羊傳》:「九世猶可以復讎乎?曰雖百世可也。」漢・公羊壽傳、何休解詁,唐・徐彥疏:《春秋公羊傳注疏》(臺北:藝文印書館,1965,《重刊宋本十三經注疏》本),卷6,頁11;另參本論著,第二章二、(三)「《公羊》義理對《史記》議論的沾溉」。

劉仲為代王。（卷 8，頁 384-385）

史公僅以約略之筆記載，於敘事空白處，則含藏著許多玄機。其實，平城之圍的始末主要見於〈匈奴列傳〉的載述。而連繫〈高祖本紀〉、〈韓信盧綰列傳〉、〈劉敬叔孫通列傳〉，方能較為詳細的掌握事件面貌。帝王親自出征匈奴，卻遭匈奴以奇兵埋伏，圍困平城，殆七日之後，方得紓困。只是，匈奴何以包圍高祖七日後，不乘勝追擊，反而解散呢？〈陳丞相世家〉載道：

卒至平城，為匈奴所圍，七日不得食。高帝用陳平奇計，使單于閼氏，圍以得開。高帝既出，其計祕，世莫得聞。（卷 56，頁 2057）

連繫〈韓信盧綰列傳〉的內容：

上出白登，匈奴騎圍上，上乃使人厚遺閼氏。閼氏乃說冒頓曰：「今得漢地，猶不能居；且兩主不相戹。」居七日，胡騎稍引去。時天大霧，漢使人往來，胡不覺。護軍中尉陳平言上曰：「胡者全兵，請令彊弩傅兩矢外嚮，徐行出圍。」入平城，漢救兵亦到，胡騎遂解去。漢亦罷兵歸。韓信為匈奴將兵往來擊邊。（卷 93，頁 2633-2634）

〈陳丞相世家〉裡，言高祖用陳平秘計，派人向單于閼氏攏絡。至於如何攏絡呢？比對〈韓信盧綰列傳〉的說法，其云「厚遺閼氏」。史公僅輕描淡寫，一筆帶過，實質上的交涉內容，還是帶有神祕色彩。《史記集解》引桓譚《新論》，以為陳平的秘計，實為美人計：「彼陳平必言漢有好麗美女，……欲進與單于，單于見此人必大好愛之，愛之則閼氏日以遠疏，不如及其未到，令漢得脫去，去，亦不持女來矣。」（卷 110，頁 2058）秘計的內容，莫衷一

是，[4]不過可以肯定的是，根據史公可靠的記載，陳平為幫助高祖脫困，是透過攏絡閼氏的方式，讓閼氏說服匈奴單于的。這樣的情實，畢竟不光彩，且有損於漢朝的國威、高祖的顏面，故史公運用「雜見錯出」、「虛實詳略」的筆法以避高祖諱。

在平城之圍後，高祖採取劉敬的計策，「適女送厚」（卷99，頁2719），「約為昆弟以和親」（卷110，頁2895），肇開和親之始。從此以後，漢匈之間，便形成不對等的關係，具體表現在「高后時單于書絕悖逆」事。[5]見於〈季布欒布列傳〉、〈匈奴列傳〉：

> 單于嘗為書嫚呂后，不遜，呂后大怒，召諸將議之。將軍樊噲曰：「臣願得十萬眾，橫行匈奴中。」諸將皆阿呂后意，曰「然」。季布曰：「樊噲可斬也！夫高帝將兵四十餘萬眾，困於平城，今噲奈何以十萬眾橫行匈奴中，面欺！且秦以事於胡，陳勝等起。于今創痍未瘳，噲又面諛，欲搖動天下。」是時殿上皆恐，太后罷朝，遂不復議擊匈奴事。（卷100，頁2730-2731）
> 高祖崩，孝惠、呂太后時，漢初定，故匈奴以驕。冒頓乃為書遺高后，妄言。高后欲擊之，諸將曰：「以高帝賢武，然尚困於平城。」於是高后乃止，復與匈奴和親。（卷110，頁2895）

兩段載述，俱如實刻畫著高后在看到匈奴書策後，勃然大怒的樣貌。可見匈

---

[4] 或以為陳平美人計的說法，荒誕不羈。然則，從劉敬「適女送厚」的和親策略，與高祖、景帝以降，漢朝派遣公主往赴匈奴結和親的例子為考察，筆者以為陳平美人計的說法，並非空穴來風，具有參考性。另外，漢匈和親的例子，比較著名的要屬元帝時王昭君和親，而除了漢匈之間的和親，尚有武帝時細君公主赴烏孫結和親的例子（「漢又西通月氏、大夏，又以公主妻烏孫王，以分匈奴西方之援國。」）。參·《史記》卷110〈匈奴列傳〉，頁2904、2913；漢·班固，唐·顏師古注：《漢書》，卷9〈元帝紀〉，頁297。

[5] 逯耀東案〈匈奴列傳〉的載述，從簡牘長短、印封大小、內容措辭得出：漢匈之間，是處於不對等的關係。詳參逯耀東：〈對匈奴問題處理的限制〉，收錄於氏著：《抑鬱與超越：司馬遷與漢武帝時代》，頁282-283。

奴的書策，必定相當輕慢。關於雙方來往書策的內容，史公略去不載。稽考
《漢書》的載錄，如下：

> **單于冒頓致呂后書**
> 孤憤之君，生於沮澤之中，長於平野牛馬之域，數至邊境，願遊中
> 國。陛下獨立，孤僨獨居。兩主不樂，無以自虞，願以所有，易其
> 所無。
>
> **呂后報單于冒頓書**
> 單于不忘弊邑，賜之以書，弊邑恐懼。退日自圖，年老氣衰，髮齒
> 墮落，行步失度，單于過聽，不足以自汙。弊邑無罪，宜在見赦。
> 竊有御車二乘、馬二駟，以奉常駕。[6]

從信中的內容，可以看出冒頓單于的語氣十分驕橫、盛氣凌人。幸好，高后
在顧全大局的情況下，嚥下這口氣，忍受言語的屈辱，而換得漢匈雙方的和
平。班固距離高后，時間較為久遠，因此在載述這段歷史時，比較沒有避忌
的考量，故得以全盤收錄書策，使後人較能理解當時漢匈之間的情貌。史公
雖未將冒頓遺高后書載錄下來，然則，通過虛實詳略的筆法，傳達高后的反
應，使人推知匈奴的不遜。進而藉由「比事」的方式，將漢匈之間不對等的
情形，甚至忍氣吞聲的樣貌，呈現眼前。雙方「約為昆弟」的關係，誰為昆？
誰為弟？已經相當明顯。至此，造成漢武帝討伐匈奴的原因：「高皇帝遺朕平
城之憂，高后時單于書絕悖逆」，便昭然若揭。考察根本，平城之圍係造成漢
匈不對等立場的導因。

（二）終結和親，爆發戰爭：馬邑之謀罪莫大焉？

　　在高祖馬邑之戰爆發前夕，是劉敬獨排眾議，識破匈奴詭計，而力持匈

---

[6] 漢・班固，唐・顏師古注：《漢書》，卷94上〈匈奴傳〉，頁3754-3755。

奴奇兵戰略，以勸諫高祖。可惜高祖並未聽從，甚至帶兵親征。事情的發展，
果然如劉敬的預料，受到匈奴奇兵襲擊，而圍困平城。歷經生死瞬間的教訓
後，高祖對劉敬的識見，很是佩服。故面對冒頓單于的屢次犯邊，便向劉敬
詢問對策。劉敬遂呈上「和親」的辦法：

> 劉敬對曰：「陛下誠能以適長公主妻之，厚奉遺之，彼知漢適女送
> 厚，蠻夷必慕以為閼氏，生子必為太子。代單于。何者？貪漢重幣。
> 陛下以歲時漢所餘彼所鮮數問遺，因使辯士風諭以禮節。冒頓在，
> 固為子婿；死，則外孫為單于。豈嘗聞外孫敢與大父抗禮者哉？兵
> 可無戰以漸臣也。若陛下不能遣長公主，而令宗室及後宮詐稱公
> 主，彼亦知，不肯貴近，無益也。」
> 高帝曰：「善。」欲遣長公主。（卷 99，頁 2719）

劉敬的策略，利用匈奴好利的習性。不但許配以漢家公主，更用豐厚的財物
遺之。如此一來，肇開漢匈和親的端緒。只是，匈奴向來好利，而「不知禮
義」（卷 110，頁 2879），於〈匈奴列傳〉，更載冒頓自白：「奈何與人鄰國愛
一女子乎？」（卷 110，頁 2889）。況且，從雙方頻繁往來的書信考察，由尺
牘長短、稱謂、語氣，可見漢匈雙方，是實行著不對等的昆弟盟約。漢家在
立場上，是比較卑下的一方，屈居劣勢。是故，雖然締結和親，也只是暫時
緩解了匈奴的強勢攻略。從文帝遺匈奴單于的書信，可略得情實：

> 皇帝敬問匈奴大單于無恙。使郎中係雩淺遺朕書曰：『右賢王不請，
> 聽後義盧侯難氏等計，絕二主之約，離兄弟之親，漢以故不和，鄰
> 國不附。今以小吏敗約，故罰右賢王使西擊月氏，盡定之。願寢兵
> 休士卒養馬，除前事，復故約，以安邊民，使少者得成其長，老者
> 安其處，世世平樂。』朕甚嘉之，此古聖主之意也。漢與匈奴約為
> 兄弟，所以遺單于甚厚。倍約離兄弟之親者，常在匈奴。然右賢王

事已在赦前，單于勿深誅。單于若稱書意，明告諸吏，使無負約，有信，敬如單于書。使者言單于自將伐國有功，甚苦兵事。服繡袷綺衣、繡袷長襦、錦袷袍各一，比余一，黃金飾具帶一，黃金胥紕一，繡十匹，錦三十匹，赤綈、綠繒各四十匹，使中大夫意、謁者令肩遺單于。（卷110，頁2897）

文帝的語氣謙恭和順，從「與匈奴約為兄弟，所以遺單于甚厚。倍約離兄弟之親者，常在匈奴」語，可見其中微致責備的語氣。史公在〈匈奴列傳〉重辭累書的載述「復與匈奴和親……復修和親之事……單于亦使當戶報謝，復言和親事」（卷110，頁2895-2901），連繫冒頓書信嫚太后、文帝匈奴雙方往來的書信載錄，可見匈奴氣燄囂張，乃至履約屢叛的情實。故漢朝邊境的患害，依舊未能獲得根本的解決。

到了孝武初年，「明和親約束，厚遇，通關市，饒給之」，遂使匈奴「自單于以下皆親漢，往來長城下。」（卷110，頁2904）史公於〈匈奴列傳〉歷載漢匈的和親，透過據事直書，傳達的要旨，錢穆分析道：

匈奴之南侵，其動機本在經濟，不在政治征服。漢人與之和親，其大人貴族既得饋賂，其下亦得欵塞貿易，亦足以解淡其南侵之慾望。當時所謂和親，其功效在此。非下嫁一宮女，以中國甥舅之名義，遂足以戢悍寇之兇燄也。[7]

錢氏的論述，極有道理。透過和親方式的利益輸送，雖不足以使匈奴不再侵擾邊境，然則，卻抑制了匈奴南侵的鋒銳。在此情形下，讓元氣大傷的漢朝，獲得了休養生息的機會。從而累積實力，為漢武帝朝雪恥復仇的漢匈戰事，奠下基石。

---

[7] 錢穆：《秦漢史》，頁131。

「平城之憂」，是漢武帝發動漢匈戰爭的起因之一。透過「馬邑之謀」，斷絕和親，讓漢匈關係，正式置於對立面，從而戰禍連年、紛擾不休，造成人民的憂困。對於漢匈之間，究竟該採取「和親」，抑或是「戰爭」呢？由於觸及時諱，故史公化用隱約之筆，使得真意難辨，莫衷一是，是值得討論的問題。[8]從史公載武帝欲效齊襄公復九世仇的情形窺探，由來自《春秋公羊傳》的義理。然則，《春秋公羊傳》既贊成推刃復仇的行動，又蘊含著聖君仁政的德治思想，這讓和戰的爭論，增添了複雜性。無論如何，從史公在〈匈奴列傳〉對漢初以來，到馬邑之謀前的敘述來看，至少，史公對漢武帝發動戰事，進行雪恥復仇，是採取支持的正面態度。

（三）人主因以決策，是以建功不深：漢匈戰爭得失析論

〈太史公自序〉：「非兵不強，非德不昌。黃帝、湯、武以興，桀、紂二世以崩，可不慎歟？」（卷130，頁3305）這是史公作《兵書》的要旨，從中可見其戰爭的觀點：不是止戰，而是慎戰。元光二年馬邑之謀爆發後，到天漢四年李廣利降匈奴。史公以〈匈奴列傳〉為主軸，將內容錯置於〈大宛列傳〉、〈平準書〉、〈李將軍列傳〉、〈衛將軍驃騎列傳〉、〈平津侯主父偃列傳〉等篇章。根據張大可的分法，前期戰爭從元光二年到元封六年，共二十九年，總形勢是漢勝匈敗；後期戰爭從太初元年到征和三年，共十五年，斷了匈奴右臂，獲得戰略上的勝利。[9]前期戰爭的主力將軍，為衛青、霍去病，在元朔二年收復河南地，置朔方郡，掌握了地理上的優勢：

8 　對武帝施行戰爭，後世學者討論甚多、不一而足，認為史公是採取否定看法，贊成和親者，如葉幼明、呂世浩等。採取折衷看法者，如張大可、逯耀東等。分別參考葉幼明：〈從《史記・平準書》看司馬遷寫當代史〉，收錄於袁仲一等編：《司馬遷與《史記》論集》第三輯（西安：陝西人民出版社，1996），頁367-368；呂世浩：《從《史記》到《漢書》——轉折過程與歷史意義》（臺北：臺大出版中心，2009），頁69；張大可：〈試論司馬遷的一家之言〉，收錄於氏著：《《史記》研究》，頁396；逯耀東：〈對匈奴問題處理的限制〉，收錄於氏著：《抑鬱與超越：司馬遷與漢武帝時代》，頁271-307。

9 　張大可：〈司馬遷寫漢武帝爭伐匈奴〉，收錄於氏著：《《史記》研究》，頁390-391。

其明年，衛青復出雲中以西至隴西，擊胡之樓煩、白羊王於河南，
得胡首虜數千，牛羊百餘萬。於是漢遂取河南地，築朔方，復繕故
秦時蒙恬所為塞，因河為固。漢亦棄上谷之什辟縣造陽地以予胡。
是歲，漢之元朔二年也。（卷 110，頁 2906）

河南地，即今河陰，為兵家必爭之地。據陳仁錫的說法，史公敘中國與匈奴
強弱，「屢提河南塞地為綱領」。故此時「漢彊而匈奴弱也」。[10]在元狩四年的
漠北大戰，造成匈奴遠遁，「幕南無王庭」，史公記載「匈奴雖病，遠去，而
漢亦馬少，無以復往」（卷 110，頁 2911）微見漢雖戰勝，然國力損耗甚鉅的
情形。匈奴戰敗，遂好辭甘言請求和親：

匈奴用趙信之計，遣使於漢，好辭請和親。天子下其議，或言和親，
或言遂臣之。丞相長史任敞曰：「匈奴新破，困，宜可使為外臣，
朝請於邊。」漢使任敞於單于。單于聞敞計，大怒，留之不遣。先
是漢亦有所降匈奴使者，單于亦輒留漢使相當。漢方復收士馬，會
驃騎將軍去病死，於是漢久不北擊胡。（卷 110，頁 2911）

必須辨別的是，此時匈奴請求的和親，與漢高以來約為昆弟的和親不同，是
雙方平等互惠的和親關係。當是時，朝中有兩派意見，一主和親，一主使匈
奴臣服，丞相任敞主張後者，然匈奴不從，於是雙方在兩敗俱傷的情形下，
仍用小手段，紛擾不休。在平定南越後，漢朝更先後派遣郭吉、楊信出使匈
奴：

是時天子巡邊，至朔方，勒兵十八萬騎以見武節，而使郭吉風告單

---

[10] 漢・司馬遷著、日・瀧川資言考證：《史記會注考證》，卷 110〈匈奴列傳〉引陳仁錫語，頁 1157；
明・凌稚隆輯校、李光縉增補，日・有井範平補標：《補標史記評林》，卷 110〈匈奴列傳〉凌稚
隆語，頁 2475。

于。郭吉既至匈奴，匈奴主客問所使，郭吉禮卑言好，曰：「吾見單于而口言。」單于見吉，吉曰：「南越王頭已懸於漢北闕。今單于（能）即〔能〕前與漢戰，天子自將兵待邊；單于即不能，即南面而臣於漢。何徒遠走，亡匿於幕北寒苦無水草之地，毋為也。」語卒而單于大怒，立斬主客見者，而留郭吉不歸，遷之北海上。而單于終不肯為寇於漢邊，休養息士馬，習射獵，數使使於漢，好辭甘言求請和親。（卷110，頁2912）

是歲，翕侯信死，漢用事者以匈奴為已弱，可臣從也。楊信為人剛直屈彊，素非貴臣，單于不親。單于欲召入，不肯去節，單于乃坐穹廬外見楊信。楊信既見單于，說曰：「即欲和親，以單于太子為質於漢。」單于曰：「非故約。故約，漢常遣翁主，給繒絮食物有品，以和親，而匈奴亦不擾邊。今乃欲反古，令吾太子為質，無幾矣。」匈奴俗，見漢使非中貴人，其儒先，以為欲說，折其辯；其少年，以為欲刺，折其氣。每漢使入匈奴，匈奴輒報償。漢留匈奴使，匈奴亦留漢使，必得當乃肯止。（卷110，頁2913）

可見，漢武帝所以連番征討匈奴的目的，就是為了使匈奴臣服。然則，從上述引文看來，匈奴即使在勢力最微弱的時候，猶不肯臣服；即使不能保持昆弟關係，也堅持要雙方平等條件的和親。

和親，最早可追溯到《左傳》襄公四年「魏絳論和戎」。依魏絳的說法，和戎有五利：「戎狄荐居，貴貨易土，土可賈焉，一也。邊鄙不聳，民狎其野，穡人成功，二也。戎狄事晉，四鄰振動，諸侯威懷，三也。以德綏戎，甲兵不頓，四也。鑒于后羿，而用德度，遠至邇安，五也。君其圖之！」[11]魏絳是考量華夷雙方的特質，提出和親的五大利益，主張和戎。而連繫筆者上述舉例，透過史公連篇累牘的複筆，匈奴的欲求，是相當明顯了。只可惜上位者

---

[11] 參楊伯峻：《春秋左傳注》，〈襄公四年〉，頁935-939。

漢武帝，雖然持著復仇大義的名義討伐匈奴，卻不懂得知己知彼，在適當時機採取雙方平等互惠的和親辦法，維持雙方的和平。反而一味的以武力進逼，即使損兵折將，兩敗俱傷，也無法讓匈奴臣服，這就是史公認為武帝因決策所以建功不深的原因之一。

　　至於史公對「擇任將相」的批評，除了上述主張讓匈奴臣服的丞相任敞、馬邑之謀錯判形勢的王恢，使者郭吉、楊信外，便是第二階段漢匈戰爭、伐大宛以斷匈奴右臂的主將李廣利。[12]〈大宛列傳〉載武帝「欲侯寵姬李氏」，而號廣利為貳師將軍，欲給予其建功立業的機會。同樣是憑著裙帶關係起家，然李廣利的庸碌，終不能和衛、霍的茂才比擬。以討伐大宛來說，史公敘道：

> 貳師之伐宛也，而軍正趙始成力戰，功最多；及上官桀敢深入，李哆為謀計，軍入玉門者萬餘人，軍馬千餘匹。貳師後行，軍非乏食，戰死不能多，而將吏貪，多不愛士卒，侵牟之，以此物故眾。（卷123，頁3178）

不但未能身先士卒，軍隊多戰死，又透過侵牟士卒，讓戰利品眾多。況且，李廣利所以能立功，主要是仰賴趙始成、上官桀、李哆的汗馬功勞。史公敘來，流露著深深的諷意。李廣利三次征討匈奴，都失敗了。[13]征和三年，最後一次出征，更全軍覆沒，投降匈奴：

> 後二歲，復使貳師將軍將六萬騎，步兵十萬，出朔方。彊弩都尉路博德將萬餘人，與貳師會。游擊將軍說將步騎三萬人，出五原。因杆將軍敖將萬騎步兵三萬人，出鴈門。匈奴聞，悉遠其累重於余吾

---

[12] 王恢者，除了《史記・韓長孺列傳》、〈匈奴列傳〉的載述外，尚須配合《漢書・韓安國傳》中，王恢與韓安國的辯論內容，才能比較全面的理解。此外，筆者以為高祖時，降服匈奴的韓王信；文帝時的中行說，皆符合史公擇任將相不當的批評。

[13] 案天漢二年、天漢四年、征和三年。

水北，而單于以十萬騎待水南，與貳師將軍接戰。貳師乃解而引歸，
與單于連戰十餘日。貳師聞其家以巫蠱族滅，因并眾降匈奴，得來
還千人一兩人耳。（卷110，頁2918）

據載，貳師將軍是中了匈奴的奇兵計策，迫得貳師不得不且戰且退，和單于
作戰。連戰十餘日後，由於聽聞其家遭巫蠱禍事而族滅，狐疑之際，欲深入
匈奴來求取勝利，不料到了燕然山，軍隊大亂遂失敗，而投降匈奴。[14] 〈匈奴
列傳〉的記敘，到此結束，可見史公寓有深意在。

貳師將軍，是史公批評漢武「擇任將相」的矛頭所在，除了上述所載，
印證其才能庸碌外，根據張大可的統計，以伐宛之戰來說，李廣利前後喪師
十餘萬、喪馬三萬匹，只獲得宛王首、善馬數十匹、中馬以下牡牝三千匹。
總計以貳師為主力的後期戰事，斬獲匈奴首虜萬數千級，而漢軍喪失二十餘
萬，竟是前期戰事的兩倍之多。[15] 戰爭的消耗，讓武帝終於在征和四年，下達
輪臺罪己之詔。一系列的戰事，至此也告一段落了。聯繫〈匈奴列傳贊〉的
揭示：

孔氏著《春秋》，隱桓之閒則章，至定哀之際則微，為其切當世之
文而罔褒，忌諱之辭也。世俗之言匈奴者，患其徼一時之權，而務
諂納其說，以便偏指，不參彼己；將率席中國廣大，氣奮，人主因
以決策，是以建功不深。堯雖賢，興事業不成，得禹而九州寧。且
欲興聖統，唯在擇任將相哉！唯在擇任將相哉！（卷110，頁2919）

此知，史公雖然重言「擇任將相」，表面上將失誤放在將相不當上。然則，藉
由史公敘事內容的分析，與錯置他篇的論述，可知贊語中雖然藉由「擇任將

---

[14] 關於此段，《史記正義》與《史記會註考證》解讀不同，謹參《史記正義》的詮解。
[15] 張大可：〈司馬遷寫漢武帝爭伐匈奴〉，收錄於氏著：《《史記》研究》，頁391。

相」來模糊焦點，事實上，由「人主因以決策，是以建功不深」句，便提示出史公真正的批判焦點，是落在漢武帝身上了。

二、對漢武帝的裁評

「于序事中寓論斷」的筆法，除了在漢匈關係的運用，頗為頻繁外。以年代為劃分，則以武帝朝的比重為多。大抵，是由於述當事史，忌諱特深的情形下，遂多用隱約之筆，以致漢武帝的裁評。主要有四個面向，論述如下：

（一）好大喜功：侈心未克，獨勤遠略

漢武帝時期，最為顯赫的武功，在於擴大中國領土、勢力，讓大漢聲威遠播、四夷賓服的舉措。然而，此間耗費無度，於人力、物力的損耗上，略見得不償失之處。是故，史公於〈匈奴列傳〉載述漢匈戰爭末期「以漢馬少，……以故久不伐胡。（卷 111，頁 2940）」，概括國庫空虛、財務吃緊的窘境。

〈匈奴列傳〉中詳寫戰事，〈平準書〉則記載了財務的耗費情形。聯繫兩者，可知漢雖勝，然付出代價甚鉅。就史公據事直書的筆法裡，每以數字為提絜，「連曰數萬人，十萬餘人，二十萬餘人，六十萬人，又連曰賜黃金二十餘萬斤、五十萬金，百餘巨萬計，以億計，不可勝數之類，皆以著其勞民傷財之實也。」[16]人力的損耗部分，如呂世浩所繪製的表格，徵引如下：

---

[16] 明・凌稚隆輯校、李光縉增補，日・有井範平補標：《補標史記評林》，卷30〈平準書〉凌稚隆語，頁 1084。

表四：漢匈戰爭雙方死傷情形表[17]

戰爭年份	漢方死傷	匈奴死傷
元光六年	一萬七千餘人	七百人
元朔元年	五千餘人	數千人
元朔二年	二千餘人	數千人
元朔三年	二千餘人	無有材料
元朔四年	數千人	無有材料
元朔五年	千餘人	一萬五千人
元朔六年	士馬死者十餘萬	首虜萬九千級
元狩二年	四千數百人	首虜萬八千級 三萬四千餘人
元狩三年	千餘人	無有材料
元狩四年	數萬人	首虜八萬九千級

至於物力損耗情形，據張大可統計，光賞賜便支出四百餘億，若再加上戰爭耗費，至少超過一千億。[18]「武帝之好大喜功，開邊釁而不恤軍實」，[19]由此得見。再者，武帝內興功利，整修夷道、開鑿河渠，興建宮廷院囿。支出耗費龐大，只得採取各種理財措施，以收聚財富。經濟問題逐漸成為社會動盪的毒瘤，考察根本，連年的征戰實為導因。

史公敘武帝征伐匈奴事，先以文景和親，匈奴信漢，然後論衛、霍將軍連年征戰，又隨之記上匈奴入塞，殺略若干，大抵皆武帝窮兵黷武所致。在馬邑之謀改變漢匈關係前，〈韓安國列傳〉便載錄著大行王恢與韓安國的議

---

[17] 呂世浩藉由〈今上長編〉中，史公對漢匈雙方歷次戰爭的死傷數字，以列表示之。其中，筆者將表格中「無」的部份，更改為「無有材料」，以避免誤讀的可能。詳呂世浩：《從五體末篇看《史記》的特質——以〈平準〉、〈三王〉、〈今上〉三篇為主》（臺北：花木蘭文化出版社，2008），「第四章 今上與孝武——本紀體之末〈今上本紀〉的討論」，頁210-211。

[18] 元狩二年的河西之役，「是歲費用凡百餘巨萬」，以此為基數推計整個前期戰爭（元光二年-元封六年），則至少超過一千億。詳參張大可：〈司馬遷寫漢武帝征伐匈奴〉，收錄於氏著：《《史記》研究》，頁390-391。

[19] 楊燕起等：《史記集評》，〈衛將軍驃騎列傳〉載劉愚語，頁564。

論：

> 匈奴來請和親，天子下議。大行王恢，燕人也，數為邊吏，習知胡
> 事。議曰：「漢與匈奴和親，率不過數歲即復倍約。不如勿許，興
> 兵擊之。」安國曰：「千里而戰，兵不獲利。今匈奴負戎馬之足，
> 懷禽獸之心，遷徙鳥舉，難得而制也。得其地不足以為廣，有其眾
> 不足以為彊，自上古不屬為人。漢數千里爭利，則人馬罷，虜以全
> 制其敝。且彊弩之極，矢不能穿魯縞；衝風之末，力不能漂鴻毛。
> 非初不勁，末力衰也。擊之不便，不如和親。」羣臣議者多附安國，
> 於是上許和親。（卷 108，頁 2861）

雙方的討論，均有其根據。大行王恢是有鑒於匈奴習性「苟利所在，不知禮
義」（卷 110，頁 2879）。與之和親，百約百叛，難以順服。是以，主張武力
攻擊匈奴。韓安國的建議，以千里齎糧無利且就算得到匈奴領土、民眾，也
無法充實國土、富強人民，故主張和親。

　　韓安國的說法，與主父偃諫伐匈奴主張和親的言論，內容上有諸多雷同。
而主父偃進一步以秦為諭，發抒窮兵黷武之禍害。〈平津侯主父列傳〉亦收錄
著徐樂、嚴安的上書，揭露時弊，闡言窮兵之禍。大行王恢與韓安國的辯論，
時間點在武帝建元六年；主父偃等的上書則見於元光年間。據逯耀東的說法，
認為史公「以〈韓長孺列傳〉的論對匈奴的和戰，作為討論匈奴問戰之始，
而以主父偃『諫伐匈奴』作為討論漢匈和戰問題的終結。」[20]逯氏以為連結始
末，可得知史公對匈奴和戰的真正看法。故史公並不是全然的反對戰爭，也
不是全然贊成和親，而是反對武帝改變雪恥復仇的初衷，好大喜功、不顧後
果，一味窮兵黷武、勞民傷財，意欲使匈奴稱臣的舉措。[21]

---

[20] 逯耀東：〈《史記》〈匈奴列傳〉的次第問題〉，收錄於氏著《抑鬱與超越：司馬遷與漢武帝時代》，
　　頁 258。

[21] 至於〈匈奴列傳贊〉另外指出兩點：「人主因以決策，是以建功不深」以及篇末重言「唯在擇任將

在四夷列傳中，除了遍載武帝動輒以武力干涉諸夷鬥爭、弭平諸夷間大小亂事，以狀大漢聲威的情形。寓有「使者多事，朝廷用兵」的論斷。同時，亦載錄著武帝喜好宛馬，不惜勞師動眾，討伐大宛的事蹟：

> 而漢使者往既多，其少從率多進熟於天子，言曰：「宛有善馬在貳師城，匿不肯與漢使。」天子既好宛馬，聞之甘心，使壯士車令等持千金及金馬以請宛王貳師城善馬。宛國饒漢物，相與謀曰：「漢去我遠，而鹽水中數敗，出其北有胡寇，出其南乏水草。又且往往而絕邑，乏食者多。漢使數百人為輩來，而常乏食，死者過半，是安能致大軍乎？無奈我何。且貳師馬，宛寶馬也。」遂不肯予漢使。漢使怒，妄言，椎金馬而去。宛貴人怒曰：「漢使至輕我！」遣漢使去，令其東邊郁成遮攻殺漢使，取其財物。於是天子大怒。……拜李廣利為貳師將軍，發屬國六千騎，及郡國惡少年數萬人，以往伐宛。期至貳師城取善馬，故號「貳師將軍」。……是歲太初元年也。而關東蝗大起，蜚西至敦煌。（卷123，頁2174-3175）

言武帝派遣貳師將軍往伐大宛，求取善馬的過程，筆法極其鋪張、曲折。吳見思並云：「正序出師事，忽插一筆，見天下饑荒，而獨勤遠暑，是史公主意。」[22]文末閒筆一點，則武帝侈心不能自克，枉顧天下民生的情狀，便見於言外。

相哉！」（卷110，頁2919）李師偉泰通過《史》、《漢》論贊的綜合考察，以為王恢設馬邑伏兵之計的敗因，是企圖單憑一場戰役即將匈奴完全殲滅，不能做到知己知彼，根本沒有進行長期作戰的準備。武帝受到少壯主戰派的主張影響而決策，是以建功不深。最後「以用人不當作為抗擊匈奴效果不大的根本原因。或許正是忌諱的緣故，這話說的不免空泛，因而可以用在任何成效不彰的事上。」參李師偉泰：〈《史》、《漢》論贊比較八則〉，收錄於國家圖書館等編：《屈萬里先生百歲誕辰國際學術研討會論文集》，2006年6月，頁13-15。

[22] 清・吳見思評點：《史記論文》，〈大宛列傳〉，頁666。

（二）封禪頻繁：不思蒼生，只問鬼神

　　向來對於〈孝武本紀〉的真偽性，頗有異說。絕大多數的看法，認為係褚少孫所補的偽作。決定性的論點，在於載述內容，與〈封禪書〉幾乎無異。同樣的內容，何以作兩篇書寫？褚少孫援引〈封禪書〉來補〈孝武本紀〉的原因為何？逝者已矣，留下的疑團，便待後人考索、舉證，以發掘事件的真相。[23]略去武紀真、偽說法不談，行封禪為漢武帝代表事件之一，是無庸置疑的。

　　〈封禪書〉起句「自古受命帝王，何嘗不封禪？」（卷28，頁1355）點出文旨，並揭示了行封禪所需的條件：具備功德的受命帝王、出現祥瑞徵兆者。秦始皇徒具儀表，武帝時則作法已曲，背離原初設置封禪的美意。史公藉由少君、公玉帶之言，使讀者明白武帝勤於封禪事的真正用意，[24]載云：

> ・少君言上曰：「祠竈則致物，致物而丹沙可化為黃金，黃金成以為飲食器則益壽，益壽而海中蓬萊僊者乃可見，見之以封禪則不死，黃帝是也。臣嘗游海上，見安期生，安期生食巨棗，大如瓜。安期生僊者，通蓬萊中，合則見人，不合則隱。」於是天子始親祠竈，遣方士入海求蓬萊安期生之屬，而事化丹沙諸藥齊為黃金

---

[23] 關於褚少孫獨取〈封禪書〉補〈孝武本紀〉的用意，諸多學者做了討論。吳見思曰：「武帝如出塞諸事，儘可能發揮，以褚先生之才，何妨別撰一篇，乃始終止取〈封禪〉一書，何也？豈有鑒於史公之禍而然與！」郝敬云：「〈封禪書〉述武帝用方士祀鬼神，無一應驗，終之曰『其效可睹』，不言而《春秋》寓矣。褚生補〈武紀〉，遺其雄略，特取是書充之。亦知子長本意。」苧田氏曰：「漢武假封禪之名以求仙，史紀其事者，冠之曰〈封禪書〉，然只東上泰山立石一事了卻封禪公案矣。」凌稚隆則云：「按武帝急法嚴誅，窮奢極慾，卒致海內騷然，神仙方士特其一耳。褚先生不能備集其事以垂戒，乃徒取〈封禪書〉以足數，索隱謂其才薄信夫。」筆者以為褚少孫之所以獨取〈封禪書〉，宜另有用意，故較贊同吳見思、郝敬、苧田氏的看法。詳參清・吳見思評點：《史記論文》，〈孝武本紀〉，頁104；明・凌稚隆輯校、李光縉增補，日・有井範平補標：《補標史記評林》，卷12〈孝武本紀〉凌稚隆語，頁387；楊燕起等：《史記菁評》（北京：華文書局，2005）〈孝武本紀〉載郝敬語，頁308；清・苧田氏：《史記菁華錄》，卷1〈封禪書〉，頁41。

[24] 「見之以封禪則不死，黃帝是也」條下，《補標史記評林》引錄陳仁錫話語：「以下宜有譚文，而詳言之，又極狀之。孔子於定哀之際，微其辭者，豈然歟？」茅坤以為：「漢武始以封禪為不死之術。」明・凌稚隆輯校、李光縉增補，日・有井範平補標：《補標史記評林》，卷28〈封禪書〉引陳仁錫語，頁1039-1040；明・茅坤選：《史記鈔》，卷14〈封禪〉，頁16。

矣。（卷 28，頁 1385）

・公玉帶曰：「黃帝時雖封泰山，然風后、封巨、岐伯令黃帝封東泰山，禪凡山，合符，然后不死焉。」（卷 28，頁 1403）

此見，行封禪為萬民祈福的初衷，已轉變為君王求長生之用，古今異義，此為史公痛心處。[25]非惟神異事件的載錄，〈封禪書〉亦羼著武帝朝的大小事件，如云武帝治河事。關於治河的記載，〈河渠書〉說得詳盡：上半篇序戰國以前河渠；下半篇敘戰國及漢河渠。[26]藉由贊語「悲瓠子之詩」的提示，可見此篇的重心乃在下半篇敘武帝處，特別是〈瓠子歌〉的部份，載錄兩首如下：

瓠子決兮將奈何？晧晧旰旰兮閭殫為河！殫為河兮地不得寧，功無已時兮吾山平。吾山平兮鉅野溢，魚沸鬱兮柏冬日。延道弛兮離常流，蛟龍騁兮方遠遊。歸舊川兮神哉沛，不封禪兮安知外！為我謂河伯兮何不仁，泛濫不止兮愁吾人？齧桑浮兮淮、泗滿，久不反兮水維緩。

河湯湯兮激潺湲，北渡污兮浚流難。搴長茭兮沈美玉，河伯許兮薪不屬。薪不屬兮衛人罪，燒蕭條兮噫乎何以禦水！隤林竹兮楗石菑，宣房塞兮萬福來。（卷 29，頁 1413）

---

[25] 史談之死，與封禪亦有關聯。〈太史公自序〉載曰：「是歲天子始建漢家之封，而太史公（談）留滯周南，不得與從事，故發憤且卒。」（卷 130，頁 3295）史談似因不得隨行封禪，「發憤且卒」。關於太史談所以「發憤」的原因，歷代學者做了討論：梁玉繩以為「當時不獨世主有侈心，士大夫皆有以啟之。」中井積德謂：「封禪出乎術士之妄，豈儒者所可言哉！談罷，可謂幸矣，乃發憤至死，何惑之甚！雖邊亦未知封禪之為非也，是漢儒之通病矣。」皆從太史談惑封禪，不得隨從，發憤而卒的角度入手。方苞則持異議，語曰：「子長恨羣儒不能辨明為天下笑，故寓其意於〈自序〉，以明其父未嘗與此，而所為發憤以死者。」詳參清・梁玉繩撰、賀次君點校：《史記志疑》（北京：中華書局，2006），卷 36〈太史公自序〉引《岊閒錄》語，頁 1466；漢・司馬遷著、日・瀧川資言考證：《史記會註考證》，卷 130〈太史公自序〉引中井積德語，頁 1336；清・方苞：《方望溪全集》（臺北：河洛圖書出版社，1976），頁 29-30。

[26] 阮芝生：〈《史記・河渠書》析論〉，《國立臺灣大學歷史學系學報》第 15 期，1990 年 12 月出版，頁 70。

〈河渠書〉兩載〈瓠子歌〉，無論就作歌者的帝王身分、篇幅比例而言，抑或是贊語「悲瓠子之詩」的提示，都傳達著〈瓠子歌〉的重要性。〈瓠子歌〉具現武帝憂世救民之思，史公的載錄，合乎〈小序〉的論調，帶有褒美武帝勵精圖治的用意。僅此，還不足以得出史公對此事件的評價，尚需〈河渠書〉的其他記載，方能較全面地掌握武帝治河的本末因緣，進一步探究事件背後的褒貶意涵。

河決瓠子事，起於元光三年（132BC），漢武帝派遣汲黯、鄭當時塞河，成而復壞，久不復塞。元封二年，遂釀成嚴重災害。關鍵點，在於漢武帝治河事業的中斷。饒富興味的是，讓武帝中斷治河的原因，是田蚡、望氣者以「天事」為由，勸武帝切莫以人力「彊塞」；讓武帝復次治河的原因，則為封禪途中，親見河患嚴重。見史公以「封禪」貫串前後二事，微見武帝「不問蒼生，問鬼神」之思。再者，史公敘及田蚡食邑未受河決干擾，收成亦多後，緊接敘及田蚡言上不要進行塞河事，微見田蚡的負貴好權，聯繫他傳記載，隱透著武帝寵幸親貴、用人不當的針砭。由此看來，史公藉由〈瓠子歌〉的引錄，並不僅於表面的讚揚，而是有抑有揚的褒貶。使得歌謠具備二重情意，賦予史料更深廣的內涵。

漢武帝寵任方士，迷信鬼神，史公不便直言揭露其非，故藏於敘事之中，娓娓道出。方士言論之誣，由漢武得鼎事件始末，可見一斑。[27]至於長生之事的不足信，除了〈封禪書〉記載秦皇孜孜矻矻，其猶未果的事件之外。死生之理，遍見他傳，或由高祖口中道出，或藉孝文遺詔，或引史談〈論六家要旨〉說法，不待論斷，而道理自明。[28]人固有一死，乃世間自然之律，何以雄才大略如彼，猶執迷不悟呢？

〈司馬相如列傳〉載相如遺札言封禪事，為武帝行封禪，找到合理的論

[27] 史公初載「或曰宋太丘社亡，而鼎沒于泗水彭城下」，以疑詞傳達不定之意；復載新垣平言氣神事，意在為得鼎事張本，後被戳破謊言，族死。緣此，聯繫可知，漢武所得之鼎，根本為新垣平所偽造之鼎，史公故露破綻，其失自見。詳參《史記》卷28，頁1365、1383、1392。

[28] 參《史記》卷8，頁391；卷10，頁433；卷130，「論六家要旨」，頁3292。

據。而透過武帝答覆的頌，則見到武帝「興必慮衰，安必思危」（卷 117，頁 3032）的款款聖君氣度。然則，對照其日後行事，竟與之大相背離。透過據事類義的方式，可以明白史公載此，正寓有以武帝初衷，誅其日後不問蒼生只問鬼神的諷意。

（三）經濟干預：興利之臣，好貨之君

歷秦末亂世、楚漢相爭後，漢初帝王的施政，依循著黃老清靜、不擾民的政策，休養生息，遂於漢武帝時，「都鄙廩庾皆滿，而府庫餘貨財」（卷 30，頁 1420），使國力臻至鼎盛。一改漢初儉樸節制的風氣，漢武帝大修宮室「主上林」、「修昆明池」、「作柏梁臺」，宗室「爭于奢侈，室廬輿服僭于上」（卷 30，頁 1420），風氣轉變為奢侈豪華。武帝好大喜功，開通四夷，「總來只一貪字為累，便貽國家無窮之戚」。[29]如〈大宛列傳〉的載述：

> 騫既失侯，因言曰：「臣居匈奴中，聞烏孫王號昆莫，昆莫之父，匈奴西邊小國也。匈奴攻殺其父，而昆莫生棄於野。烏嗛肉蜚其上，狼往乳之。單于怪以為神，而收長之。及壯，使將兵，數有功，單于復以其父之民予昆莫，令長守於西（城）〔域〕。昆莫收養其民，攻旁小邑，控弦數萬，習攻戰。單于死，昆莫乃率其眾遠徙，中立，不肯朝會匈奴。匈奴遣奇兵擊，不勝，以為神而遠之，因羈屬之，不大攻。今單于新困於漢，而故渾邪地空無人。蠻夷俗貪漢財物，今誠以此時而厚幣賂烏孫，招以益東，居故渾邪之地，與漢結昆弟，其勢宜聽，聽則是斷匈奴右臂也。既連烏孫，自其西大夏之屬皆可招來而為外臣。」天子以為然，拜騫為中郎將，將三百人，馬各二匹，牛羊以萬數，齎金幣帛直數千巨萬，多持節副使，道可使，使遺之他旁國。（卷 123，頁 3168）

---

[29] 明‧凌稚隆輯校、李光縉增補，日‧有井範平補標：《補標史記評林》，卷 123〈大宛列傳〉，凌稚隆語，頁 2735。

天子既聞大宛及大夏、安息之屬皆大國，多奇物，土著，頗與中國同業，而兵弱，貴漢財物；其北有大月氏、康居之屬，兵彊，可以賂遺設利朝也。且誠得而以義屬之，則廣地萬里，重九譯，致殊俗，威德徧於四海。天子欣然，以騫言為然，乃令騫因蜀犍為發閒使，四道並出：出駹，出冄，出徙，出邛、僰，皆各行一二千里。其北方閉氐、筰，南方閉嶲、昆明。昆明之屬無君長，善寇盜，輒殺略漢使，終莫得通。然聞其西可千餘里有乘象國，名曰滇越，而蜀賈姦出物者或至焉，於是漢以求大夏道始通滇國。初，漢欲通西南夷，費多，道不通，罷之。及張騫言可以通大夏，乃復事西南夷。（卷123，頁3166）

凌稚隆：「自騫既失侯至遣之他旁國一段，與上天子既聞大宛一段暗相應，蓋前推武帝好大喜功之心，故欣然以騫言為然，遣使四出；後原張騫失位怏怏，遂致逢君之欲，而拜中郎將。」[30]根據凌氏的解讀，則史公這段載述，便隱隱透露著君臣好利的情致。連年征戰，雖讓大漢聲威遠播，卻帶來無可計數的人員傷亡與財務耗費；開漕修渠，雖為美事，然而，「功未就，費亦各巨萬十數。」（卷30，頁1424-1425）使得漢武帝勢必採取經濟措施，填補鉅額的財庫漏洞。

　　文帝時有「入粟拜爵」之策，據錢大昕考證，其爵位為虛職，與編戶無異，不妨害吏道。[31]武帝朝的「買爵」則不然，從「官職耗廢」到「吏道益雜，不選，而多買人」，復至「郎選衰矣」（卷30，頁1422-1423、1429、1437）。

---

[30] 明・凌稚隆輯校、李光縉增補，日・有井範平補標：《補標史記評林》，卷123〈大宛列傳〉，凌稚隆語，頁2735。

[31] 「文帝用鼂錯之言，令民入粟拜爵，此賣爵，非賣官也。爵自公士至公乘，凡八等。雖有爵不得復除，與編戶無異。自五大夫至大庶長十等，爵雖高，初無職事，非有治民之責也。官有定員，而爵無定員。故云：爵者上之所擅，出於口而無窮，蓋假以虛名，未嘗列於仕籍。錯雖言利，猶不妨吏道矣。孝武用兵，府庫益虛，乃有入羊為郎之例。其後置武功爵，爵至官首者，得試補吏先除，雖云買爵亦得入仕。蓋祖鼂錯之意，而失之者也」。清・錢大昕：《廿二史考異》（臺北：藝文書局，1964，《百部叢書集成》本），卷3〈平準書〉，頁14。

使得漢初以來的官吏詮選制度遭到破壞，商賈富人晉居朝廷要職。除了「入物者補官」，尚有「出貨者除罪」（卷30，頁1421）政策。[32]買官鬻爵、納財贖罪的情形氾濫之下，使得「行者齎，居者送，中外騷擾而相奉，百姓抏獘以巧法，財賂衰耗而不贍」（卷30，頁1421），公孫弘、桑弘羊、東郭咸陽、孔僅等，興利之臣自此始也。

　　除此之外，尚有更錢鑄幣、鹽鐵公賣、均輸平準、算緡告緡等興利措施。以「鹽鐵公賣」項目為例，透過史公在〈貨殖列傳〉的載述，猗頓因鹽聚財，郭縱、卓氏、宛孔氏、曹邴氏因鐵致富，皆富比天下。（卷129，頁3259-3260）由於鹽、鐵為民生所必需，且各有其地緣關係。武帝實施公賣，則斷絕賴鹽鐵維生者的財路。「平準」更為典型，賤買貴賣，價格往往相差數倍。是故，表面上是「民不益賦而天下用饒」（卷30，頁1441），實則將龐大的國庫漏洞，透過一連串與民爭利的政策，交由人民買單。史公藉由卜式語，以敘事為議論，載道：

> 縣官當食租衣稅而已，今弘羊令吏坐市列肆，販物求利。烹弘羊，
> 天乃雨。（卷30，頁1442）

史公以為天子只能食租衣稅，武帝卻任桑弘羊等坐市販賣，是變相的加徵賦稅，造成百姓不安其生。卜式，據〈平準書〉的載述，其行事重義不好利，與桑弘羊等大賈出身的官員，正為反照。所以，透過卜氏來傳達對桑弘羊與民爭利的諷刺，正是絕妙不過。此外，藉由卜式詬罵桑弘羊的話語，亦透露出黎民蒼生對興利之臣的厭惡。[33]對於此類興利官員，且當施以烹煮的酷刑，而寵任者武帝呢？史公的載述筆法，著實耐人尋味。〈平準書〉、〈貨殖列傳〉相為表裡，對照補足，進而才能體察史公撰作的真正用意。帝王不知推己及

---

[32] 「請置賞官，命曰武功爵。級十七萬，凡直三十餘萬金。諸買武功爵官首者試補吏，先除；千夫如五大夫；其有罪又減二等；爵得至樂卿：以顯軍功。」（卷30〈平準書〉載有司言，頁1422-1423）

[33] 程金造：〈《史記》的論斷語言〉，收錄於氏著：《史記管窺》，頁363。

人，淪為與民爭利的最下者，上下交相爭利，此為史公痛心處。[34]

班固云史公「崇勢利而羞賤貧」，[35]可謂失之片面。人類對於欲望的追求，實乃天性。史公所反對的，是「自私自利」者，其所針砭，特別是為人君者。〈五帝本紀〉便著言真正的君王，必須「普施利物，不于其身」、「終不以天下之病而利一人」（卷1，頁13、30），方能若堯、舜、禹般，施行聖人之政；至於徇私營利者，則終如桀、紂、幽、厲，成為亡國之君。

（四）主暗臣諛：君驕臣諂，貴置獄吏

史公敘當代事，多以敘事為議論，微辭寄寓，道理隱微而難曉。於是稽考史公的贊語，便為體察其言外之意的一種手段。在〈匈奴列傳〉的贊語中，將漢匈戰爭所以建功不深的因緣，推衍至「人禍」。非惟漢匈戰爭的人力派遣，旁參他傳，亦可見到史公對漢武用人缺失的批判。

漢武行封禪巡狩，實好長生，而助紂為虐的方士，向來為人所詬病。這些方士，之所以能獲得君王賞識，非獨好說鬼神的「本領」，對於體察帝王心思，而作帝王喜聽的對應，方士們實有其獨到之處，〈封禪書〉載道：

> 其來年冬，上議曰：「古者先振兵澤旅，然后封禪。」乃遂北巡朔方，勒兵十餘萬，還祭黃帝冢橋山，釋兵須如。上曰：「吾聞黃帝不死，今有冢，何也？」或對曰：「黃帝已僊上天，羣臣葬其衣冠。」既至甘泉，為且用事泰山，先類祠太一。（卷28，頁1396）

方士以黃帝衣冠冢事為誇，則「主暗臣諛」之情，宛若目前。[36]公孫弘以儒者

---

[34] 史公於〈貨殖列傳贊〉：「善者因之，其次利道之，其次教誨之，其次整齊之，最下者與之爭。」（卷129，頁3253）

[35] 漢・班固，唐・顏師古注：《漢書》（北京：中華書局，1997，二十四史標點本），卷62〈司馬遷傳〉贊語，頁2738。筆者以為，聯繫〈張耳陳餘列傳〉，雖為刎頸交，卻因勢利而反目，進而交讎；秦末戰爭時，張良計策的出發點「賈豎易動以利」（卷55，頁2037），導致秦兵的失敗；陳豨反事，亦因「王黃、曼丘臣其麾下受購賞之」（卷93，頁2641），使陳豨兵敗。再加上本節文章的舉證，則班固說法，自不成立。

[36] 黃震曰：「方士之說，惟以黃帝乘龍上天為誇，武帝巡行，親行黃帝冢而祭之。方士尚何辭，而從

致位宰相封侯，顯達當時，史公列於〈儒林列傳〉外，復與主父偃合傳為〈平津侯主父列傳〉，頗耐人尋味。通過贊語的提點「公孫弘行義雖脩，然亦遇時」（卷112，頁2923），以及傳文的載述，可以發現史公載述公孫弘正是以「遇」為綱領，析分為「不遇→遇→封侯」，如下圖：

圖一：公孫弘遇合圖

不遇	A. 建元元年，天子初即位，招賢良文學之士。是時弘年六十，徵以賢良為博士。使匈奴，還報，不合上意，上怒，以為不能，弘迺病免歸。（卷112，頁2949） B. （漢武）召入見，狀貌甚麗，拜為博士。是時通西南夷道，置郡，巴蜀民苦之，詔使弘視之。還奏事，盛毀西南夷無所用，上不聽。（卷112，頁2949-2950）

遇	C. 弘為人恢奇多聞，常稱以為人主病不廣大，人臣病不儉節。弘為布被，食不重肉。後母死，服喪三年。每朝會議，開陳其端，令人主自擇，不肯面折庭爭。於是天子察其行敦厚，辯論有餘，習文法吏事，而又緣飾以儒術，上大說之。（卷112，頁2950） D. 弘奏事，有不可，不庭辯之。嘗與主爵都尉汲黯請閒，汲黯先發之，弘推其後，天子常說，所言皆聽，以此日益親貴。嘗與公卿約議，至上前，皆倍其約以順上旨。（卷112，頁2950）

封侯	E. 汲黯曰：「弘位在三公，奉祿甚多。然為布被，此詐也。」上問弘。弘謝曰：「有之。夫九卿與臣善者無過黯，然今日庭詰弘，誠中弘之病。夫以三公為布被，誠飾詐欲以釣名。且臣聞管仲相齊，有三歸，侈擬於君，桓公以霸，亦上僭於君。晏嬰相景公，食不重肉，妾不衣絲，齊國亦治，此下比於民。今臣弘位為御史大夫，而為布被，自九卿以下至於小吏，無差，誠如汲黯言。且無汲黯忠，陛下安得聞此言。」天子以為謙讓，愈益厚之。卒以弘為丞相，封平津侯。（卷112，頁2951）

者復遁其說為葬衣冠。主暗臣諛一至此甚悲夫。」宋·黃震：《黃氏日鈔》，頁565。

觀察圖表，A、B 處，得見公孫弘「不合上意」，「上不聽」、「上以為不能」。
而後，公孫弘進行了改變，在 C、D 處，見出其投合上意，甚至「開陳其端，
令人主自擇」，於是「上大說」、「天子常說，所言皆聽」，愈獲寵任。最後，
官運亨通，得以任相、封侯。透過這段致仕的歷程，反映出公孫弘善於揣測
君意，以獲得武帝的寵幸，而能青雲直上，及至封侯。

　　子貢嘗云：「順君之過以安其私：是殘國之治也」（卷 67，頁 2199）。這
類「以和良承意從容得久」的臣子，多為佞巧、權變之徒。如公孫弘、石奮、
兒寬、鄭當時等。非惟文官，武將亦然。條侯細柳軍營美事不再，取而代之
的，是衛青「為人臣不敢專權」，「以臣之尊寵而不敢自擅專誅於境外，而具
歸天子，天子自裁之」（卷 111，頁 2928）之類的將領，反映出漢武帝朝多諛
臣的特質。[37]如〈佞幸列傳〉所揭示：「非獨女以色媚，而士宦亦有之。」（卷
125，頁 3191）這些官吏，專以帝王之意為意，而少有提出諫言，匡正現實，
卻青雲直上，甚至位居三公。史公見到這些亂象，沉痛的心情，言外可思。

　　武帝朝臣，唯獨汲黯，勇於面折廷爭，如上則圖表 E 的部分。史公於其
本傳，借田蚡、莊助、衛青、張湯、公孫弘、淮南王、司馬安，以襯托汲黯
的氣節與情性。亦假汲黯口，道出當朝沽名者的特質：

　　黯曰：「天子置公卿輔弼之臣，寧令從諛承意，陷主於不義乎？且
　　已在其位，縱愛身，奈辱朝廷何！」（卷 120，頁 3106）

由此，切中當時君驕臣諂、主暗臣諛之弊。汲黯效忠家國，得武帝「社稷臣」
之讚譽。不隨時俯仰、同流合汙，卻宦途不順，屢遭外放。朝廷充斥的，還
是以趨和承意的臣子為多。如張湯者，從汲黯見李息話語可見其為人：

---

[37] 史公於〈衛將軍驃騎列傳〉贊載，蘇建諫衛青應多納賢士大夫。衛青則曰：「自魏其、武安之厚賓
　　客，天子常切齒。彼親附士大夫，招賢絀不肖者，人主之柄也。人臣奉法遵職而已，何與招士！」
　　（卷 111，頁 2946）據此，何焯以為：「武帝雖雄猜，拔擢一人，必欲恩自己出，丞相猶不敢薦士，
　　況為將握兵者手。」此特衛青不敢招賢之意。清・何焯：《義門讀書記》（合肥：黃山書社，2008，
　　清乾隆刻本），卷 3，頁 188。

　　黯既辭行，過大行李息，曰：「黯棄居郡，不得與朝廷議也。然御
　　史大夫張湯智足以拒諫，詐足以飾非，務巧佞之語，辯數之辭，非
　　肯正為天下言，專阿主意。主意所不欲，因而毀之；主意所欲，因
　　而譽之。好興事，舞文法，內懷詐以御主心，外挾賊吏以為威重。
　　公列九卿，不早言之，公與之俱受其僇矣。」息畏湯，終不敢言。
　　（卷120，頁3110）

凌稚隆評論道：「主意所不欲二語，足盡古今奸臣之態。」[38]張湯非惟善於候
伺上意，舞文亂法，尤為昭著者，在其行事暴酷、苛察為尚的部分。以治淮
南獄事、主父偃獄事為例，黃震曰：「偃之為人也，其自取覆滅也固宜，為偃
之族者，可悲耳！」[39]主父偃罪行甚重，惟其族者，或未同流合污，無端牽連
受戮，何其悲哀！上載引文，關鍵有二：一為「微文深詆」，二為「殺者甚眾」，
兩者之間，亦可為因果關係。淮南反事，受罪者亦眾，是故史公詳錄伍被「詣
吏自告之文」，以微見伍被之冤，並見張湯等慘急窮治的行徑。[40]關於這班酷
吏行徑，史公類敘於〈酷吏列傳〉。
　　酷吏愈是逞志肆毒，殺略過當，史公每標注以武帝的反應：「上以為能」、
「天子以為能」。這樣的載錄形式，似將漢武帝視為幕後的操盤手。〈酷吏列
傳〉序減宣、杜周處的一段微言，頗啟人疑竇：

　　宣為左內史，周為廷尉，其治大放張湯而善候伺。上所欲擠者，因
　　而陷之；上所欲釋者，久繫待問而微見其冤狀。（卷122，頁3153）

---

[38] 明‧凌稚隆輯校、李光縉增補，日‧有井範平補標：《補標史記評林》，卷120〈汲鄭列傳〉，凌
　　稚隆語，頁2679。

[39] 宋‧黃震：《黃氏日鈔》，頁578。

[40] 董份：「《史記》所錄被詣吏自告之文，其間不無飾辭，而太史公具載之，所以微見被之冤狀，而
　　惡湯之專殺也。」楊燕起等：《史記集評》，載董份語，頁574。

隱約窺見酷吏受命於帝王治獄的事實。聯繫張湯本傳，載張湯終因懷詐面欺而伏法時，武帝仍為案誅三長史，「蓋喜其酷而惜其死」。[41]所以說，「行其酷者酷吏也，而成其酷者天子也」，[42]此為史公感慨、痛責處。相對於武帝朝的濫施刑法、不恤民命，史公便嚮往著文帝朝刑德相尚的治世。是以，文帝朝的某些載述，反面便在指謫武帝，如：

> 釋之曰：「夫絳侯、東陽侯稱為長者，此兩人言事曾不能出口，豈斅此嗇夫諜諜利口捷給哉！且秦以任刀筆之吏，吏爭以亟疾苛察相高，然其敝徒文具耳，無惻隱之實。以故不聞其過，陵遲而至於二世，天下土崩。今陛下以嗇夫口辯而超遷之，臣恐天下隨風靡靡，爭為口辯而無其實。且下之化上疾於景響，舉錯不可不審也。」文帝曰：「善。」乃止不拜嗇夫。（卷102，頁2752）

透過張釋之諫文帝的這段話，表面上以秦為鑑，勸諫文帝。實則，是史公刻意安排的「移位論述」，此即藉秦諷漢的手法。以秦朝暴政為喻，目的在諷刺武帝朝法治嚴竣、任用酷吏、以刑致刑的情實。

　　茅坤云：「張湯輩治獄之慘，亦從賣爵太濫來，故入〈平準書〉，此太史公見得透徹處。」又「太史公真以酷、利二事相成」。[43]聯繫〈平準書〉而觀：「酷」、「利」互為表裡，酷吏因賣爵而來，賣爵則因開邊太甚。因賣爵，使「吏道雜而多端，則官職秏廢」（卷30，頁1423），故任用酷吏打擊舊有爵封，可能是武帝重用酷吏的最終目的。據〈高祖功臣侯者年表〉、〈惠景間侯者年表〉、〈建元以來王子侯者年表〉、〈漢興以來王子侯者年表〉、〈漢興諸侯者年表〉、〈平準書〉所載，元鼎五年，坐酎金失國者，凡55人，奪爵者106人，

---

[41] 清・張雲璈：《簡松草堂文集》（上海：上海古籍出版社，2010，清道光刻《三影閣叢書》本），卷8〈讀酷吏傳〉，頁13。

[42] 清・張雲璈：《簡松草堂文集》，卷8〈讀酷吏傳〉，頁13。

[43] 明・茅坤選：《史記鈔》，卷16〈平準書〉，頁4、7。

前朝功臣幾不復見。黃淳耀感歎曰:「漢有最不可解者,坐酎金失侯之法也。……豈漢世封爵太多,食邑既廣,縣官不能支而設法以削之耶?」[44]考察當時坐罪者,或有坐不敬者,或有坐出界者,或有「入上林謀盜鹿」國除者,微文苛罰,情形立見。故史公於〈高祖功臣侯者年表〉,微言:「罔亦少密焉」(卷18,頁877-878)。

非惟打擊漢初功臣及舊有封爵,酷吏們凌夷百姓、欺壓官吏,甚至於漢家宗室的殺戮,更是毫不留情,兩次巫蠱禍事,誅連之廣,更是前所未聞。[45]尤其是征和二年爆發的巫蠱之禍,造成戾太子劉據、衛皇后自殺,受禍事牽連而誅滅者,或為後宮,或為骨肉,計有數萬人。而禍事的遠因實與漢武帝所用非才、迷信方士、政策失準、行事暴酷攸關。「以暴易暴」的下場,使得漢武帝自滅己族,不勝悲哀!

酷吏愈惡,遂有「而吏民益輕犯法,盜賊滋起」(卷122,頁3151)云云,隱然有秦末動亂的雛形。[46]秦因暴政而亡,行酷吏更猶揚湯止沸,與秦殊異?一味嚴酷猛烈、以刑制刑,只會造成民怨四起,反對聲浪更大,盜賊更為雷厲風行,不可不慎。

三、漢初以來帝王、時政的總檢討

史公對當朝政治的不滿,乃至於對武帝朝,有著深刻揭露與種種批評。晁公武以為「當武帝之世,表章儒術,而罷黜百家,宜乎大治,而窮奢極侈,

---

[44] 明‧黃淳耀:《陶菴全集》(臺北:臺灣商務印書館,1982,《欽定四庫全書》本),頁16。

[45] 第一次,為張湯治陳皇后蠱獄,「深竟黨與」;第二次,為征和元年的「巫蠱之禍」。

[46] 天漢二年(99BC),發生了規模較大的叛亂事件,參《史記》,卷122,頁3151。這段叛亂事件的載述,亦見於《漢書‧武帝紀》、《漢書‧減宣傳》。在此之後,政府為了監督漢朝官吏,而制定了「沉命法」,根據盜賊發生的比率問罪;並創設「繡衣御史」以軍興誅不從命者。只是,刑罰愈形慘酷,卻造成反效果:「盜賊寖多,上下相為匿,以文辭避法焉」(卷122,頁3151),略見秦末亂事的雛型。武帝朝任酷吏,巧織法網,濫行苛罰,殺戮甚多之下,盜賊遂生,民變屢起,略見重蹈秦轍的軌跡。史公有意載此,頗有藉秦末亂事,以寓今事的用心。

海內凋弊，反不若文景尚黃老時，人主恭儉，天下饒給」。[47]是以，史公不僅帶有儒家思想，間或受到漢初以來黃老思想的影響。照史公敘來，黃老的無為而治，似乎比起武帝朝的嚴刑竣法，來得理想。史公固然推崇著漢初以來極於文、景的黃老之治，然則對於帝王的闕失、政治上的紕漏，還是加以批判，此正為實錄精神的闡揚。

　　總體來說，漢初以來的政治情勢，對外：漢匈情勢化被動為主動；四夷關係的轉變。對內：刑法律令的遞嬗；經濟政策趨向官營；外戚的寵幸，由漸而盛，屢見干預政事的情形。在此節，依循著批判帝王、時政到後宮的序次，析論如下：

（一）誅戮功臣，忌心忍戾：高祖、景帝的另一面

　　在武帝之外，史公著墨最多的，莫過於漢高帝劉邦了。劉邦由一介草莽英雄，到統領天下的開國君王。結束了秦末以來的亂世局面，打敗西楚霸王項羽，建立了大漢王朝，可說是位傳奇人物。這對於愛奇、好奇的史公而言，自是亟欲探索的對象。

　　漢高祖劉邦的形象，於本紀言其「仁而愛人，喜施，意豁如也。」（卷8，頁342）考察其他列傳，則草莽英雄的本色充分顯露，如「踞見長者」（卷8，頁358）、「慢而侮人」（卷55，頁2045；卷90，頁2590）、不好儒生（卷91，頁2603；卷97，頁2692）、不好詩書（卷97，頁2699）的情狀。透過雜見錯出的筆法，如實傳真，可見高祖性格的多面性。值得注意的是，史公在〈佞幸列傳〉揭露了高祖的陰暗面：「至暴抗也」（卷125，頁3191）這樣的說法，似乎與本紀的載述正成反照，孰為真實呢？

　　連繫高祖時期諸篇章的載述，或可察見端倪。以〈蕭相國世家〉來說，「篇中序酇侯相業止起數行，而敘高帝忌疑，曰大悅，曰乃大喜，曰乃大悅，曰

---

[47] 宋・晁公武：《衢本郡齋讀書志》（江蘇：江蘇古籍出版社，1988），卷5〈正史類〉，頁128。

大怒，曰不懌，凡五百餘言。」[48]如：

> 漢三年，漢王與項羽相距京索之閒，上數使使勞苦丞相。鮑生謂丞
> 相曰：「王暴衣露蓋，數使使勞苦君者，有疑君心也。為君計，莫
> 若遣君子孫昆弟能勝兵者悉詣軍所，上必益信君。」於是何從其計，
> 漢王大說。（卷53，頁2015）

漢三年時，漢王的軍隊與項羽的軍隊，在京、索兩地之間，展開拉距戰。戰
況危急時，猶不忘遣使慰勞丞相蕭何的辛苦。由於事情有違常理，鮑生看出
蹊蹺所在，便向蕭何建議，把能執兵作戰的子弟，接送到前線當兵，讓高祖
信任。除了使用鮑生計，亦先後採取了召平計、客計，以取信於高祖。故透
過事件的載錄，側面便揭露了高祖的猜忌心。

　　或曰「史公於酇侯相業，備寫高帝疑忌，蓋陰為淮陰痛哭矣」。[49]蕭何透
過賓客獻策，虎口餘生，但另一位功臣韓信，就沒有此般幸運了。漢高對於
韓信的疑忌，在楚漢相爭之際，就已發端：

> 信之下魏破代，漢輒使人收其精兵，詣滎陽以距楚。（卷92，頁2614）
> 楚數使奇兵渡河擊趙，趙王耳、韓信往來救趙，因行定趙城邑，發
> 兵詣漢。楚方急圍漢王於滎陽，漢王南出，之宛、葉閒，得黥布，
> 走入成皋，楚又復急圍之。六月，漢王出成皋，東渡河，獨與滕公
> 俱，從張耳軍脩武。至，宿傳舍。晨自稱漢使，馳入趙壁。張耳、
> 韓信未起，即其臥內上奪其印符，以麾召諸將，易置之。信、耳起，
> 乃知漢王來，大驚。漢王奪兩人軍，即令張耳備守趙地。拜韓信為
> 相國，收趙兵未發者擊齊。（卷92，頁2619）

---

[48] 清・徐與喬：《經史辨體》，清康熙十七年（1678）敦化堂刊本，史部〈蕭相國世家〉，頁50。

[49] 清・徐經：《雅歌堂文集》（桂林：廣西師範大學出版社，2007，光緒丙子鐫《雅歌堂文集》潭陽
徐氏藏版），卷4〈書酇侯世家〉載徐經語，頁20。

從劉邦屢奪韓信精兵、印符等不尋常的舉動，韓信早該心生警惕才是。可惜韓信對劉邦始終不疑，甚至在武涉、蒯通三番兩次的遊說下，亦不改其拳拳之膺。在〈淮陰侯列傳〉後半段，述說韓信被高祖猜忌，以奪王貶爵到夷滅三族的過程，突出韓信的冤屈，與高祖的忌心忍刻。高帝疑忌心理作祟，進而族誅功臣的舉措，非獨如此，於〈彭越列傳〉、〈黥布列傳〉、〈樊酈滕灌列傳〉等傳亦見。史公在〈韓王信盧綰列傳〉中，便透過盧綰惶恐口吻，將漢高定天下後，功臣人人自危的情景，做了實況轉播：

> （盧綰）謂其幸臣曰：「非劉氏而王，獨我與長沙耳。往年春，漢族淮陰，夏，誅彭越，皆呂后計。今上病，屬任呂后。呂后婦人，專欲以事誅異姓王者及大功臣。」（卷97，頁2638）

表面上雖然直指呂后為誅殺功臣、異姓王的兇手，實則高祖才是真正的藏鏡人。[50]高祖末年，異姓王者，惟「耳以智全其軀，芮以忠延其世」。[51]此見漢高祖刻薄、寡恩，難與功名之會處。在〈項羽本紀〉裡，史公曾寫到劉邦彭城戰敗後，為了減輕車子的重量，不惜再三推墮自己的子女；而當項羽欲烹殺其父時，猶曰：「吾翁即若翁，必欲烹而翁，則幸分我一桮羹。」（卷7，頁328）；又於〈楚元王世家〉，載其微時怨嫂不與羹的一段軼事，及至劉邦稱帝後，最後竟封嫂子為「羹頡侯」。[52]對待親人猶如此，便見高祖「為天下者不顧家」（卷7，頁328）的情致。[53]由此推衍，則不難想像高祖對待功臣的殘忍行徑。史公基於畏觸逆鱗、惟恐觸犯龍顏，而將高祖的負面評價，錯置諸傳，

---

[50] 參本論著第五章一、「翻疑案：歷史真相，公道自在」。

[51] 楊燕起等：《史記集評》，載柯維騏語，頁530。

[52] 「始高祖微時，嘗辟事，時時與賓客過巨嫂食。嫂厭叔，叔與客來，嫂詳為羹盡，櫟釜，賓客以故去。已而視釜中尚有羹，高祖由此怨其嫂。及高祖為帝，封昆弟，而伯子獨不得封。太上皇以為言，高祖曰『某非忘封之也，為其母不長者耳。』於是乃封其子信為羹頡侯。」（卷50，頁1987）

[53] 史公通過項伯口，道出劉邦「為天下者不顧家」的性格特點：「天下事未可知，且為天下者不顧家，雖殺之無益，祇益禍耳。」項王從之。（卷8，頁328）

曲曲傳之。

時序推移到孝景時代，景帝雖承襲漢初以來恭儉的習性，然為人刻酷。本紀真偽莫辨，故其時事蹟只能從史公雜見錯出的筆法中，透過抽絲剝繭，比事連類的方式，來加以考索。在〈張釋之馮唐列傳〉裡，載錄張釋之依法欲治太子「不下司馬門」（卷 102，頁 2753）之罪，後在薄太后出面下，不了了之。等到太子即位為景帝後，雖然表面上說「景帝不過」，然則後來又補上一筆「張廷尉事景帝歲餘，為淮南王相，猶尚以前過也。」（卷 102，頁 2756）。在據事直書的筆法中，便透露著景帝的刻薄寡恩。

孝景時期規模最大的亂事，便是由吳王濞發起的七國之亂。這次的諸侯王反叛事件，雷聲大雨點小，不到三個月就被平定。然而，無辜牽連的民眾卻多達十萬餘人，何致如此？由景帝在吳王兵敗走時，所下詔書，可見端倪：

> 於是天子制詔將軍曰：「蓋聞為善者，天報之以福；為非者，天報之以殃。高皇帝親表功德，建立諸侯，幽王、悼惠王絕無後，孝文皇帝哀憐加惠，王幽王子遂、悼惠王子印等，令奉其先王宗廟，為漢藩國，德配天地，明並日月。吳王濞倍德反義，誘受天下亡命辠人，亂天下幣，稱病不朝二十餘年，有司數請濞罪，孝文皇帝寬之，欲其改行為善。今乃與楚王戊、趙王遂、膠西王卬、濟南王辟光、菑川王賢、膠東王雄渠約從反，為逆無道，起兵以危宗廟，賊殺大臣及漢使者，迫劫萬民，夭殺無罪，燒殘民家，掘其丘冢，甚為暴虐。今卬等又重逆無道，燒宗廟，鹵御物，朕甚痛之。朕素服避正殿，將軍其勸士大夫擊反虜。擊反虜者，深入多殺為功，斬首捕虜比三百石以上者皆殺之，無有所置。敢有議詔及不如詔者，皆要斬。」
> （卷 106，頁 2833-2834）

從詔書的內容「擊反虜者，深入多殺為功」、「斬首捕虜比三百石以上者皆殺之，無有所置」、「敢有議詔及不如詔者，皆要斬」，可見景帝忌心忍戾的面目，

務趕盡殺絕之能事。

　　除了七國亂事，史公亦透過據事直書的方式，載其時三大冤臣大夫錯、丞相亞夫、臨江王榮，以事實的呈現，代申其冤。言外則微致對景帝刻毒的論議。是以王世貞嗟歎：「嗚乎！文德遠矣」。[54]至於，武帝朝任用酷吏打擊舊有爵封；以算緡、告緡打擊中產階級；以酎金、巫蠱罪名，族滅者眾，則詳於上節介紹，此處略。

　　對於漢初以來的帝王，上述討論過的高祖、景帝、武帝，主要針對「忌心忍戾，殺戮功臣」的主題來申說。另如呂后、文帝處，史公亦透過以敘為議的筆法巧妙避諱，此處連帶提及。呂后謀奪劉氏天下，女主稱制。於其本紀中，多載其跋扈、強悍，直指其失。大抵，以漢家史臣的立場撰史，故關於呂后稱制時，天下晏安、百姓安居的情狀，僅以隱約之筆點示。於〈季布欒布列傳〉中，則見到匈奴面嫚呂后，呂后為顧大局，忍讓匈奴的情形。此見史公雖抑呂后，猶不廢其能幹善政處。漢文帝，以崇德禮讓為尚，是史公所推崇的賢明君主。其白璧之瑕，史公載於〈絳侯周勃世家〉、〈張釋之馮唐列傳〉。以〈絳侯周勃世家〉為例：

　　　文帝既立，以勃為右丞相，賜金五千斤，食邑萬戶。居月餘，人或說勃曰：「君既誅諸呂，立代王，威震天下，而君受厚賞，處尊位，以寵，久之即禍及身矣。」勃懼，亦自危，乃謝請歸相印。上許之。歲餘，丞相平卒，上復以勃為丞相。十餘月，上曰：「前日吾詔列侯就國，或未能行，丞相吾所重，其率先之。」乃免相就國。歲餘，每河東守尉行縣至絳，絳侯勃自畏恐誅，常被甲，令家人持兵以見之。（卷57，頁2072）

[54] 明・王世貞：《弇州山人四部稿》（臺北：偉文圖書出版社，1976），卷140〈說部〉，頁4。

徐孚遠曰：「文帝寬仁，絳侯就國，恐懼如此，蓋懲高帝時事耶。」[55]絳侯請歸相印，回到封國，懼怕遭誅的心態。在史公筆法運化中，宛然目前。絳侯的恐懼為何？耐人尋味。然而，瀧川資言的推測「文帝未必寬仁」，倒是可以肯定的。聯繫〈張釋之馮唐列傳〉所載，則文帝性格的另一面，便見於言外。透過雜見錯出的方式，於他傳互見，為尊者諱，呈現了文帝性格的其他面向，也寄寓著史公揚中有抑的評議。此外，諸如王太后工於心計、竇太后的專橫等，種種統治階層陰暗面的揭露，在在體現了史公求善、求真的實錄精神。

（二）漢法不公，賞罰失準：吏治慘酷，社會黑暗

蕭何定律令、張蒼定章程、叔孫通定朝儀，大抵沿襲秦代，而未多變革。秦法嚴酷寡恩，在陳餘遺章邯書中，言及秦失時，曰：「功多，秦不能盡封，因以法誅之」、「有功亦誅，無功亦誅」（卷7，頁308）。對照高祖誅戮功臣、異姓王者，景武之際，功臣得侯、失侯者，爵封予奪的情形，則略見無異於秦之處。[56]就連法治最為清明的文帝時代，亦透過張釋之的話語，傳達「法太明，賞太輕，罰太重」（卷102，頁2759）的裁評。更別說武帝朝，任用酷吏，用法嚴苛、微罪成極刑者，不計其數。[57]在〈衞將軍驃騎列傳〉中，史公補敘

---

[55] 明・徐孚遠等：《史記測義》（明崇禎十三年刊本），卷57〈絳侯周勃世家〉，頁6。漢・司馬遷著、日・瀧川資言考證：《史記會註考證》，卷57〈絳侯周勃世家〉，瀧川資言語，頁800。

[56] 史公於〈高祖本紀〉云：「秦政不改，反酷刑法，豈不繆乎？」（卷8，頁393-394）〈張釋之馮唐列傳〉則藉張釋之語，道：「秦以任刀筆之吏，吏爭以亟疾苛察相高，然其敝徒文具耳，無惻隱之實。」（卷102，頁2752）然而，漢代多承秦法，高祖時韓信、彭越、英布皆受五刑。文帝三年廢肉刑法，然景帝於鼂錯，武帝於郭解、主父偃、公孫賀、李陵、李廣利等，猶皆腰斬夷族。瀧川資言以為，據《漢書・刑法志》，應於新垣平謀逆事後，復行族誅之刑。詳參清・方苞：《方望溪全集》，集外文補遺卷二〈史記評語〉，頁426；漢・司馬遷著，日・瀧川資言考證：《史記會註考證》，卷10〈孝文本紀〉，瀧川資言語，頁190。

[57] 諸酷吏的行事風格，以暴酷為尚，以奸佞為從。如周陽由，所愛者，撓法活之。所憎者，曲法誅滅之；張湯，治陳皇后蠱獄，深竟黨與。治反獄，皆詭根本。義縱，為定襄太守時，無論輕、重罪，盡誅之；王溫舒，為人「謅」，善事有勢者，若無勢，視為奴。施連坐法，誅郡中豪猾，大者族誅，小者以死。「流血十餘里」；減宣治米鹽，違者以重法治之，殺者甚重；杜周，重遲，外寬，內深次骨。使案邊失亡，所論殺者甚眾。

道：

> 自衛氏興，大將軍青首封，其後枝屬為五侯。凡二十四歲而五侯盡
> 奪，衛氏無為侯者。（卷111，頁2946）

鄧以讚評曰：「敘衰遲零落，亦有情致」。[58]通觀全傳，從衛青得寵時，愛幸
之甚，對照日後家道中落的衰微。史公敘來，除了帶有感嘆聲音外，聯繫傳
末附載衛青、霍去病諸將領的際遇，則漢武帝封爵予奪的情形可見。從中亦
可窺得巫蠱、酎金之罪，牽連甚廣、族死者眾的樣貌。關於這部分的探索，
筆者業已寫在上節「主暗臣諛：君驕臣諂，貴置獄吏」處，便不複述。

　　史公因李陵事件遭禍入獄，承受宮刑，忍人所不能忍者，無非是為了撰
成《史記》，成就一家之言。漢法的不公，賞罰的失準，吏治的黑暗，由於自
身遭遇使然，史公嘗得艱苦，也看得透徹。從李廣以「年六十餘矣，終不能
復對刀筆之吏」（卷109，頁2876）為由，自剄。到李蔡盜取神道之地，當
下獄，而自殺。廣、蔡均寧死也不願下吏，漢家吏治之詭譎，可略窺管豹。
漢朝吏治的黑暗，蓋積弊已久，援舉二例如下：

> 文帝朝，太后以冒絮提文帝，曰：「絳侯綰皇帝璽，將兵於北軍，
> 不以此時反，今居一小縣，顧欲反邪！」文帝既見絳侯獄辭，乃謝
> 曰：「吏（事）方驗而出之。」於是使使持節赦絳侯，復爵邑。絳
> 侯既出，曰：「吾嘗將百萬軍，然安知獄吏之貴乎！」（卷57，頁
> 2072-2073）
> 其後安國坐法抵罪，蒙獄吏田甲辱安國。安國曰：「死灰獨不復然
> 乎？」田甲曰：「然即溺之。」（卷108，頁2859）

---

[58] 明‧凌稚隆輯校、李光縉增補，日‧有井範平補標：《補標史記評林》，卷111〈衛將軍驃騎列傳〉，
　　鄧以讚語，頁2527。

前者引自〈絳侯周勃世家〉，假周勃之口，道出「獄吏之貴」；後者於〈韓安國列傳〉中，由獄吏田甲侵辱、凌折當朝宰相的放肆，則將獄吏囂張的行徑，摹寫殆盡。通過比事，傳達出對吏治黑暗的針砭。

　　相對於李廣出生入死、戎馬終身而不得侯；汲黯正直敢言、忠誠有才而不得相。史公於記載時，無不有著深刻的同情與惋惜，或帶有自己「不遇」心情的流露。綜觀武帝朝，居高官、享厚祿者，非惟皇親國戚，即逢迎上意、趨合媚世者，要不就是深文巧宦、權變譎詐之輩。則又見漢武用人，賞罰不公、專斷己意之處。[59]

（三）外戚干政，由漸而盛：後宮驕寵情形屢見

　　常言道：「愛之欲其富，親之欲其貴」（卷60「太史公曰」引，頁2114）對於同袍、宗族，往往多了分偏愛。若將憑恃外戚身份起家的衛、霍、李廣利與憑恃軍功起家的李廣、李陵相對照，則從中可明顯體察出武帝的差別待遇。前面提到李廣戎馬終身，猶不得侯。並從元狩四年的漢匈大戰，微見漢武厚此薄彼的心跡。關於武帝的不公平對待，藉由參核〈衛將軍驃騎列傳〉的記載，可得到證實。

　　〈衛將軍驃騎列傳〉從衛青的起家載起，直敘其出身微賤。且篇中衛青益封的血脈，每以其姐衛子夫得幸為引線。如茅坤語：「太史公一篇語脉，乃畫工施粉黛處。凡衛子夫得幸上，輒與衛青寵任處相串而進。」[60]比起李將軍每次戰爭的濃墨渲染，衛青的戰功，則多以「斬首虜」多少、「擄掠」多少交代。在敘完衛青每次出征的戰果後，史公往往以天子詔書來收結。一次戰果，分兩次收束，這樣的敘法，是帶有史公微意的。以元光五年出擊匈奴事來說，衛青「畜數十萬」。而天子的詔書，則稱「驅馬牛羊百有餘萬」。兩相比對，則見到史公故露破綻，以傳遞武帝為青飾功的實情。除了帶有對武帝「侈談

---

[59] 筆者在本論著第五章二、（三）「天幸親貴與數奇不遇」處，將衛青、霍去病與李廣做綜合比較、詳細析論，為了避免重複，此處僅略筆帶過。

[60] 明‧茅坤選：《史記鈔》，卷76〈衛將軍〉，頁2。

武功，名器濫假」的刺譏外，[61]亦透露出衞青深受帝王寵幸的面貌。衞青所以能獲得寵愛，其實是武帝愛屋及烏的心理：

> 大將軍既還，賜千金。是時王夫人方幸於上，甯乘說大將軍曰：「將軍所以功未甚多，身食萬戶，三子皆為侯者，徒以皇后故也。今王夫人幸而宗族未富貴，願將軍奉所賜千金為王夫人親壽。」大將軍乃以五百金為壽。天子聞之，問大將軍，大將軍以實言，上乃拜甯乘為東海都尉。（卷 111，頁 2929）

甯乘的話語，正呼應者史公敘衞青以衞子夫為針線的筆法。此見衞青的外戚身份，是得到榮寵的最大原因。據陳仁錫在〈外戚世家〉的考述：「薄氏侯者凡一人，竇氏凡三人為侯，王太后家凡三人為侯，衞氏枝屬，以軍功起家，五人為侯。此見外戚之寵，以漸而盛也。」[62]同樣是外戚的霍去病，史公筆法更為直截，以「天幸」為脈絡，故「所將常選」（卷 111，頁 2931）、「敢力戰深入之士皆屬驃騎」（卷 111，頁 2934）。掌握著精兵良將，為霍去病沙場建功，奠下強健的根基。而背後的因緣，還是來自於「外戚身份」，這張有利的王牌。

　　依外戚身份起家者，有漢一代，比比皆是。然而，其賢與不肖，則判若雲泥。同為宰相的魏其侯竇嬰與武安侯田蚡，同為將軍的衞青、霍去病與李廣利，便為顯例。衞、霍戰功彪炳，扭轉了漢初以來漢匈不平等的局面，藉由軍事力量，讓漢朝國威遠播、外夷畏服。同樣是外戚，李廣利則顯得相當庸碌。其立下的戰功，多賴其餘將領、部屬的披荊斬棘，用血淚為其開創康莊大道。以伐宛事來說，若沒有趙始成的力戰、李哆的計策等，則何來勝利的甜美果實呢！而肇成史公受宮刑的李陵事件，亦與李廣利，脫不了干係：

---

[61] 楊燕起等：《史記集評》，〈衞將軍驃騎列傳〉載劉愚語，頁 564。

[62] 明・凌稚隆輯校、李光縉增補，日・有井範平補標：《補標史記評林》，卷 49〈外戚世家〉，陳仁錫語，頁 1569。

數歲，天漢二年秋，貳師將軍李廣利將三萬騎擊匈奴右賢王於祁連天山，而使陵將其射士步兵五千人出居延北可千餘里，欲以分匈奴兵，毋令專走貳師也。陵既至期還，而單于以兵八萬圍擊陵軍。陵軍五千人，兵矢既盡，士死者過半，而所殺傷匈奴亦萬餘人。且引且戰，連鬥八日，還未到居延百餘里，匈奴遮狹絕道，陵食乏而救兵不到，虜急擊招降陵。陵曰：「無面目報陛下。」遂降匈奴。其兵盡沒，餘亡散得歸漢者四百餘人。（卷109，頁2877-2878）

雖因此事，忌諱特深，而未能詳錄細節。然，從起首「貳師將軍李廣利將三萬騎……欲以分匈奴兵，毋令專走貳師也」，則見漢武以李陵將兵的用意，乃在於分散匈奴兵力，不要讓匈奴單單攻向李廣利的軍隊。由此可見，漢武的初意，是以李陵作為貳師建功的踏板。簡單的筆墨交代，背後的抒情意蘊、論斷意味是多麼濃厚！據《漢書‧李陵傳》：「及陵與單于相值，而貳師功少。上以遷誣罔，欲沮貳師，為陵游說，下遷腐刑。」[63]可見史公的獲罪，與李廣利的關係極為密切。而從漢武極力為李廣利辯護的舉動，更證明了漢武的偏愛。箇中因緣，與李廣利的外戚身份，亦有牽連。

史公在〈魏其武安侯列傳〉裡，藉由主人翁魏其侯竇嬰、武安侯田蚡，帶出兩大外戚勢力王太后、竇太后的宮廷鬥爭。從東朝廷辯事後的一段載述，可見：

上食太后。太后亦已使人候伺，具以告太后。太后怒，不食，曰：「今我在也，而人皆藉吾弟，令我百歲後，皆魚肉之矣。且帝寧能為石人邪！此特帝在，即錄錄，設百歲後，是屬寧有可信者乎？」上謝曰：「俱宗室外家，故廷辯之。不然，此一獄吏所決耳。」是時郎中令石建為上別言兩人事。（卷107，頁2852）

---

[63] 漢‧班固，唐‧顏師古注：《漢書》，卷54〈李廣蘇建傳〉，頁2456。

太后派人「候伺」，見其關注東朝廷辯的結果。由武帝對王太后的話語，反面帶出：如果不是宗室外家，那交給獄吏去決定就好，不必如此慎重。此見，「外戚」身份，不僅決定了判決的方式，也間接指陳出皇帝的意旨往往受制於太后、外戚干政的這項實情。

外戚干政，可溯自孝惠時的呂太后，當時幾乎釀成篡奪劉家天下的禍害。而於文、景時期、武帝即位之初大弄權柄的竇太后，更是屢屢介入朝政。不僅主導了漢初以來黃老之治的風氣，就連景帝廢立太子，也要受其意見左右。以梁孝王殺吳相袁盎事件為例：

> 梁孝王使人殺故吳相袁盎，景帝召田叔案梁，具得其事，還報。景帝曰：「梁有之乎？」叔對曰：「死罪！有之。」上曰：「其事安在？」田叔曰：「上毋以梁事為也。」上曰：「何也？」曰：「今梁王不伏誅，是漢法不行也；如其伏法，而太后（竇太后）食不甘味，臥不安席，此憂在陛下也。」景帝大賢之，以為魯相。（卷 104，頁 2777）

梁孝王最得竇太后的寵幸，恃寵而驕，故有諸多僭越行為，自作主張殺害袁盎便為其一。景帝若治梁孝王罪，則恐竇太后怪罪於己；若不治其罪，則不能昭明漢法。是故，藉由田叔的言辭中，明白始末，指出竇太后勢力之龐大，連景帝也得屈從的事實。有鑑於此，無怪乎，在武帝末年，武帝基於「主少母壯」（卷 49 褚少孫補，頁 1986），惟恐遺留禍患的心態，無情的誅鋤了鉤弋夫人。[64]

---

[64] 見《史記・外戚世家》，褚少孫所補的段落。（卷 49，頁 1986）

第五章　翻案、褒貶、寄慨、資鑑：《史記》「于序事中寓論斷」內容析探（下）

　　史公以敘為議的筆法，相當豐富多變。表述的內容，更是上自帝王、公侯，下至游俠、貨殖。藉由內容的歸納，主題的煉取，可析為四個重點：「翻疑案」、「寓褒貶」、「寄感慨」、「供資鑑」。除了上節提到，針對帝王時政的評論外，其餘項目，見於本章的論述。

一、翻疑案：歷史真相，公道自在

　　身為史官，載錄事件的真實，不但是責任，更是理想。對於漢初以來忠臣遭受汙名蒙冤而死的題材，由於牽涉到上位者的尊嚴與忌諱，是極為敏感的議題。是故，為忠於良史職責，以實錄精神一以貫之的史公，便化用敘事中寓有論斷的變體敘事，來翻疑案、窮究真實，極人情之所難言，以歷史公道，還其清白。

　　漢初以來，較為顯著的事件，有高祖時韓信、彭越、黥布功臣遭禍；文景時鼂錯、周亞夫為國盡忠卻不得好死者；武帝時竇、灌東朝廷辯與李陵亡逃匈奴事。分別敘述如下：

（一）韓信兔死走狗烹，彭越鳥盡良弓藏，黥布疑心生暗禍

　　韓信、彭越、黥布，在漢家獄事的載錄中，皆以謀反罪見誅，然則，卻存在著諸多疑點。其中，又以韓信與陳豨交通謀反事件的情節，最為古怪。

　　歷來學者，如茅坤、歸有光、李景星、梁玉繩等，均指出疑竇所在。[1]且與〈韓王信盧綰列傳〉附載的陳豨反事一節對照，更可理出淮陰叛反事件之誣妄。

　　在〈黥布列傳〉裡，史公於韓信「下魏破代」、「成皋對峙」的時候，便記載著漢高祖收韓信精兵，奪其印符、褫奪軍隊的行為，隱隱透露出高祖對韓信的嫉忌心理，寓有對高祖氣量狹小、行徑鬼祟的論斷。[2]聯繫本傳內容，史公不但用重筆載錄韓信拒絕武涉、蒯通的言論，更深入記敘韓信內心的推想。用意在藉由韓信不受利誘的堅決，表明韓信對漢家的一派赤誠。韓信的忠心，只是一廂情願，他又怎料想得到，自己早已成為高祖的眼中釘。等到擊潰項羽這個頭號敵人後，利用的價值沒了，便落入兔死狗烹的泥淖呢？漢六年，高祖採用陳平計策偽遊雲夢，以擒韓信，並褫奪其兵權。事詳於〈陳丞相世家〉，於高祖、陳平對話中，韓信其冤自見。漢十一年，呂后用蕭何計策，誅殺淮陰侯，並夷其三族。

　　史公表面上，將誅殺淮陰的兇手，直指呂后。實則透過〈淮陰侯列傳〉中，高祖見信死，「且喜且憐之」的神情與赦免力勸淮陰叛反的辯士蒯通。以及在〈蕭相國世家〉中，「上已聞淮陰侯誅」的文字後，緊接敘「使使拜丞相何為相國，益封五千戶，令卒五百人一都尉為相國衛」（卷53，頁2017）的點示，便可得出高祖才是幕後兇手的真相。透過據事直書、雜見錯出、藉言

---

[1] 茅坤：「此情似誣。豨漢信幸臣也，偶過拜淮陰，淮陰何以遽行謀反。及豨反後亦無往來跡。且豨之反，自周昌所言倉卒激之，安得與淮陰有夙謀？此皆忌口慎陽侯（審食其）筆讒之，不然漢廷謀臣詐以此論殺之耳。」歸有光曰：「陳豨事屢出告變之語，考豨傳，豨招致賓客，為周昌所疑，一時懼禍遂陷大戮，非素蓄反謀也。且已部署而曠日待豨報，信亦不知兵機矣，此必呂后與相國文致之者。」李景星：「敘淮陰教陳豨反漢，則以隱約之筆出之，正以明淮陰之不反。」梁玉繩：「史公依漢廷獄案敘入傳中，而其冤自見。」明・茅坤選：《史記鈔》，卷59〈淮陰侯〉，頁18；明・凌稚隆輯校、李光縉增補，日・有井範平補標：《補標史記評林》（臺北：地球出版社，1992）卷92〈淮陰侯列傳〉，歸有光語，頁2224。李景星：《史記評議》，卷3〈淮陰侯列傳〉，頁84；清・梁玉繩撰、賀次君點校：《史記志疑》，卷32〈淮陰侯列傳〉，頁1333。

[2] 由淮陰侯本傳所載，則高祖的疑忌，隱約可見：「信之下魏破代，漢輒使人收其精兵，詣滎陽以距楚。」（卷92，頁2614）「六月，漢王出成皋，東渡河，獨與滕公俱，從張耳軍脩武。至，宿傳舍。晨自稱漢使，馳入趙壁。張耳、韓信未起，即其臥內上奪其印符，以麾召諸將，易置之。信、耳起，乃知漢王來，大驚。漢王奪兩人軍，即令張耳備守趙地。拜韓信為相國，收趙兵未發者擊齊。」（卷92，頁2619）

敘事的方式，史公為韓信的冤屈做了成功的平反。

在楚漢相爭時，彭越「兵居梁地，往來苦楚兵，絕其糧食」，[3]為漢奠下勝利的基石。可惜高祖建國以後，卻晚節不保，以謀逆罪名見誅。彭越叛反事件的時間點、過程，俱有疑點。本傳載道：

> 十年秋，陳豨反代地，高帝自往擊，至邯鄲，徵兵梁王。梁王稱病，使將將兵詣邯鄲。高帝怒，使人讓梁王。梁王恐，欲自往謝。其將扈輒曰：「王始不往，見讓而往，往則為禽矣。不如遂發兵反。」梁王不聽，稱病。梁王怒其太僕，欲斬之。太僕亡走漢，告梁王與扈輒謀反。於是上使使掩梁王，梁王不覺，捕梁王，囚之雒陽。有司治反形已具，請論如法。上赦以為庶人，傳處蜀青衣。西至鄭，逢呂后從長安來，欲之雒陽，道見彭王。彭王為呂后泣涕，自言無罪，願處故昌邑。呂后許諾，與俱東至雒陽。呂后白上曰：「彭王壯士，今徙之蜀，此自遺患，不如遂誅之。妾謹與俱來。」於是呂后乃令其舍人告彭越復謀反。廷尉王恬開奏請族之。上乃可，遂夷越宗族，國除。（卷90，頁2594）

彭越叛反的時間點，與韓信等同，皆為漢王取得天下、擊敗項羽後。此時叛反，適逢高祖之盛，銳不可當，時機甚為不宜，此為疑點之一。史公於彭越本傳，接連敘下陳豨謀反、徵調梁王兵馬等一系列事，微見與韓信兔死狗烹事發相重處，為疑點二。高帝僅聽呂后片面的言論，就夷滅彭越宗族，此為疑點三。聯繫〈欒布列傳〉中，欒布的話語，語云：

> 方上之困於彭城，敗滎陽、成皋閒，項王所以（遂）不能〔遂〕西，

---

[3] 「彭越將兵居梁地，往來苦楚兵，絕其糧食。」凡二見，凌稚隆以為史公重出此句的用意，正在彰明彭越的功勞。明·凌稚隆輯校、李光縉增補，日·有井範平補標：《補標史記評林》，卷8〈高祖本紀〉凌稚隆按語，頁314。

> 徒以彭王居梁地，與漢合從苦楚也。當是之時，彭王一顧，與楚則漢破，與漢而楚破。且垓下之會，微彭王，項氏不亡。天下已定，彭王剖符受封，亦欲傳之萬世。今陛下一徵兵於梁，彭王病不行，而陛下疑以為反，反形未見，以苛小案誅滅之，臣恐功臣人人自危也。今彭王已死，臣生不如死，請就亨。（卷100，頁2734）

史公透過直錄事實的方式，歷陳疑點，復通過欒布口，道出高帝的寡恩，言外便見越之無罪。於敘事中，即昭雪了彭越之冤。在韓信、彭越先後族滅後，與信、越同功一體的黥布，便惴惴不安，自疑遭禍。[4]是以在〈黥布列傳〉中，史公非惟載述黥布叛反事件的因緣，更深入刻畫其心理，以見黥布實為自救而不得不叛反的苦衷。[5]

　　韓信、彭越、黥布，可說是破楚的關鍵力量。史公極力鋪寫三人在楚漢相爭，所扮演的重要角色，突出其樞紐地位。意在反襯日後遭到誅滅的對待，傳達出對漢家刻薄、寡恩的貶斥。

（二）鼂錯忠臣枉遭禍，亞夫盡忠卒被戮

　　孝景帝三年，爆發了七國之亂。係由吳王濞聯合楚、趙、膠東、膠西、濟南、淄川六國，以誅討賊臣鼂錯為號召的叛變。叛亂事件始末，史公畢載於〈吳王濞列傳〉。導火線在於鼂錯有鑒於諸侯王驕恣，故向景帝進削藩策略，吳王濞恐「削地無已」（卷106，頁2829），故而謀議舉事。表面上看來，似將鼂錯作為引致七國之亂的罪人。是故，亂事爆發後，在袁盎、竇嬰的進說

---

[4] 韓、彭、黥三位同功一體的論述，首見於張良「下邑畫策」的言談，語參（卷55，頁2039）。此時，正逢漢軍彭城潰敗，情況危急的當下，讓劉邦不得不和張良召開緊急會議，以籌畫更為全面、完備的方案。在張良的計策中，其核心方略是「調動韓信、彭越、黥布三方力量與漢王自率的漢兵形成四方配合作戰，打一場持久戰來蠶食項羽，最後消滅項羽」。詳參張大可：〈長風呼嘯，馬蹄聲碎——司馬遷筆下的楚漢相爭〉，收錄於氏著：《史記十五講》，頁142。

[5] 中井積德：「布之反，苟自救死已也。」漢‧司馬遷著、日‧瀧川資言考證：《史記會註考證》，卷100〈黥布列傳〉，中井積德語，頁1036。另，關於黥布的心理描寫，參本論著第三章　二、「寓意閒事，談言微中」，此處略。

下，鼂錯身死東市，付出性命的代價。既然，「禍首」鼂錯已遭誅鋤，達到亂
事發動的目的，吳王濞等理應就此罷手。然則，吳王濞此時正挾著攻破梁壁
的勝利感，非但不就此退兵，甚至連景帝派來諭告吳王的袁盎，也差點遭到
殺害。

在吳王濞本傳裡，可見到吳王濞於孝惠、高后時，便有「招致天下亡命
者（益）〔盜〕鑄錢，煮海水為鹽」（卷106，頁2822）、「佗郡國吏欲來捕亡
人者，訟共禁弗予」（卷106，頁2823）的舉措。文帝時，皇太子與吳太子遊
戲，不意把吳太子打死的醜事，得見到吳王的慍怒，「由此稍失藩臣之禮，稱
病不朝」（卷106，頁2823）。聯繫鼂錯削藩策的內容，則上述二事已構成吳
王濞反叛的條件、遠因。由此看來，吳王濞早有預謀，為漢家討伐賊臣，以
清君側的號召，根本是緣飾逆心的幌子。聯繫亂事末期，弓高侯韓穨與膠西
王的對話內容。史公透過重言複筆的方式，揭露出七國之亂的目的，根本不
在鼂錯。是以，吳汝綸如此評價道：「某案此篇以驕溢謀亂為主，所以深雪鼂
錯之冤」，[6]誠然。

鼂錯的無罪，史公另透過兩件事情，來加以證明。其一在鼂錯提出削藩
策後，史公透過鼂錯與父親的對話，突顯鼂錯不顧自家性命的保全，以安頓
劉姓宗室的忠心，傳載：

> 錯父聞之，從潁川來，謂錯曰：「上初即位，公為政用事，侵削諸
> 侯，別疏人骨肉，人口議多怨公者，何也？」鼂錯曰：「固也。不
> 如此，天子不尊，宗廟不安。」錯父曰：「劉氏安矣，而鼂氏危矣，
> 吾去公歸矣！」遂飲藥死，曰：「吾不忍見禍及吾身。」死十餘日，
> 吳楚七國果反，以誅錯為名。及竇嬰、袁盎進說，上令鼂錯衣朝衣
> 斬東市。（卷101，頁2747）

其二，在錯傳末尾，史公載述了一段意味深長的對話：

---

[6]　清・吳汝綸：《史記集評》（臺北：臺灣中華書局，1970），頁1947。

> 上問曰：「道軍所來，聞鼂錯死，吳楚罷不？」鄧公曰：「吳王為反
> 數十年矣，發怒削地，以誅錯為名，其意非在錯也。且臣恐天下之
> 士噤口，不敢復言也！」上曰：「何哉？」鄧公曰：「夫鼂錯患諸侯
> 彊大不可制，故請削地以尊京師，萬世之利也。計畫始行，卒受大
> 戮，內杜忠臣之口，外為諸侯報仇，臣竊為陛下不取也。」於是景
> 帝默然良久，曰：「公言善，吾亦恨之。」乃拜鄧公為城陽中尉。（卷
> 101，頁 2747-2748）

透過鄧公與景帝的對話，不僅明白鼂錯的功罪，亦昭雪了鼂錯的冤屈。史公
以此結案，敘中寓有議論，言外則微致著史公痛惜鼂錯遭遇的深情。[7]

　　周亞夫歷仕文、景二朝，其細柳軍事，守正不阿，蔚為美談，故被文帝
視為，可擔負臨危受命責任的大臣。七國之亂能順利平定，條侯周亞夫功不
可沒。周亞夫運用謀略得當，亦為戰勝的關鍵。載道：

> 至淮陽，問父絳侯故客鄧都尉曰：「策安出？」客曰：「吳兵銳甚，
> 難與爭鋒。楚兵輕，不能久。方今為將軍計，莫若引兵東北壁昌邑，
> 以梁委吳，吳必盡銳攻之。將軍深溝高壘，使輕兵絕淮泗口，塞吳
> 饢道。彼吳梁相敝而糧食竭，乃以全彊制其罷極，破吳必矣。」條
> 侯曰：「善。」從其策，遂堅壁昌邑南，輕兵絕吳饢道。（卷106，
> 頁 2831-2832）

鄧都尉是絳侯周勃過去的門客，他向周亞夫的建議，著重於兩點：首先採取
以梁地來阻撓吳軍的首波攻勢，使吳軍疲敝；再者，斷絕淮、泗的交口，阻

7　鍾惺曰：「末用鄧公一段，深惜錯也。」茅坤：「有鄧公一段，鼂錯功罪纔發明。」凌稚隆：「錯
　　既死，賴鄧公白其冤，故以鄧公結案。」明·凌稚隆輯校、李光縉增補，日·有井範平補標：《補
　　標史記評林》，卷101〈袁盎鼂錯列傳〉，鍾惺語，頁2339、凌稚隆語，頁2339；明·茅坤選：《史
　　記鈔》，卷67〈袁盎鼂錯〉，頁9。

塞吳國的糧道，以切斷後勤補給。其實，用梁來牽制吳，是為了收梁、吳對戰，兩敗俱傷的一石二鳥計策。站在景帝的角度來看，諸侯國衰弱，王權就堅固且強盛。故，在上奏景帝後，就獲得了批准。景帝對梁孝王懷有憂慮，不是沒道理的。由於景帝的生母竇太后極為寵愛梁孝王，亟欲孝王能為太子。而梁孝王更恃寵而驕，懷抱著對帝位不切實際的幻想。是以，周亞夫的出發點，是揣度景帝憂慮，忠於漢室的。

　　周亞夫雖平亂有功，卻讓自己處在危險當中：委梁抗吳的策略，招致竇太后、梁孝王的不滿，常在景帝面前搬弄是非。一為後宮，一為諸侯王，此時周亞夫可以信靠的，就只剩下景帝的信任了。景帝忌刻，並不像文帝仁慈寬厚。在周亞夫三番兩次正言反對，違逆上意後（反對廢栗太子事件、反對封王信為侯、反對封匈奴侯爵等事），讓景帝逐漸疏遠亞夫，甚至伺機治罪於亞夫：

> 居無何，條侯子為父買工官尚方甲楯五百被可以葬者。取庸苦之，不予錢。庸知其盜買縣官器，怒而上變告子，事連汙條侯。書既聞上，上下吏。吏簿責條侯，條侯不對。景帝罵之曰：「吾不用也。」召詣廷尉。廷尉責曰：「君侯欲反邪？」亞夫曰：「臣所買器，乃葬器也，何謂反邪？」吏曰：「君侯縱不反地上，即欲反地下耳。」吏侵之益急。初，吏捕條侯，條侯欲自殺，夫人止之，以故不得死，遂入廷尉。因不食五日，嘔血而死。國除。（卷57，頁2079）

從購買葬器的糾紛，到被誣告地下叛變，情節上存在著許多不合理。條侯死後，史公贅上「景帝乃封王信為蓋侯」（卷57，頁2080）。寥寥數語中，隱約透露出條侯之死，與反對王信等事有關，遂以莫須有罪名下獄，無辜受戮。周亞夫的死，除了其性格剛烈，常忤逆景帝外，還涉及漢初三大集團（軍功、諸侯、皇族）勢力的消長。誅鋤周亞夫，拔擢王信，便帶有貶抑軍功集團，扶植皇族力量的用意。因此，透過周亞夫獲罪經過的始末記載，便是史公藉

由直書筆法,故露破綻,使人得知景帝藉題發揮,意在除卻周亞夫的實情。故趙恒評曰:「景帝之忌刻少恩可知」,[8]良然。

(三)竇灌身死意未平,李陵兵敗亡匈奴

　　史公在〈魏其武安侯列傳〉裡,透過人物情狀的刻畫,小人如田蚡者的怵勢驕恣,君子如竇嬰者的「沾沾自喜耳,多易」(卷 107,頁 2841),游俠如灌夫者的任俠使氣,好醜夾序、錯綜連橫之間,將武帝即位之初的朝廷面貌,做了具體的呈現。而「東朝廷辯」一節,尤為珠澤所在。由於事緒煩多,茲事體大,筆者簡繪成下表:

表五:東朝廷辯始末表

東朝廷辯	
	➤魏其、武安爭辯情形 魏其之東朝,盛推灌夫之善,言其醉飽得過,乃丞相以他事誣罪之。武安又盛毀灌夫所為橫恣,罪逆不道。魏其度不可奈何,因言丞相短。武安曰:「天下幸而安樂無事,蚡得為肺腑,所好音樂狗馬田宅。蚡所愛倡優巧匠之屬,不如魏其、灌夫日夜招聚天下豪桀壯士與論議,腹誹而心謗,不仰視天而俯畫地,辟倪兩宮閒,幸天下有變,而欲有大功。臣乃不知魏其等所為。」(卷 107,頁 2851)
	➤武帝 於是上問朝臣:「兩人孰是?」(卷 107,頁 2851)
	➤朝臣的看法 御史大夫韓安國曰:「魏其言灌夫父死事,身荷戟馳入不測之吳軍,身被數十創,名冠三軍,此天下壯士,非有大惡,爭杯酒,不足引他過以誅也。魏其言是也。丞相亦言灌夫通姦猾,侵細民,家累巨萬,橫恣潁川,淩轢宗室,侵犯骨肉,此所謂『枝大於本,脛大於股,不折必披』,丞相言亦是。唯明主裁之。」主爵都尉汲黯是魏其。內史鄭當時是魏其,後不敢堅對。餘皆莫敢對。(卷 107,頁 2851)

8　明・凌稚隆輯校、李光縉增補,日・有井範平補標:《補標史記評林》,卷 101〈袁盎鼂錯列傳〉,趙恒語,頁 1672。

（續表五）

東朝廷辯	➤武帝 上怒內史曰：「公平生數言魏其、武安長短，今日廷論，局趣效轅下駒，吾并斬若屬矣。」即罷起入，上食太后。（卷107，頁2851-2852）
	③
	➤太后與武帝語 太后亦已使人候伺，具以告太后。太后怒，不食，曰：「今我在也，而人皆藉吾弟，令我百歲後，皆魚肉之矣。且帝寧能為石人邪！此特帝在，即錄錄，設百歲後，是屬寧有可信者乎？」上謝曰：「俱宗室外家，故廷辯之。不然，此一獄吏所決耳。」（卷107，頁2852）
	➤郎中令石建屏人恣言 是時郎中令石建為上別言兩人事。（卷107，頁2852）

在「東朝廷辯」事件前，史公載述竇嬰倚外戚身份起家，憑汗馬功勞，得以封侯。而後，在竇太后與王太后勢力的消長下，逐漸失勢，遂與灌夫相交、生死相惜的情形。以及田蚡徒依王太后得勢，從卑微到貴幸甚於魏其侯，而跋扈驕恣的經過。兩派人物的交會點，除了「東朝廷辯」事外，主要有四：A.田蚡為貴時，「往來侍酒魏其，跪起如子姓」（卷107，頁2841）；B.武安嘗使「籍福請魏其城南田」（卷107，頁2849），魏其不許，灌夫大罵籍福，使武安對魏其、灌夫生怨。C.武安許諾，臨幸魏其侯府邸，卻言而無信。及灌夫往迎，又徐行，使灌夫不懌；D.魏其、灌夫往賀田蚡娶燕王女為妻，敬酒時，田蚡待魏其不遜，致使灌夫面責田蚡，引爆雙方正面衝突。由於灌夫及其族人，向來豪奪鄉里，多作威福，已有惡名。武安遂趁機清算舊事，欲誅灌氏一族。

魏其因與灌夫結為知交，見其受難，遂不顧自身安危，銳身欲救灌夫。於是，便有「東朝廷辯」事。筆者分成三段，詳於上表。段一的部分，可見竇、田爭辯中，田蚡謗議竇、灌，切中帝王隱忌，小人嘴臉立見；段二，朝臣的爭辯中，可見到群臣除汲、鄭外，畏於丞相田蚡權勢，不敢堅守正義。在武帝難以作出判決之際，王太后、石建又從中作梗。遂使，武帝終於判下

治魏其、灌夫死罪的決定。在〈魏其武安侯列傳〉末，史公敘上：

> 淮南王安謀反覺，治。王前朝，武安侯為太尉，時迎王至霸上，謂
> 王曰：「上未有太子，大王最賢，高祖孫，即宮車晏駕，非大王立
> 當誰哉！」淮南王大喜，厚遺金財物。上自魏其時不直武安，特為
> 太后故耳。及聞淮南王金事，上曰：「使武安侯在者，族矣。」（卷
> 107，頁 2855）

聯繫史公傳中載述：

> 元光四年春，丞相言灌夫家在潁川，橫甚，民苦之。請案。上曰：
> 「此丞相事，何請。」灌夫亦持丞相陰事，為姦利，受淮南王金與
> 語言。賓客居間，遂止，俱解。（卷 107，頁 2849）
> 武安乃麾騎縛夫置傳舍，召長史曰：「今日召宗室，有詔。」劾
> 灌夫罵坐不敬，繫居室。遂按其前事，遣吏分曹逐捕諸灌氏支屬，
> 皆得棄市罪。魏其侯大愧，為資使賓客請，莫能解。武安吏皆為
> 耳目，諸灌氏皆亡匿，夫繫，遂不得告言武安陰事。（卷 107，頁
> 2850）

原來，促使田蚡亟欲除卻竇嬰、灌夫的徵結點，是因為竇、灌兩人知曉武安
侯與淮南王交私的陰事，隱指淮南王的叛反事與田蚡關係密切。在東朝廷辯
時，魏其終究不敢將這件事告訴武帝，惟恐禍延己身，卻反遭田蚡謀害，含
冤而死。雖然，竇、灌、田三人的爭鬥，在當時是「君子敗，小人勝」的結
局。然而史公終究藉由直述歷史，釐清事件始末，梳理出三人的功過。並藉
由武帝語，加以案斷，言明田蚡罪不容誅，還竇、灌清白。

李陵「善射，愛士卒」，此與李廣相似，蓋得家傳，「嘗深入匈奴二千餘
里，過居延視地形，無所見虜而還。」（卷 109，頁 2877），可以明白李陵

年紀雖輕，然甚有勇略。可惜這樣的將領，卻在天漢二年的漢匈戰爭，投降
匈奴。事件的經過，徵引於下：

> 貳師將軍李廣利將三萬騎擊匈奴右賢王於祁連天山，而使陵將其射
> 士步兵五千人出居延北可千餘里，欲以分匈奴兵，……而單于以兵
> 八萬圍擊陵軍。陵軍五千人，兵矢既盡，士死者過半，而所殺傷匈
> 奴亦萬餘人。且引且戰，連鬥八日，……陵食乏而救兵不到，虜急
> 擊招降陵。陵曰：「無面目報陛下。」遂降匈奴。……單于既得陵，
> 素聞其家聲，及戰又壯，乃以其女妻陵而貴之。漢聞，族陵母妻子。
> 自是之後，李氏名敗，而隴西之士居門下者皆用為恥焉。（卷109，
> 頁 2877-2878）

史公詳載李廣利、李陵、匈奴兵力及數量，意在點明李陵的「非戰之罪」。首
先，李廣利不但擁兵三萬，且皆為精銳；李陵僅五千人，且為射士、步兵；
匈奴擁兵圍李陵達八萬。再者，李陵兵少且失後援，猶能與匈奴連鬥八日，
已極為難得。雖然被俘，然由其口中所語：「無面目報陛下。」連繫前述李氏
子弟的介紹，皆為諍諍鐵漢，應非真降。匈奴王「素聞家聲」，猶可善遇之。
李家以善射世襲，歷任漢將，卻不能得到帝王的信任，反而族誅李陵全家，
實悲哉！篇章佈局上，史公於李廣、李陵處著力較深，其餘如李蔡、李敢者
等，則意在襯脫兩人或是用來接續文意。李陵事蹟的載述與李廣，遙相呼應，
雖未直截交待，然鳥瞰全傳，則史公為李陵抱不平，為之申冤的意念可見。

　　值得一提的是，史公雖然是為李陵游說而獲罪，但據《漢書‧李陵傳》
的記載：「陵與單于相值，而貳師功少。上以遷誣罔，欲沮貳師，為陵游說，
下遷腐刑」。[9] 雖然秉持著實錄精神撰史的史公，是不可能因自己的受刑，而
歪曲現實真相。但是，由於自身受到冤枉獲罪，箇中滋味，史公嘗得深刻。

---

[9] 漢‧班固，唐‧顏師古注：《漢書》，卷54〈李廣蘇建傳〉，頁 2456。

是故對於歷來蒙冤不白的人物、案例，史公往往多了一份同情、關注。誠如阮芝生所說：

> 「司馬遷之心」是什麼？總括一句來說，就是「自乞宮刑，隱忍苟活，完成《史記》，以雪恥揚親，並對自己、對父親、對歷史文化做出交代。」[10]

在〈報任安書〉裡，史公所以拒絕任安的求援，其立場便在堅定撰史上。非惟任安蒙冤，難道李陵沒有是非冤屈、史公自身沒有是非冤屈嗎？古往今來，有多少人蒙受冤屈呢！只有通過撰史，以歷史事實，還原這些人物的清白，才能對自己、父親以及歷史文化有所交代。這就是史公所以自乞宮刑、隱忍苟活也要撰成《史記》的用心。[11]

根據筆者所挑揀出的三個段落、七個事件，從中的確可以觀察出史公透過以敘為議的方式，突破現實的壓力與局限，以歷史敘事還其公道，使冤屈得以昭雪的史筆仁心。體現出以《史記》雪恥揚親的「司馬遷之心」。

二、寓褒貶：抑揚予奪，識見卓著

《史記》，是在史公以實錄精神為統領下，撰成的史書。以其「文直」、「事核」、「不虛美」、「不隱惡」，而獲得後代史家高度的讚譽。[12]然其褒貶議論上，卻往往帶有抒情化的特質，表現出「不以成敗論英雄」的態度。從漢代秦這段歷史，漢初三傑的功過、位次，衛、霍與李廣的評價，可以觀察出史公在

---

[10] 阮芝生：〈司馬遷之心——〈報任少卿書〉析論〉，《臺大歷史學報》第 26 期，2000 年 12 月，頁 203。

[11] 阮芝生：〈司馬遷之心——〈報任少卿書〉析論〉，《臺大歷史學報》第 26 期，2000 年 12 月，頁 182-203。

[12] 漢·班固，唐·顏師古注：《漢書》，卷 62〈司馬遷傳〉，頁 2737-2738。

抑揚予奪之際，反映出獨具的慧眼與超絕的識見。

（一）秦漢之際功過論：陳涉發難，項羽滅秦，成於劉邦

〈秦楚之際月表序〉：「太史公讀秦楚之際，曰：初作難，發於陳涉；虐戾滅秦，自項氏；撥亂誅暴，平定海內，卒踐帝祚，成於漢家。」（卷16，頁759）透過史公的這段論述，將秦漢之際，戰火燎原，號令三嬗的情形，做了提綱。推翻殘暴不仁的大秦帝國，到建立漢家天下的這段期間，箇中的關鍵，便是陳涉、項羽、劉邦三位人物。

陳涉少時嘗與人傭耕，雖沒沒無名，然已發「苟富貴，無相忘」、「燕雀安知鴻鵠之志哉！」（卷48，頁1949）的豪語。史公錄及這段軼事，意在與其日後行事對照，凸顯其少時不凡的志氣。秦二世元年七月，適逢大雨，由於秦法失期當斬，於是陳涉、吳廣便展開商量：與其坐以待斃，不如揭竿起義：

> 召令徒屬曰：「公等遇雨，皆已失期，失期當斬。藉弟令毋斬，而戍死者固十六七。且壯士不死即已，死即舉大名耳，王侯將相寧有種乎！」徒屬皆曰：「敬受命。」乃詐稱公子扶蘇、項燕，從民欲也。袒右，稱大楚。為壇而盟，祭以尉首。陳勝自立為將軍，吳廣為都尉。攻大澤鄉，收而攻蘄。蘄下，乃令符離人葛嬰將兵徇蘄以東。攻銍、酇、苦、柘、譙皆下之。行收兵。比至陳，車六七百乘，騎千餘，卒數萬人。攻陳，陳守令皆不在，獨守丞與戰譙門中。弗勝，守丞死，乃入據陳。數日，號令召三老、豪傑與皆來會計事。三老、豪傑皆曰：「將軍身被堅執銳，伐無道，誅暴秦，復立楚國之社稷，功宜為王。」陳涉乃立為王，號為張楚。（卷48，頁1952）

透過據事直書的方式，史公將陳涉起義的原因、過程，全盤托出。除了失期當斬這個導火線外，以扶蘇、項燕為名義，是符合百姓期待的。稍早陳涉與

吳廣的謀議語，便做了說明：

> 陳勝、吳廣乃謀曰：「今亡亦死，舉大計亦死，等死，死國可乎？」
> 陳勝曰：「天下苦秦久矣。吾聞二世少子也，不當立，當立者乃公
> 子扶蘇。扶蘇以數諫故，上使外將兵。今或聞無罪，二世殺之。百
> 姓多聞其賢，未知其死也。項燕為楚將，數有功，愛士卒，楚人憐
> 之。或以為死，或以為亡。今誠以吾眾詐自稱公子扶蘇、項燕，為
> 天下唱，宜多應者。」吳廣以為然。（卷48，頁1950）

是故，在百姓不堪秦二世暴虐的統治下，陳涉、吳廣便毅然決然的大張旗幟，
反抗暴秦。只是，六個月後，在策略失當、所用非人、欠缺長遠的規劃、組
織疏散、軍紀敗壞、不講究行軍用兵等種種原因，功敗垂成。雖然如此，史
公對陳涉首先發難的舉動，還是抱持著肯定態度的。畢竟，那需要多大的勇
氣！藉由陳嬰母告誡陳嬰的話語，可見一斑：[13]

> 陳嬰母謂嬰曰：「自我為汝家婦，未嘗聞汝先古之有貴者。今暴得
> 大名，不祥。不如有所屬，事成猶得封侯，事敗易以亡，非世所指
> 名也。」嬰乃不敢為王。（卷7，頁298）

起義這樣的行動，是需要將生死置之度外，具備大無畏的膽識。透過陳嬰反
襯了陳涉的勇氣，也意謂著其發難舉動的不同凡響。連繫〈太史公自序〉作
〈陳涉世家〉之旨：「秦失其政，而陳涉發迹，諸侯作難，風起雲蒸，卒亡秦
族。天下之端，自涉發難。」（卷130，頁3310-3311）故，陳涉雖然失敗，
但至少動搖了秦國統治的根本，帶起人民反抗暴秦的信心。這就是史公破格

---

[13] 張大可：陳嬰不敢稱王、患得患失；陳涉誓眾，則氣貫長虹。藉由陳嬰，襯托陳涉之勇，更為生
動。張大可：〈秦漢之際天下三嬗——司馬遷筆下的陳勝、項羽、劉邦〉，收錄於氏著：《史記十
五講》，頁121-122。

列於世家的原因：彰首事也。[14]

在陳涉發難時，有兩位值得注意的英雄，或埋名吳中，或隱居山中，皆在伺機待時。這兩位英雄，便是項羽、劉邦。早在秦始皇巡遊天下的時候，這兩位人物便分別作了以下的評價：

> 梁與籍俱觀。籍曰：「彼可取而代也。」（卷7，頁296）
> 高祖常繇咸陽，縱觀，觀秦皇帝，喟然太息曰：「嗟乎，大丈夫當如此也！」（卷8，頁344）

對照陳涉：「壯士不死即已，死即舉大名耳，王侯將相寧有種乎！」（卷48，頁1950）則顯露出三人不同的性格、氣度：項羽的意氣奔放、劉邦的沉穩內斂、陳涉的視死如歸。[15]陳涉的起義，為項羽、劉邦的舉兵，製造了有利的時勢。在陳涉敗亡後，項梁、項羽便採取范增的建議，立楚懷王孫心為王，起事江東。劉邦於沛縣起事，亦領兵歸復楚軍，合力攻秦。項羽最著名的戰役——鉅鹿之戰，便在殺宋義後上演：

> 項羽已殺卿子冠軍，威震楚國，名聞諸侯。乃遣當陽君、蒲將軍將卒二萬渡河，救鉅鹿。戰少利，陳餘復請兵。項羽乃悉引兵渡河，皆沈船，破釜甑，燒廬舍，持三日糧，以示士卒必死，無一還心。於是至則圍王離，與秦軍遇，九戰，絕其甬道，大破之，殺蘇角，

---

[14] 白壽彝：「秦漢興亡和楚漢成敗，是漢興以來，人們所感興趣的大問題。秦因暴政亡於陳涉首倡的起義，這是自賈誼以下，如嚴安、徐樂、賈山、伍被等共同的看法。」從〈自序〉來看，「這是把陳涉作為開闢歷史新時代的人物來看待的，這比賈誼等人的看法要有更豐富的意義。」白壽彝：〈司馬遷與班固〉，收錄於張高評編：《史記研究粹編（一）》（高雄：高雄復文圖書出版社，1992），頁182。

[15] 瀧川資言：「陳勝曰：『壯士不死即已，死即舉大名耳，王侯將相寧有種乎！』漢高曰：『嗟乎，大丈夫當如此也！』項羽曰：『彼可取而代也。』三樣筆法，史公極力描寫。」漢・司馬遷著、日・瀧川資言考證：《史記會註考證》，卷7〈項羽本紀〉，瀧川資言語，頁134。

> 虜王離。涉聞不降楚，自燒殺。當是時，楚兵冠諸侯。諸侯軍救鉅
> 鹿下者十餘壁，莫敢縱兵。及楚擊秦，諸將皆從壁上觀。楚戰士無
> 不一以當十，楚兵呼聲動天，諸侯軍無不人人惴恐。於是已破秦軍，
> 項羽召見諸侯將，入轅門，無不膝行而前，莫敢仰視。項羽由是始
> 為諸侯上將軍，諸侯皆屬焉。（卷7，頁307）

「破釜沉舟」，為「置之死地而後生」戰略的運用，意在堅定兵士的決心，使
上下一氣。是故，透過秦軍眼中，呈現的畫面。便是楚軍奮勇戰鬥、萬夫莫
敵的猛烈攻勢。此外，自「楚戰士無不一以當十……諸侯皆屬焉」（卷7，頁
307），史公三次重言「無不」，意在透過累疊，增添楚軍氣勢的形容描寫。鉅
鹿之戰，不僅使項羽一戰成名，位居諸侯軍首席，更震撼了章邯率領的常勝
軍，促使章邯、司馬欣、董翳投降羽軍。章邯所率領的軍隊，是秦軍的主力，
故此次投降的舉動，不僅大大增強了羽軍的實力，也讓秦軍處於劣勢。

　　史公極寫項羽之盛，卻也為日後的凋零、衰敗預做鋪墊。項羽雖挾戰勝
餘威，卻不懂得收服人心，而是一味慘酷剛猛，阬殺了秦降卒二十餘萬於新
安城南，比之秦朝暴虐猶有過之。當是時，卻聽聞沛公已經攻破咸陽。由於，
項羽、沛公有先攻入咸陽者為王的約定，項羽自然是氣急敗壞，亟欲殺劉邦
而後快。其實，藉由史公的載述來考察，劉邦之所以不費吹灰之力，便能取
得先機，攻入咸陽。項羽攻破秦軍主力，收服章邯軍的舉動，實居功厥偉。
是以，雖然項羽在與劉邦的智、力拉鋸戰中，終究敗下陣來，使得劉邦執掌
權柄，建立漢朝。但史公還是將秦漢之際的最大功勞，授與項羽，立於本紀，
位於〈高祖本紀〉前。

　　史公識見絕倫，雖然陳涉、項羽先後失敗，而讓劉邦得以建立漢家天下。
但沒有陳涉的發難，便不會造成群雄逐鹿、反秦的契機；沒有項羽滅秦軍主
力，為推翻秦朝奠下根基，便不會有劉邦的漢家天下。故藉由項羽、劉邦、
陳涉的功過，表現出史公不以成敗論英雄的論斷。

（二）漢初三傑位次論：韓信、張良、蕭何

　　楚漢相爭，鏖戰多年，最後拿到勝券者，為劉邦。在史公歷敘事實中，透露著箇中癥結點在於人，而不在於天。由高祖與高起、王陵語中可加以印證：

> 高祖置酒雒陽南宮。高祖曰：「列侯諸將無敢隱朕，皆言其情。吾所以有天下者何？項氏之所以失天下者何？」高起、王陵對曰：「陛下慢而侮人，項羽仁而愛人。然陛下使人攻城略地，所降下者因以予之，與天下同利也。項羽妒賢嫉能，有功者害之，賢者疑之，戰勝而不予人功，得地而不予人利，此所以失天下也。」高祖曰：「公知其一，未知其二。夫運籌策帷帳之中，決勝於千里之外，吾不如子房。鎮國家，撫百姓，給餽饟，不絕糧道，吾不如蕭何。連百萬之軍，戰必勝，攻必取，吾不如韓信。此三者，皆人傑也，吾能用之，此吾所以取天下也。項羽有一范增而不能用，此其所以為我擒也。」（卷8，頁380-381）

　　楚敗漢勝的原因，王陵歸功於高祖的不吝封賞，高祖則歸功於三傑。[16]藉由高祖之口，彰明了張良、蕭何、韓信，於輔漢定天下過程的居功厥偉，此即「漢初三傑」名稱之來由。

　　在高祖的認定裡，漢初三傑的功勞，以張良為冠冕、蕭何居次。[17]然則，就史公而言，從三人本傳的贊語中，可見到史公以韓信為定漢的首位功臣，比擬周、召；蕭何比擬閎夭、散宜生；張良則全從外貌、行事謔莫發論，未實言功績。由太史公曰為提示，得見史公對三傑的裁評與高祖不類。較大的差異，落在韓信、張良的部分。

---

[16] 白壽彝：〈司馬遷與班固〉，收錄於張高評編：《史記研究粹編（一）》，頁182。

[17] 參〈留侯世家〉，卷55，頁2042、〈蕭相國世家〉，卷53，頁2019。

就楚漢相爭到漢定天下的這段過程來說，張良主要扮演著謀臣的角色，如黃震的評論：

> 利啗秦將，旋破嶢關，漢以是先入關。勸還霸上，固要項伯，漢以是脫鴻門。燒絕棧道，激項攻齊，漢以是還定三秦。敗於彭城，則勸連布越，將立六國，則借箸銷印，韓信自王，則躡足就封，此漢所以卒取天下。[18]

張良的功勞，在其每以智計，為劉邦化解重重危機。韓信的部分，史公敘其攻城野戰之時，亦不偏廢兵謀的載錄，從中可以看出韓信識見之高明、策略之奇變，突顯了韓信的智、力。除了漢中對的精闢分析，便是「背水一戰」的奇正相生：

> 諸將效首虜，（休）畢賀，因問信曰：「兵法右倍山陵，前左水澤，今者將軍令臣等反背水陳，曰破趙會食，臣等不服。然竟以勝，此何術也？」信曰：「此在兵法，顧諸君不察耳。兵法不曰『陷之死地而後生，置之亡地而後存』？且信非得素拊循士大夫也，此所謂『驅市人而戰之』，其勢非置之死地，使人人自為戰；今予之生地，皆走，寧尚可得而用之乎！」諸將皆服曰：「善。非臣所及也。」（卷92，頁2617）

藉由對話，得見韓信兵法謀略的高竿。據王鳴盛的說法：「觀信引兵法以自證其用兵之妙，且又著書三篇，序次諸家為三十五家，可見信平日學問本原。寄食受辱時揣摩已久，其連百萬之眾，戰必勝，攻必取，皆本於平日學問，

---

[18] 宋・黃震：《黃氏日鈔》，頁570。

非以危事嘗試者。」[19]故韓信的學問在積極進取、機變橫生上；張良則在用人、權謀上，以退讓和柔為貫串。由此看來，張良、韓信各有所長，對於漢高卒取天下，皆有不誑之功。

在〈淮陰侯列傳〉的下半篇，載述韓信對漢的一片忠心，卻功高震主，蒙冤而死，是史公深深惋惜處。〈留侯世家〉中，則載錄張良善於退守，明哲保身之處。若就下場來說，張良可謂計高一籌，何以在史公的認定裡，以韓信為第一呢？或許是著眼於韓信為漢打下半壁江山的苦勞，一心為漢的拳拳之忠，感慨韓信智勇雙全卻落得兔死狗烹下場。這樣的評判標準，帶有史公不以成敗論英雄，憐惜悲劇人物的抒情意味。

值得一提的是，韓信的不凡，也得賴蕭何「月下追韓信」的舉措，才讓劉邦真正「看到」韓信，才能用韓信。蕭何之能「識」高祖、能「識」韓信、能「識」曹參，正無愧於高祖馭獵狗的「功人」之譽：

> 漢五年，既殺項羽，定天下，論功行封。羣臣爭功，歲餘功不決。高祖以蕭何功最盛，封為酇侯，所食邑多。功臣皆曰：「臣等身被堅執銳，多者百餘戰，少者數十合，攻城略地，大小各有差。今蕭何未嘗有汗馬之勞，徒持文墨議論，不戰，顧反居臣等上，何也？」高帝曰：「諸君知獵乎？」曰：「知之。」「知獵狗乎？」曰：「知之。」高帝曰：「夫獵，追殺獸兔者狗也，而發蹤指示獸處者人也。今諸君徒能得走獸耳，功狗也。至如蕭何，發蹤指示，功人也。且諸君獨以身隨我，多者兩三人。今蕭何舉宗數十人皆隨我，功不可忘也。」羣臣皆莫敢言。（卷53，頁2015-2016）

蕭何能「識」人，也善於用人。故聽取召平、客言、鮑生語，在危急時，躲

---

[19] 清‧王鳴盛撰，陳文和等校點：《十七史商榷》（南京：鳳凰出版社，2008），卷5〈史記五‧韓信兵法〉，頁24-25。

過殺身之禍，以保其軀，這也是蕭何的智慧所在。蕭何的識見，亦表現在善於審時度勢的特性，見於劉邦初進咸陽一段：

> 沛公至咸陽，諸將皆爭走金帛財物之府分之，何獨先入收秦丞相御史律令圖書藏之。沛公為漢王，以何為丞相。項王與諸侯屠燒咸陽而去。漢王所以具知天下阨塞，戶口多少，彊弱之處，民所疾苦者，以何具得秦圖書也。（卷53，頁2014）

與諸將爭相掠奪金帛財物相較，蕭何惟獨收藏秦朝的律令圖書，可見在蕭何的認定裡，律令圖書的價值，是高於金銀財寶的。蕭何的慧眼，在日後獲得了印證，「漢王所以具知天下阨塞，戶口多少，彊弱之處，民所疾苦者，以何具得秦圖書也」。可見蕭何是著眼於「將來性」，來作揀擇價值的依據。只是，蕭何功業在此，史公對蕭何的不甚肯定，亦可由此尋出端倪：蕭何吸收秦丞相的律令圖書，以之建構漢帝國的藍圖。然而，劉邦代秦，正是乘著人民對秦殘暴統治不滿的風向，蕭何為何不採取三代盛名之君的典章制度變革秦之惡法，而要延續秦法呢？[20]是以史公在敘蕭何功業上的筆墨，還不及「釋劉邦之疑，以圖免誅謬之禍」來得多。[21]

在〈蕭相國世家〉中，更透過高祖的反應「兩大說，一大喜，一大怒，一不懌」，備寫高祖的疑忌。史公如此載述的用意，不少學者皆已察見端倪，指出史公的言外之意：隱然為史公心目中的一等功臣──韓信鳴冤，寓痛哭之悲愴。[22]前面指出，蕭何能識人，故月下追韓信。但換個角度解讀：「一反

---

[20] 類似的見解，可參周濟《味雋齋史義》、方苞〈漢高帝論〉。李師偉泰〈司馬遷對蕭何的褒揚與貶抑〉文中舉三事（「夷三族、連坐法」，「挾書律」，「誹謗律、妖言令」）為例，以史公對蕭何的不滿，落在蕭何主導漢朝制度，卻沿用秦律，未能有所變革處。參氏著：〈司馬遷對蕭何的褒揚與貶抑〉，收錄於安平秋等主編：《史記論叢》第四集（蘭州：甘肅人民出版社，2008），頁131-141。

[21] 徐復觀：《兩漢思想史》，卷3〈論史記〉，頁410。

[22] 吳見思：「兩大說，一大喜，一大怒，一不懌，是傳中關合照應。」徐與喬：「篇中序酇侯相業止起數行，而敘高帝忌疑，曰大悅，曰乃大喜，曰乃大悅，曰大怒，曰不懌，凡五百餘言。夫帝之疑

寫一筆妙甚，非寫蕭何也，正寫漢王極重蕭何；而蕭何極重韓信，則信為何如人哉！」[23]由此可見，史公對於漢初三傑的評判，抑揚予奪之間，是有其不受時俗標準左右的歷史眼光。

（三）天幸親貴與數奇不遇：衞青、霍去病與李廣

史公不因傳主個人的仕途、榮辱，影響其評價。褒貶抑揚之間，自有其權衡準則。漢武帝朝，三位討伐匈奴的大將李廣、衞青、霍去病的際遇，亦可經由比較，提撕出史公的論斷。

〈李將軍列傳〉從李廣世系敘起，言其家族「世世受射」（卷109，頁2867），故李廣的「善射」，是有著家學淵源。李廣除了是個神射手，更有著一股萬夫莫敵的剛猛氣概，「以力戰為名」（卷109，頁2868）。李廣的才氣，透過典屬國公孫昆邪的話語，可以得見：

（李廣）徙為上谷太守，匈奴日以合戰。典屬國公孫昆邪為上泣曰：「李廣才氣，天下無雙，自負其能，數與虜敵戰，恐亡之。」於是乃徙為上郡太守。（卷109，頁2868）

雖極力推崇李廣才氣的不凡，然則言外，卻隱隱傳達出對李廣務力戰，而不知兵法奇正變化之道的貶抑。[24]「射石虎」的一段軼事，正呼應著「其將兵數

忌，必暢寫之〈鄭侯世家〉者，見忠如鄭侯而帝疑忌如此，蓋隱為淮陰侯等鳴冤矣，史真直筆哉！」徐經：「史公於鄭侯相業，備寫高帝疑忌，蓋陰為淮陰痛哭矣。」參清·吳見思評點：《史記論文》，〈蕭相國世家〉，頁313；清·徐與喬：《經史辨體》，史部〈蕭相國世家〉，頁50；清·徐經：《雅歌堂文集》，卷4〈書鄭侯世家〉，頁20。

[23] 吳見思：「度何已言而亡，不及以文而追，想兩人權術相照處。」又曰：「又反寫一筆妙甚，非寫蕭何也，正寫漢王極重蕭何；而蕭何極重韓信，則信為何如人哉！固加一倍法也。」清·吳見思評點：《史記論文》，卷92〈淮陰侯列傳〉，頁495。

[24] 苧田氏：「篇中首載公孫昆邪一語，褒貶兼具」（《史記菁華錄》，頁198）李師偉泰：「這就涉及司馬遷軍事思想中奇、正必須配合應用的思惟。」並援舉〈田單列傳贊〉（贊語融合《孫子·勢篇》、〈九地篇〉，以及田單兵略），以司馬貞《索隱》來理解「奇」、「正」：「簡單來說，凡

困辱，其射猛獸亦為所傷」（卷 109，頁 2872），善於短兵相接，不善於運用兵法取勝的特性。是故，李廣帶兵出征，卻屢次打敗仗。然則，就史公敘來，李廣雖然打了敗仗，但每次都是浴血奮戰，才能化險為夷。舉元狩二年李廣以郎中令率四千騎兵從右北平出塞一事來說，詳下：

> 廣以郎中令將四千騎出右北平，博望侯張騫將萬騎與廣俱，異道。行可數百里，匈奴左賢王將四萬騎圍廣，廣軍士皆恐，廣乃使其子敢往馳之。敢獨與數十騎馳，直貫胡騎，出其左右而還，告廣曰：「胡虜易與耳。」軍士乃安。廣為圜陳外嚮，胡急擊之，矢下如雨。漢兵死者過半，漢矢且盡。廣乃令士持滿毋發，而廣身自以大黃射其裨將，殺數人，胡虜益解。會日暮，吏士皆無人色，而廣意氣自如，益治軍。軍中自是服其勇也。明日，復力戰，而博望侯軍亦至，匈奴軍乃解去。漢軍罷，弗能追。是時廣軍幾沒，罷歸。漢法，博望侯留遲後期，當死，贖為庶人。廣軍功自如，無賞。（卷 109，頁 2872-2873）

李廣的軍隊被十倍於己的匈奴右賢王騎兵包圍。情況危急之下，更能展現一個人的才略不凡。李廣先用匈奴容易對付的話語，安定軍心。而後，身先士卒，展現大無畏的勇氣，射殺匈奴俾將後，在一連殺了幾個人後，使得匈奴兵漸漸散開。天亮後，待張騫的軍隊趕到，匈奴兵才撤退。史公用吏士面無人色，來反襯李廣意氣自若的大勇。這次的戰事之凶險，在史公的筆下，歷歷如繪。然則，李廣功過相抵，無賞。再則，時間稍早的元朔六年漢匈戰爭，「諸將多中首虜率，以功為侯者，而廣軍無功。」（卷 109，頁 2872）一起出征作戰的將領們，多封了侯爵，何以惟獨廣軍無賞呢？非惟身為讀者的我們

屬軍事常規的作法，謂之『正』；不屬軍事常規，使敵方措手不及的作法，謂之『奇』」。李偉泰：〈《史》、《漢》論贊比較八則〉，收錄於國家圖書館等編：《屈萬里先生百歲誕辰國際學術研討會論文集》，2006 年 6 月，頁 8-9。

納悶，李廣自己也覺得疑惑：

> 廣嘗與望氣王朔燕語，曰：「自漢擊匈奴而廣未嘗不在其中，而諸
> 部校尉以下，才能不及中人，然以擊胡軍功取侯者數十人，而廣不
> 為後人，然無尺寸之功以得封邑者，何也？豈吾相不當侯邪？且固
> 命也？」朔曰：「將軍自念，豈嘗有所恨乎？」廣曰：「吾嘗為隴西
> 守，羌嘗反，吾誘而降，降者八百餘人，吾詐而同日殺之。至今大
> 恨獨此耳。」朔曰：「禍莫大於殺已降，此乃將軍所以不得侯者也。」
> （卷 109，頁 2873-2874）

據王朔的說法，「禍莫大於殺已降」似是無賞、不得封爵的原因。然而，戰爭
的死傷，動輒上萬，何以因李廣斬殺八百人，就貽禍終生呢？這是相當弔詭
的。對照〈衛將軍驃騎列傳〉，衛青一建功，非惟部屬受益，就連襁褓中的幼
子猶得封侯，可見李將軍的不得侯，應別有原因。在此之前，史公敘述了李
廣與從弟李蔡的際遇：

> 初，廣之從弟李蔡與廣俱事孝文帝。景帝時，蔡積功勞至二千石。
> 孝武帝時，至代相。以元朔五年為輕車將軍，從大將軍擊右賢王，
> 有功中率，封為樂安侯。元狩二年中，代公孫弘為丞相。蔡為人在
> 下中，名聲出廣下甚遠，然廣不得爵邑，官不過九卿，而蔡為列侯，
> 位至三公。（卷 109，頁 2873）

李蔡才能平庸，名聲、才幹均出廣下甚遠，一路平步青雲，早已置身三公之
高位，與從兄李廣正成強烈的對比。李廣底下的軍吏、士卒，抑或封侯。反
觀李廣，才氣，舉世無雙，戎馬終身，百戰而猶不能封侯。透過李廣與從弟
李蔡、諸軍吏士卒的比較，以及李廣與王朔的閒聊，則「通篇之不遇時無功，

生得無賞諸事，俱收入於內」。[25]由於悲痛李廣的遭遇，史公化用藉言敘事、敘事矛盾的方式，微致漢家封賞不平的埋怨。復舉元狩四年，李廣生前的最後一戰為例：

①後二歲，大將軍、驃騎將軍大出擊匈奴，廣數自請行。天子以為老，弗許；良久乃許之，以為前將軍。是歲，元狩四年也。

②廣既從大將軍青擊匈奴，既出塞，青捕虜知單于所居，乃自以精兵走之，而令廣并於右將軍軍，出東道。東道少回遠，而大軍行水草少，其勢不屯行。廣自請曰：「臣部為前將軍，今大將軍乃徙令臣出東道，且臣結髮而與匈奴戰，今乃一得當單于，臣願居前，先死單于。」大將軍青亦陰受上誡，以為李廣老，數奇，毋令當單于，恐不得所欲。而是時公孫敖新失侯，為中將軍從大將軍，大將軍亦欲使敖與俱當單于，故徙前將軍廣。廣時知之，固自辭於大將軍。大將軍不聽，令長史封書與廣之莫府，曰：「急詣部，如書。」廣不謝大將軍而起行，意甚慍怒而就部，引兵與右將軍食其合軍出東道。軍亡導，或失道，後大將軍。大將軍與單于接戰，單于遁走，弗能得而還。南絕幕，遇前將軍、右將軍。廣已見大將軍，還入軍。大將軍使長史持糒醪遺廣，因問廣、食其失道狀，青欲上書報天子軍曲折。廣未對，大將軍使長史急責廣之幕府對簿。廣曰：「諸校尉無罪，乃我自失道。吾今自上簿。」

③至莫府，廣謂其麾下曰：「廣結髮與匈奴大小七十餘戰，今幸從大將軍出接單于兵，而大將軍又徙廣部行回遠，而又迷失道，豈非天哉！且廣年六十餘矣，終不能復對刀筆之吏。」遂引刀自剄。廣軍士大夫一軍皆哭。百姓聞之，知與不知，無老壯皆為垂涕。而右將軍獨下吏，當死，贖為庶人。（卷109，頁2874-2876）

---

[25] 清・吳見思評點：《史記論文》，〈李將軍列傳〉，頁578。

這項戰役，造成李廣引刀自剄（第③段），終結命運多舛的一生。據李廣遺言，雖直呼「豈非天哉」，然則，從史公的敘事來考察，卻見到人為因素主導的部分。先看到第②段，首先衛青知道單于居住的地方，便率領精銳部隊追趕單于，而讓李廣與趙食其的軍隊，從比較迂曲遙遠、水源少、草料少的東路出發。其次，衛青為了讓公孫敖建功，故將前鋒李廣調離，讓公孫敖得以與俱，直搗單于巢穴。[26]復次，從衛青陰受上誡，連繫漢武帝以為李廣年老，不讓他出戰的初意（第①段）。故，李廣何以「數奇」的原因，至此方真相大白：與武帝厚此薄彼有關。再來，衛青以公文，命令李廣盡快率兵到右將軍的軍隊，卻因為沒有嚮導帶領，加上走的道路曲折遙遠，遂迷路失期，受到衛青審訊而自殺。從衛青的公文，到急切審訊李廣的樣貌，微見事件的真相：衛青有意陷害李廣，使之成為戰敗的替罪羔羊。

　　綜合來說，李廣命運的多舛，有主客觀的原因：客觀原因是時人觀念凝固，僅憑勝敗結果論封賞。主觀的原因，是李廣受到不公平的待遇。[27]史公非惟據事直書以寓論斷，更透過匈奴人的觀點（畏服李廣，以為「飛將軍」）、李廣軍吏的立場，側面反映出李廣英勇、善待士卒的形象。此中，無不帶有抒情、憤懣的意味。

　　相對於李廣的「數奇」，衛青、霍去病則以「天幸」為針線，貫穿全傳。筆者舉例如下：

　　漢兵夜至，圍右賢王，右賢王驚，夜逃，獨與其愛妾一人壯騎數百馳，潰圍北去。漢輕騎校尉郭成等逐數百里，不及，得右賢裨王十餘人，眾男女萬五千餘人，畜數千百萬，於是引兵而還。……天子

[26] 衛青何以要幫助公孫敖建功呢？原來，公孫敖是衛青有過生死情誼的好友。在〈衛將軍驃騎列傳〉裡，敘述了兩人的交情：「大長公主聞衛子夫幸，有身，妒之，乃使人捕青。青時給事建章，未知名。大長公主執囚青，欲殺之。其友騎郎公孫敖與壯士往篡取之，以故得不死。上聞，乃召青為建章監，侍中，及同母昆弟貴，賞賜數日間累千金。孺為太僕公孫賀妻。少兒故與陳掌通，上召貴掌。公孫敖由此益貴。」（卷111，頁2922）

[27] 參張大可：〈司馬遷悲壯抒懷，感動讀者兩千年〉，收錄於氏著：《史記十五講》，頁114。

曰：「大將軍青躬率戎士，師大捷，獲匈奴王十有餘人，益封青六千戶。」而封青子伉為宜春侯；青子不疑為陰安侯；青子登為發干侯。青固謝曰：「臣幸得待罪行閒，賴陛下神靈，軍大捷，皆諸校尉力戰之功也。陛下幸已益封臣青。臣青子在襁褓中，未有勤勞，上幸列地封為三侯，非臣待罪行閒所以勸士力戰之意也。伉等三人何敢受封！」天子曰：「我非忘諸校尉功也，今固且圖之。」（卷111，頁 2925-2926）

諸宿將所將士馬兵亦不如驃騎，驃騎所將常選，然亦敢深入，常與壯騎先其大（將）軍，軍亦有天幸，未嘗困絕也。然而諸宿將常坐留落不遇。由此驃騎日以親貴，比大將軍。（卷111，頁 2931）

上則引文，敘述元朔五年春天，衞青擊敗匈奴右賢王，被封為大將軍的事件。當時武帝封賞，連衞青尚在襁褓中的孩子，猶能得到封侯。下則引文，敘述驃騎將軍霍去病，因為掌握精兵，屢建戰功，甚得武帝寵幸，親貴直逼大將軍。綜觀〈衞將軍驃騎列傳〉的載述，衞、霍憑恃外戚身份起家，所立戰功雖盛，不免與其掌握精兵良將有關。反觀李廣，以良家子起家，善射且勇力絕人，是匈奴所畏服者。卻屢屢遭遇困頓，失敗而歸。雖百戰輒北，但過程中的驚險、辛苦，在史公心中，是足以比擬萬戶侯的。顯然，造成李廣不得封侯的原因，與漢武帝厚此薄彼脫離不了關係。

三、寄感慨：史寓興寄，無韻之騷

章學誠於《文史通義·史德》提到：「必通六義比興之旨，然後可讀春王正月之書」。[28]「春王正月」，指史書。「六義比興」為「興寄」的概念，即反映現實，針砭時弊，用來寄託勸喻。在編纂史書的過程中，從材料的選定、

---

[28] 清·章學誠撰、葉瑛校注：《文史通義校注》，卷3〈史德〉，頁222。

剪裁、筆削、排比到解釋，這當中無可避免的帶有一定的價值判斷。要進行價值判斷，必然含有一定的情感。歷來學者，在肯定《史記》的實錄精神時，亦不否定《史記》的情感面。[29]因此，要研究《史記》，勢必不能將實錄與情感，截然二分。

　　《史記》是史公以實錄精神為統領下，撰成的史書。其獨特點，在於述史之際，往往含括著史公的褒貶論斷，流露著愛憎感情。其尤可貴者，在於史公每能於實錄與抒情間，找到平衡。本節就史公以敘為議中，帶有寄慨意味的部分，作專門探討，以期稍能領會史公藉史明心、史蘊詩心的不凡與偉大。

（一）義利之辨：游俠慕義，世態炎涼

　　史公因李陵之禍下蠶室、受腐刑，對於一向潔身自愛的史公來說，實在是奇恥大辱。史公的悲慟，屢見於〈報任安書〉的重言嗟歎。然而，最讓史公感到傷痛的，除了身體上的受苦，莫過於「交遊莫救，左右親近不為一言」。[30]人情冷暖、世態澆薄，讓史公不得不重新審視自己的友情觀。這樣的愛憎情感，充盈著史公的內心，傾注在寫作之中，於此類議題的探索，往往帶有與眾不同的獨特見解。

　　先秦的刺客、近代的游俠，一致的便是重義輕生的剛烈。游俠的以武犯禁，牴觸到上位者的權力、及所建立的社會秩序，因此不容於統治階層。如〈游俠列傳〉歷載景帝盡誅濟南瞯氏、陳周庸以豪聞者；郭解父以任俠，在孝文時誅死，郭解翁伯亦於武帝時族誅。是故，史公對於游俠慕義的歌誦，只能化用于序事中寓論斷的方式，曲曲傳之。史公對游俠的褒美，非但表現出對有權有勢者那套正義與道德的懷疑與抗議，亦反襯出對世態炎涼的貶斥

---

[29] 參徐興海：〈《史記》中的情感流露〉，收錄於徐興海等主編：《司馬遷與史記論集》（西安：陝西人民出版社，1995），頁343-345。

[30] 漢·班固，唐顏師古注：《漢書》，卷62〈司馬遷傳〉，頁2730。

語氣。[31]

　　在〈魏其武安侯列傳〉裡，史公透過賓客動向，反映魏其、武安、灌夫的盛衰。從中透露著人情趨炎附勢的習性，與魏其、灌夫生死交誼一對照，則見史公寓於其中的褒貶。〈張耳陳餘列傳〉中，張耳、陳餘初為刎頸交，其後決裂、怨仇加深，乃至於相殺的行徑。史公一路敘來，以「利」為眼目，聯繫同傳附載的貫高、趙午行事，則與張耳、陳餘正成反照。由於劉邦對待自己的女婿趙王張敖十分無禮，而張敖卻是始終畢恭畢敬的對待劉邦。這讓以貫高為首的趙王臣子極為惱怒，認為要暗殺劉邦，趁機擁護趙王為帝，但趙王並不答應。貫高等的密謀，東窗事發後，劉邦便下令逮捕趙王。趙王的部屬趙午等，紛紛自剄，以表示對趙王效忠、死義的決心。獨有貫高不贊同這麼做，他認為自己必須先保全性命，才能替趙王洗刷罪名，故忍受了加諸身上的種種酷刑：

> 漢九年，貫高怨家知其謀，乃上變告之。於是上皆并逮捕趙王、貫高等。十餘人皆爭自剄，貫高獨怒罵曰：「誰令公為之？今王實無謀，而并捕王；公等皆死，誰白王不反者！」……貫高與客孟舒等十餘人，皆自髡鉗，為王家奴，從來。貫高至，對獄，曰：「獨吾屬為之，王實不知。」吏治榜笞數千，刺剟，身無可擊者，終不復言。（卷89，頁2584）

呂后屢次以魯元公主為由，向高祖勸說，仍然無法消除高祖的顧慮。在貫高受盡嚴刑拷問，仍堅持趙王的清白下，終於讓高祖起疑，派遣貫高同鄉泄公

---

[31] 林聰舜從班固對史公的批評：「序游俠，則退處士而進奸雄」，以及公孫弘建議武帝族誅郭解的話語（郭解不知情的罪比親手殺人還重）解讀出：士大夫對游俠這類人物潛在破壞力的憂慮。且「通過對『不軌於正義』的游俠的歌頌，司馬遷明顯地表現出他對有權有勢者那套正義與道德的懷疑與抗議」。參林聰舜：《西漢前期思想與法家的關係》，「第六章《史記》思想與先秦儒、道、法家的關係」，頁205、207。另，本論著所引例子分別見於《史記》，卷124，頁3184-3185、頁3185、頁3188-3189。

詢問事件始末：

> 上使泄公持節問之篋輿前。仰視曰：「泄公邪？」泄公勞苦如生平
> 驩，與語，問張王果有計謀不。高曰：「人情寧不各愛其父母妻子
> 乎？今吾三族皆以論死，豈以王易吾親哉！顧為王實不反，獨吾等
> 為之。」具道本指所以為者王不知狀。於是泄公入，具以報，上乃
> 赦趙王。（卷89，頁2584）

在貫高的苦心孤詣下，終於平反趙王的罪名。雖然，貫高還是以「人臣有篡
殺之名，何面目復事上」為由，自絕性命。但其忠臣死義之行，終究「名聞
天下」（卷89，頁2585）。在史公的載述裡，便見到史公寄寓著「利之不可輕
交」的評論，流露著史公「放聲哭世」的悲愴。[32]可永雪以為〈張耳陳餘列傳〉
附載貫高、趙午的目的，便在於：

> 給勢力交的行徑找到一個在道德上根本與之相反的典型，使之對
> 立，與之相較，……從而激發人們在為人、交友，在道德面前的無
> 限感慨和遐思。[33]

像灌夫、貫高、趙午之儔，不隨俗俯仰，不受利益誘惑者，便帶有先秦士風、
游俠習氣。〈韓信盧綰列傳〉附載陳豨事，與〈田儋列傳〉載田橫事，就「結
客」事而言，可以看到史公是有意將兩篇於卷數上相連，於內容上構成對比
的。如陳豨雖待臣下、賓客如布衣交，以致隨從者千餘乘。然則，麾下王黃、
曼丘臣等卒受漢購，而使陳豨反事失敗告終。另如田橫者，及其自刭後，其

---

[32] 金聖嘆批云：「寫張耳、陳餘，直寫至其賓客，乃至其廝役尚皆是俊傑卿相。然則張耳、陳餘為何
如人哉？而一旦以利，遂至大隙。甚矣，利之不可輕交！此是史公放聲哭世文。」張國光點校：《金
聖嘆批才子古文》（湖北：湖北人民出版社，1986），卷7，西漢文，頁278。

[33] 可永雪：《《史記》文學成就論說》，頁229。

賓客五百餘人不愛官爵，皆自殺：

> 豨所以待賓客布衣交，皆出客下。……及高祖十年七月，太上皇崩，
> 使人召豨，豨稱病甚。九月，遂與王黃等反，自立為代王，劫略趙、
> 代。……上曰：「陳豨將誰？」曰：「王黃、曼丘臣，皆故賈人。」
> 上曰：「吾知之矣。」迺各以千金購黃、臣等。……王黃、曼丘臣
> 其麾下受購賞之，皆生得，以故陳豨軍遂敗。（卷93，頁2640-2641）
> （田橫）既葬，二客穿其冢旁孔，皆自剄，下從之。高帝聞之，迺
> 大驚，大田橫之客皆賢。吾聞其餘尚五百人在海中，使使召之。至
> 則聞田橫死，亦皆自殺。於是迺知田橫兄弟能得士也。（卷94，頁
> 2647-2649）

兩相連繫，差距甚遠，反映史公對友朋交往、結客者，當以道德為準則，以
勢利為末的看法。連繫著史公的身世之悲，言外便帶有史公深刻的慨歎與惋
惜。

通過這些「士為知己者死」的記載，藉以對照現實社會的炎涼澆薄。誠
如韓兆琦所言：〈廉頗藺相如列傳〉所譴責的「天下以市道交」、〈汲鄭列傳〉
中所揭示的「一死一生，乃見交情；一貴一賤，交情乃現」（卷120，頁3114），
是一個問題的兩面。史公通過李陵敗軍與宮刑事件，對這類人情世態的體驗，
實在太深刻了！[34]

（二）痛信因果：果報循環，報應不爽

關於天人之間的界分，史公凸顯人的主體價值，透過以人統事的方式記
述歷史。對於人的行為，及其結果的對應關係，史公的基調，是秉持著儒家
倫理的信念，抱持著因果報應的思想。[35]藉由以敘為議的方式，傳達史公對善

---

[34] 韓兆琦：《史記博議》，頁138。

[35] 參日·今鷹真著、尚永亮譯：〈《史記》中所表現的司馬遷的因果報應思想和命運觀〉，收錄於徐

惡因果的看法，隱隱流露著褒貶愛憎的情感。

　　漢武帝建元六年，發生閩越攻打南越的戰事。南越王為遵守天子約束，不敢擅自迎擊，便向天子報告實情。漢武帝遂派遣大行王恢、大農韓安國助南越一臂之力，讓情勢大為逆轉。情勢危急下，閩越王郢的弟弟餘善，便和宰相、宗族商量對策：

> 其弟餘善乃與相、宗族謀曰：「王以擅發兵擊南越，不請，故天子兵來誅。今漢兵眾彊，今即幸勝之，後來益多，終滅國而止。今殺王以謝天子。天子聽，罷兵，固一國完；不聽，乃力戰；不勝，即亡入海。」皆曰「善」。即鏦殺王，使使奉其頭致大行。（卷114，頁2981）

餘善以為，漢朝出兵的用意，即在禍首閩越王郢，只要將其誅鋤，就能保全國家。在其他人的贊同下，便殺害閩越王，割下其頭顱，獻給大行王恢。後來漢朝果然退兵，餘善遂被立為東越王。到了元鼎六年，這次反倒是東越王餘善的謀反。漢武帝派遣大軍，分路並進，鎮壓反叛的勢力。越衍侯吳陽勸餘善歸服，餘善不聽。於是：

> 及橫海將軍先至，越衍侯吳陽以其邑七百人反，攻越軍於漢陽。從建成侯敖，與其率，從繇王居股謀曰：「餘善首惡，劫守吾屬。今漢兵至，眾彊，計殺餘善，自歸諸將，儻幸得脫。」乃遂俱殺餘善，以其眾降橫海將軍。（卷114，頁2983）

吳陽與建成侯敖、繇王居股的計策，即是餘善先前殺害閩越王以降漢的計策。兩件事情相隔十餘年，史公用同等敘法，使人於比物連類中，即可觀察出所

興海等主編：《司馬遷與史記論集》，頁269-270。

寄寓的要旨：餘善大逆不道，又意懷不軌，因此史公妙用史筆，以餘善前計殺餘善，闡示因果報應之理。如此敘法，屢見於《史記》，如武安侯田蚡在讒陷魏其、灌夫致死後，即得怪病。此病甚奇，「使巫視鬼者視之，見魏其、灌夫共守，欲殺之。」（卷107，頁2854）彷彿厲鬼索命般，田蚡便在怪病纏身下，暴斃而死。冥冥中帶有著果報循環、報應不爽的道理，足為「後世擅權者之戒」。[36]霍去病射殺李敢後，史公綴接「居歲餘，去病死」（卷109，頁2876），亦屬此類。

相對於〈循吏列傳〉的奉職守法，〈酷吏列傳〉以嚴刑竣法聞名。循吏所載五人，皆非漢時人；然酷吏所載十一人，除郅都外，皆為武帝時人。不僅依年代為序，彼此之間，更交互相形。筆者簡繪成圖，示意如下：

圖二：〈酷吏列傳〉所載酷吏關係圖

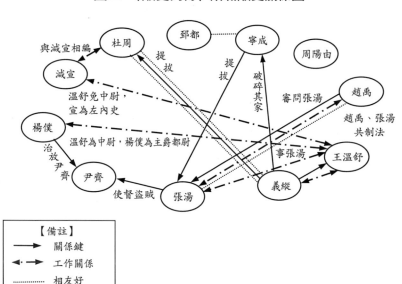

---

[36] 「武安倚勢陷殺二人，二人卒為厲鬼。史書報應甚速，事未必真，特以此為天下後世擅權者之戒。」明‧凌稚隆輯校、李光縉增補，日‧有井範平補標：《補標史記評林》（臺北：地球出版社，1992年3月第1版）卷107〈魏其武安侯列傳〉引錢福語，頁2441。

寫趙禹處，論及張湯；論張湯處忽入趙禹。述義縱處，又入寧成；載尹齊時，又入楊僕云云。諸酷吏間，或有提拔之恩、或友好、或共事、或排抑。史公敘來，宛然以張湯為脈，貫串其餘，敘事最為詳盡，蓋懲其「用事之專且久，得君之深且篤」。[37]筆者簡繪圖中，亦見張湯的關係鍵最為紛繁的情形，可證張湯為史公所欲凸出的焦點人物。張湯為人多詐，善於舞智，終因舞智而敗，本傳載道：

> 河東人李文嘗與湯有卻，已而為御史中丞，恚，數從中文書事有可以傷湯者，不能為地。湯有所愛史魯謁居，知湯不平，使人上蜚變告文姦事，事下湯，湯治論殺文，而湯心知謁居為之。上問曰：「言變事縱跡安起？」湯 詳驚 曰：「此殆文故人怨之。」謁居病臥閭里主人，湯自往視疾，為謁居摩足。趙國以冶鑄為業，王數訟鐵官事，湯常排趙王。趙王求湯陰事。謁居嘗案趙王，趙王怨之，并上書告：「湯，大臣也，史謁居有病，湯至為摩足，疑與為大姦。」事下廷尉。謁居病死，事連其弟，弟繫導官。湯亦治他囚導官，見謁居弟，欲陰為之，而 詳 不省。謁居弟弗知，怨湯，使人上書告湯與謁居謀，共變告李文。事下減宣。宣嘗與湯有卻，及得此事，窮竟其事，未奏也。……三長史皆害湯，欲陷之。……以故三長史合謀曰：「始湯約與君謝，已而賣君；今欲劾君以宗廟事，此欲代君耳。吾知湯陰事。」使吏捕案湯左田信等，曰湯且欲奏請，信輒先知之，居物致富，與湯分之，及他姦事。事辭頗聞。上問湯曰：「吾所為，賈人輒先知之，益居其物，是類有以吾謀告之者。」湯不謝。湯又 詳驚 曰：「固宜有。」減宣亦奏謁居等事。天子果以湯懷詐面欺，使使八輩簿責湯。湯具自道無此，不服。於是上使趙禹責湯。禹至，

[37]「群酷吏非無暴過於湯者，然用事之專且久，得君之深且篤，則未有及湯者也。」清・苧田氏：《史記菁華錄》，卷6〈酷吏列傳〉，頁233。

讓湯曰：「君何不知分也。君所治夷滅者幾何人矣？今人言君皆有狀，天子重致君獄，欲令君自為計，何多以對簿為？」湯乃為書謝曰：「湯無尺寸功，起刀筆吏，陛下幸致為三公，無以塞責。然謀陷湯罪者，三長史也。」遂自殺。（卷122，頁3142-3144）

張湯先是在審理李文的事件中，表現出知情不報，假意驚懼的神色。後來，處理謁居後事時，又假意不去理會謁居的弟弟，使之埋怨，而告發陰事。在武帝懷疑張湯與商人之間有所勾結，從中牟利時，又假裝驚異的樣子。史公妙用三個「詳」字，兩「詳驚妙」，摹寫張湯的懷詐舞智，甚為傳神。在與張湯有郤的減宣、三長史告發陰事後，「天子果以湯懷詐面欺」。寫張湯因懷詐舞智，終獲報應，史公敘來因深果熟，事理圓足。劾治張湯的審理官員，是曾經與之友好、共事的趙禹。從趙禹對張湯責備的話語裡，淹透出「陷人者人亦陷之」的人情事理，使張湯自我醒悟。史公何嘗不是藉趙禹之口，以悟天下人呢！

　　諸酷吏性情雖殊，然共同的特質皆為用法過嚴，動輒族誅。以王溫舒為例，非但恣意定罪、貪污弄權、結黨營私，又透過濫施刑罰的方式，來建立威權，可謂萬惡之淵藪。王溫舒得到的報應，更是慘烈，本傳載道：

歲餘，會宛軍發，詔徵豪吏，溫舒匿其吏華成，及人有變告溫舒受員騎錢，他姦利事，罪至族，自殺。其時兩弟及兩婚家亦各自坐他罪而族。光祿徐自為曰：「悲夫，夫古有三族，而王溫舒罪至同時而五族乎！」（卷122，頁3150-3151）

史公藉閒人光祿徐自為之口，發抒感嘆：蘊含著史公對王溫舒恣行殘暴的憤恨；寄寓著作惡多端終得報償的痛快；也感慨著這樣付出的代價，實在是太

高了！王慎中曰：「總敘酷吏之自禍并禍家國為戒深矣。」[38]誠然。

除了現世報外，先祖種下的惡因，也會帶給子孫影響，此即福永氏所謂「陰德陽報」的思想。[39]如〈王翦傳〉中藉由客語，闡發三世為將必敗以其殺伐者眾的道理。另舉〈陳丞相世家〉為例：陳平雖為運籌帷幄的重臣，然其學問本出《陰符》，史公載其「凡六出奇計，輒益邑，凡六益封。奇計或頗祕，世莫能聞也。」（卷56，頁2058）吳見思曰：「六出奇計只虛寫，又註明一句，秘計即所謂陰謀也。」[40]考察史公所載，「以金縱反閒於楚軍」（卷56，頁2055-2056）、替高祖出「偽游雲夢」（卷56，頁2057）以擒韓信的策略，皆為奇計之一。是故陳平六出奇計，實為陰謀，故以陰禍作結：

> 始陳平曰：「我多陰謀，是道家之所禁。吾世即廢，亦已矣，終不能復起，以吾多陰禍也。」然其後曾孫陳掌以衛氏親貴戚，願得續封陳氏，然終不得。（卷56，頁2062）

吳見思：「其功業在此，其禍敗亦在此」，誠然此言。[41]藉由陳平的預示，闡發陰謀的禍害，傳達因果報應，天道好還的道理，是以，「含蘊無窮，垂戒深遠」。[42]或許這些報應情事未必真的那麼巧合，然寄寓著史家對於美、善的追求；或許良人並未能有好報，然而為惡者「多行不義必自斃」，卻是史公所欲

---

[38] 明·凌稚隆輯校、李光縉增補，日·有井範平補標：《補標史記評林》，卷122〈酷吏列傳〉引王慎中語，頁2717。

[39] 參日·今鷹真著、尚永亮譯：〈《史記》中所表現的司馬遷的因果報應思想和命運觀〉，收錄於徐興海等主編：《司馬遷與史記論集》，頁273。

[40] 清·吳見思評點：《史記論文》，〈陳丞相世家〉，頁327。

[41] 吳見思曰：「陳曲逆，帷幄運籌臣也，所謂奇計六出，必應描寫鋪序。偏只虛寫，如天外雲山，飄渺黛色，而閒閒照應，以道家陰禍終之。其功業在此，其禍敗亦在此。不必序明，而含蘊無窮。」清·吳見思評點：《史記論文》，〈陳丞相世家〉，頁329。

[42] 「通篇純是見智謀處，末用『陰謀』『陰禍』四字作結，人之居心宜何如哉！太史公揭出此語，含蘊無窮；垂戒深遠。」清·高嵣：《史記鈔》（清乾隆五十三年（1788）廣郡永邑培元堂刊本），卷2〈陳丞相世家〉，頁9。

彰顯之處。與其說是帶有「聞之者足以戒」的勸懲意旨，毋寧說是史公基於正義感與倫理感，而以飽蘸著感情的史筆，給予善、惡應有的裁評。

（三）質疑天道：人能弘道，無如命何？[43]

《史記》是史公紹繼《春秋》，博通經史、錯綜古今，以實錄精神一以貫之，所撰成的史書。其撰述宗旨，在「究天人之際，通古今之變，成一家之言」。[44]對於天人之際的概念，係傳承《易經》隱顯通變的道理，改造董仲舒天人感應的學說，凸出人的主體性，始得而成。

然而，史公並沒有全然屏除天人感應的思想，而是有所保留，如〈天官書〉中天降災異的記錄。對於五德終始與鬼神問題，否定之虞，在〈封禪書〉、〈高祖本紀〉、〈孝文本紀〉等或有記載。也許是基於保存史料的用意，傳疑的實錄精神，抑或是帶有複雜的道德觀念與感情色彩，這讓史公的天人觀產生模糊性。[45]以因果關係的討論為例，表現出時而痛信因果，時而質疑天道的態度。

在「果報循環，報應不爽」的議題上，史公找出了許多實例，並予以強調，用來警戒世人，體現出他的倫理感、正義感。然則，史公在〈伯夷列傳〉援舉伯夷、叔齊、顏淵時，便透過重辭複筆的方式，提出對「天道無親，常與善人」（卷 61，頁 2124）的質疑。從有怨歸於無怨的論點，反映出天人之際，人只能在精神上得勝的悲劇意識。[46]

---

[43] 〈外戚世家〉「人能弘道，無如命何」，據顏師古說法，語源於《論語》。漢‧司馬遷著，日‧瀧川資言考證：《史記會注考證》，卷 49〈外戚世家〉，頁 756。

[44] 漢‧班固，唐‧顏師古注：《漢書》，卷 62〈司馬遷傳〉，頁 2735。

[45] 參徐興海：〈司馬遷天人思想的模糊性〉，《唐都學刊》，1988 年第 2 期，頁 17、31-36。

[46] ①參日‧今鷹真著、尚永亮譯：〈《史記》中所表現的司馬遷的因果報應思想和命運觀〉，收錄於徐興海等主編：《司馬遷與史記論集》，頁 270、274；李秋蘭：《《史記》敘事之書法研究》（國立成功大學中文所博士論文，2008），第四章「成一家言之敘事策略」，頁 168-169。
②針對《史記》中「命」的主題，作專門論述者，可參林宗昱：《《史記》命論之研究》（國立嘉義大學中文所碩士論文，2010）。

　　前塵往事，歷歷在目，淮陰侯韓信、彭越、黥布、周勃、周亞夫等，於定國安邦有重大貢獻的功臣名將，終究不免誅滅的命運；扁鵲、倉公以懸壺濟世為業的醫者，卻因醫術遭到禍害；韓非、鄒陽以才德遭到嫉忌；屈原、賈誼，懷抱著滿腹才情、治世的理想，卻命運乖舛，不遇於時。節錄賈誼〈弔屈原賦〉一段如下：

> 遭世罔極兮，乃隕厥身。嗚呼哀哉，逢時不祥！鸞鳳伏竄兮，鴟梟翔翔。闒茸尊顯兮，讒諛得志；賢聖逆曳兮，方正倒植。……般紛紛其離此尤兮，亦夫子之辜也！瞝九州而相君兮，何必懷此都也？鳳皇翔于千仞之上兮，覽惪輝而下之；見細德之險（微）〔微〕兮，搖增翮逝而去之。彼尋常之汙瀆兮，豈能容吞舟之魚！（卷84，頁2493-2495）

賈誼在賦中，哀嘆屈原「逢時不詳」，遭受怨誹，是以不能展現經國之才。表面上似將屈原不受重用的原因，歸咎於「時」，事實上，稽考屈原本傳，可以見到人為因素的主導。透過虛（時）實（人）筆法的變化，寄寓著賈誼自傷遭遇的情感。更進一步看，史公將屈原、賈誼合併為傳，從兩人的際遇、所收錄的作品，體現著史公藉史發抒「懷才不遇」之感的用意。[47]這裡的「時」為虛指，帶有抒情意味。相同的意念，亦見於〈李將軍列傳〉。傳載李廣不幸而死時，遺言：

> 廣結髮與匈奴大小七十餘戰，今幸從大將軍出接單于兵，而大將軍又徙廣部行回遠，而又迷失道，豈非天哉！（卷109，頁2876）

---

[47] 李景星評論〈屈原賈生列傳〉道：「豈獨屈賈兩人合傳，直作屈、賈、司馬三人合傳讀可也。」李景星：《史記評議》，卷2〈陳涉世家〉，頁77。

李廣雖然將遇害的原因，推給上天。實則通過史公的敘事，可見箇中關鍵，在於衛青的排擠與軍功爭奪的問題。[48]項羽烏江自刎前，嘗謂其騎曰：「天之亡我，非戰之罪」（卷 7，頁 333）英雄末路，猶不悔悟所以失敗的原因，可永雪以為「既是歷史上楚漢爭雄的失敗者，又是人生中至死不悟的主觀主義者」。[49]其悲劇意蘊，是雙重的。事實上，在史公呈現性敘事的筆法下，可以明白楚敗漢勝的箇中要領，在於人而不在於天，帶有豐富的感情色彩。[50]

　　在《史記》裡，對於許多難以解釋的命題，史公或歸之於「天」，或用「命」、「勢」、「形」、「形勢」、「偶合」，這類的字眼表示。意在「用人以外的絕對者的存在和支配力，去理解歷史的不合理性，去理解命運的嘲諷」，帶有濃厚的抒情性。[51]如魯迅在《漢文學史綱要》所提到：

　　　（史公）恨為弄臣，寄心楮墨，感身世之戮辱，傳畸人於千秋，雖
　　　背《春秋》之義，固不失為史家之絕唱，無韻之〈離騷〉矣。[52]

魯迅將《史記》喻為抒情的長詩——〈離騷〉，這是相當獨到的見解，貴能異中見同，看出《史記》與〈離騷〉之間的共通性，故歷來學者引用不輟。由於身歷其境的體會，對於世間假仁假義的情事，看的太多，較之游俠、刺客的重義輕生，史公往往多了一份同情；對於歷史上種種疑案、冤案，亟欲透

---

[48] 參本論著第五章二、「（三）天幸親貴與數奇不遇」。

[49] 寫項羽的英雄末路，還有一重用意：項羽的悲劇是雙重的，他既是歷史上楚漢爭雄的失敗者，又是人生中至死不悟的主觀主義者。可永雪：《《史記》文學成就論說》，頁 341-342。

[50] 楚敗漢勝因緣的探究，已有不少的研究成果，近期如張大可〈長風呼嘯，馬蹄聲碎——司馬遷筆下的楚漢相爭〉，分成「鴻門鬥智，勝負已兆」、「項羽分封，虎落泥潭」、「漢中對策，劉邦東出」、「下邑畫策，峰回路轉」、「成皋對峙，智力俱困」、「垓下決戰，楚亡漢興」，援古證今，論述頗為精詳，故筆者不再贅述。詳參張大可〈長風呼嘯，馬蹄聲碎——司馬遷筆下的楚漢相爭〉，收錄於氏著：《史記十五講》，頁 133-153。

[51] 日・今鷹真著、尚永亮譯：〈《史記》中所表現的司馬遷的因果報應思想和命運觀〉，收錄於徐興海等主編：《司馬遷與史記論集》，277。

[52] 魯迅：《漢文學史綱要》（北京：人民文學出版社，1973），頁 30。

過史實的呈現，揭露真相；對於善惡果報，存在著報應不爽的基調；至於善、惡之間，未能直接連結對應者，史公亦以如椽巨筆，給與論裁，使善者留芳百世，惡者遺臭萬年。通過述史的方式，寄寓抑揚褒貶，體現出「人能弘道，無如命何」（卷 49，頁 1967）的思想。

四、供資鑑：善惡必書，以史為鑑

〈太史公自序〉寫到，《史記》完成後，「藏之名山，副在京師，俟後世聖人君子」（卷 130，頁 3320）。此知，史公敘近、當代史範圍時，於敘事中寄寓褒貶的意圖，除了避免觸犯忌諱、禍延子孫外，也帶有對是書流播的關注。倘若在傳播的過程，遭到毀書、禁書，則史公資鑑後代的用意便無法達成。

史公窮究天人、通變古今，成就一家之言。不僅帶有先秦諸子的議論性，也具備史書資鑑勸懲的特性。善惡必書，使善者為人稱頌，惡者足以為戒。是以，雖然運用以敘為議的方式，削弱褒貶觸忌的鋒芒，仔細品味其中論斷，還是寄寓著真、善、美的史家情懷。本節分成「成敗之理，因緣在人」、「興必慮衰，安必思危」、「功名之會，猜忌所生」，論析史公的教諭，如下：

（一）成敗之理，因緣在人

秦漢之際，雖然最終獲得統治權的是劉邦，然而史公並不埋沒項羽、陳涉居間的功勞。史公不僅破格將陳涉列入世家，更於〈陳涉世家序〉中，彰其首事的功勞，與湯武革命、孔子作《春秋》並言，可見史公對陳涉揭竿起義的舉動是相當肯定的。只是，陳涉發難之初，勢如破竹，何以最後功敗垂成呢？〈陳涉世家〉透過二段軼事的載錄，側面寄寓了史公的看法。節錄如下：

・陳涉少時，嘗與人傭耕，輟耕之壟上，悵恨久之，曰：「苟富貴，

無相忘。」庸者笑而應曰：「若為庸耕，何富貴也？」陳涉太息
曰：「嗟乎，燕雀安知鴻鵠之志哉！」（卷48，頁1949）

‧ 陳勝王凡六月。已為王，王陳。其故人嘗與庸耕者聞之，之陳，
扣宮門曰：「吾欲見涉。」宮門令欲縛之。自辯數，乃置，不肯
為通。陳王出，遮道而呼涉。陳王聞之，乃召見，載與俱歸。入
宮，見殿屋帷帳，客曰：「夥頤！涉之為王沈沈者！」楚人謂多
為夥，故天下傳之，夥涉為王，由陳涉始。客出入愈益發舒，言
陳王故情。或說陳王曰：「客愚無知，顓妄言，輕威。」陳王斬
之。諸陳王故人皆自引去，由是無親陳王者。（卷48，頁1960）

在第一則軼事中，透露了陳涉少時，雖然微賤，卻已經有著鴻鵠般高遠的志
向。聯繫第二則，則見到陳涉盡忘初衷（「苟富貴，無相忘」），斬殺故人，以
致身邊再也沒有親近的人。此外，陳涉雖與吳廣共起事，卻任命殺死吳廣的
田臧為上將。任命處事苛刻的朱房、胡武，來糾察羣臣，所用非人，「諸將以
其故不親附，此其所以敗也。」（卷48，頁1961）這就預言了陳涉眾叛親離，
導致敗亡的結局。

由陳涉、項羽失敗的例子，可見史公以為事情的成功、失敗，關鍵常在
於人。呂后專政時期，不僅分封諸呂為王，呂后家族更懷抱著劫持少主，篡
奪劉家天下的野望。陳平深以為憂慮，便請教陸賈的看法，載道：

陸生往請，直入坐，而陳丞相方深念，不時見陸生。陸生曰：「何
念之深也？」陳平曰：「生揣我何念？」陸生曰：「足下位為上相，
食三萬戶侯，可謂極富貴無欲矣。然有憂念，不過患諸呂、少主耳。」
陳平曰：「然。為之柰何？」陸生曰：「天下安，注意相；天下危，
注意將。將相和調，則士務附；士務附，天下雖有變，即權不分。
為社稷計，在兩君掌握耳。臣常欲謂太尉絳侯，絳侯與我戲，易吾
言。君何不交驩太尉，深相結？」為陳平畫呂氏數事。（卷97，頁

2700-2701）

據陸賈的說法，唯有將相和諧共處，相輔相成，士人才能全心歸附。陳平任職宰相，擅長謀略策畫；周勃任太尉，掌有軍事重責。兩人交歡相結，來個裡應外合，近則牽制誅呂，長遠的考量則可伺機而動，匡正劉家天下。連結〈呂太后本紀〉從呂太后掌政到平定諸呂之禍的載述，體現出陳平、周勃兩人的交結，實為誅鋤呂氏之禍成功的關鍵。

　　漢初為鞏固政權，常藉分封同姓王的方式，以收屏藩帝室、鎮撫天下的功效。然則，諸侯王驕恣不法，屢有所聞，甚或有僭越成性，謀欲叛反者。如孝景年間，吳王劉濞所發動的七國之亂便為顯例。雖然吳王濞表面上是對景帝採取鼂錯削藩政策的反動，實則早以謀畫許久，只是欠缺一個叛反的理由。[53]七國之亂的始末，〈吳王濞列傳〉載述頗詳。除了側重於敘周亞夫出師、鄧都尉獻謀，詳破吳之計外，對吳王濞專智之失，亦詳加敘述：

> 吳王之初發也，吳臣田祿伯為大將軍。田祿伯曰：「兵屯聚而西，無佗奇道，難以就功。臣願得五萬人，別循江淮而上，收淮南、長沙，入武關，與大王會，此亦一奇也。」吳王太子諫曰：「王以反為名，此兵難以藉人，藉人亦且反王，奈何？且擅兵而別，多佗利害，未可知也，徒自損耳。」吳王即不許田祿伯。（卷106，頁2832）

---

[53] 通過〈吳王濞列傳〉的載述：「會孝惠、高后時，天下初定，郡國諸侯各務自拊循其民。吳有豫章郡銅山，濞則招致天下亡命者（益）〔盜〕鑄錢，煮海水為鹽，以故無賦，國用富饒。」（卷106，頁2822）「然其居國以銅鹽故，百姓無賦。卒踐更，輒與平賈。歲時存問茂材，賞賜閭里。佗郡國吏欲來捕亡人者，訟共禁弗予。如此者四十餘年，以故能使其眾。」（卷106，頁2823）聯繫後來的敘述，藉由鼂錯的話語可明，鼂錯已經察覺吳王濞欲謀反的心理：「鼂錯為太子家令，得幸太子，數從容言吳過可削。數上書說孝文帝，文帝寬，不忍罰，以此吳日益橫。及孝景帝即位，錯為御史大夫，說上曰：『昔高帝初定天下，昆弟少，諸子弱，大封同姓，故王孽子悼惠王王齊七十餘城，庶弟元王王楚四十餘城，兄子濞王吳五十餘城：封三庶孽，分天下半。今吳王前有太子之郄，詐稱病不朝，於古法當誅，文帝弗忍，因賜几杖。德至厚，當改過自新。乃益驕溢，即山鑄錢，煮海水為鹽，誘天下亡人，謀作亂。今削之亦反，不削之亦反。削之，其反亟，禍小；不削，反遲，禍大。』」（卷106，頁2824-2825）

> 吳少將桓將軍說王曰:「吳多步兵,步兵利險;漢多車騎,車騎利
> 平地。願大王所過城邑不下,直棄去,疾西據雒陽武庫,食敖倉粟,
> 阻山河之險以令諸侯,雖毋入關,天下固已定矣。即大王徐行,留
> 下城邑,漢軍車騎至,馳入梁楚之郊,事敗矣。」吳王問諸老將,
> 老將曰:「此少年推鋒之計可耳,安知大慮乎!」於是王不用桓將
> 軍計。

對於吳軍後來失敗的過程,史公並未細細描摹,僅於周丘戰勝時,書寫吳軍
敗亡而已,留下了敘事空白。然而,藉由史公所詳敘的部分,可以推想出吳
王濞的失敗,大抵如周亞夫所計畫的破吳策略般。吳王濞在一步一步走向敵
人構築的陷阱之前,是有機會挽回這般劣勢的。這就是田祿伯所獻的「奇道」
策略,和恒將軍的「疾西」策略,只是吳王並不採用。[54]此見史公於詳略、輕
重的虛實筆法,調配之間,運用得宜,藉以領導讀者體察出事件的徵結點。
由史公的載述,可以明白,吳王濞發動七國之亂,實有其「國用富饒」、「能
使其眾」的利因。[55]只是醞釀許久的叛反,固然掌握了天時與地利,臨場上人
謀策略運用的失誤,還是可能鑄下失敗的因子。終究雷聲大雨點小,在亂事
發起不到三個月,就被平定。

　　吳王濞七國之亂的發難,是以誅鋤「侵略諸侯地」的「賊臣」鼂錯為號
召的。[56]要釐清事件的來龍去脈,先從「削藩策」探起。「削藩策」的構想,
原於賈誼〈治安策〉,[57]是有鑒於諸侯王僭越難治,「為國家樹長畫」(卷130,

---

[54] 「先敘太子爭博,鼂錯削地,詳致反之由。次敘吳誂膠西,膠西約五國,詳約初之狀。次敘下令國
中,遺書諸侯,詳聲勢之大。次敘鼂錯紿誅,袁盎出使,詳息兵之策。次敘條侯出師,鄧都尉獻
謀,詳破吳之計。次敘田祿伯奇道,桓將軍疾西,詳專智之失。六者皆詳矣,獨於吳軍之敗不詳
敘,但於周丘戰勝之時,聞吳王敗走而已,此亦可悟為文詳略之法。」清·曾國藩:《求闕齋讀書
錄》(臺北:廣文書局,1969 年 1 月初版),卷 3〈吳王濞列傳〉,頁 9-10。

[55] 詳吳王濞本傳載述(卷 106,頁 2822)。

[56] 詳吳王濞致七國反書。(卷 106,頁 2828-2829)。

[57] 據錢穆的整理,賈誼的治安策,舉其大者,主要有三:「王國之地大難制,一也。匈奴之嫚忨侵

頁 3316），而提出的策略。鼂錯為人「陗直刻深」（卷 101，頁 2745），以其「智」、「辯」得幸於景帝，「寵幸傾九卿，法令多所更定」（卷 101，頁 2746）。鼂錯擁有著不凡的才智，先後得到文帝的激賞、景帝的寵幸，位居顯貴，難免會遭到朝中大臣的嫉忌。[58]加上為人又嚴竣刻薄、不近人情，遂引致朝中大臣的排擠、抵制：

> 當是時，太子善錯計策，袁盎諸大功臣多不好錯。景帝即位，以錯為內史。錯常數請閒言事，輒聽，寵幸傾九卿，法令多所更定。丞相申屠嘉心弗便，力未有以傷。內史府居太上廟壖中，門東出，不便，錯乃穿兩門南出，鑿廟壖垣。丞相嘉聞，大怒，欲因此過為奏請誅錯。錯聞之，即夜請閒，具為上言之。丞相奏事，因言錯擅鑿廟垣為門，請下廷尉誅。上曰：「此非廟垣，乃壖中垣，不致於法。」丞相謝。罷朝，怒謂長史曰：「吾當先斬以聞，乃先請，為兒所賣，固誤。」丞相遂發病死。錯以此愈貴。遷為御史大夫，請諸侯之罪過，削其地，收其枝郡。奏上，上令公卿列侯宗室集議，莫敢難，獨竇嬰爭之，由此與錯有卻。錯所更令三十章，諸侯皆諠譁疾鼂錯。
> （卷 101，頁 2746-2747）

由上引事實，鼂錯先氣死丞相申屠嘉，又與竇嬰有過節。其「削藩」計策，又不講求循序漸進，而是如疾風驟雨般，剛猛迅急，內不能得到朝臣的支持，外又招惹諸王的痛恨，加上袁盎虛與尾蛇，居中斡旋，遂在七國亂事爆發之後，成了吳王濞發難的藉口，招致「賊臣」臭名含冤而死。關於鼂錯蒙冤情事，史公在〈袁盎鼂錯列傳〉、〈吳王濞列傳〉中，將七國之亂首尾具足的和

罷，二也。富人大賈之侈靡相競，俗吏之不知風俗大體，三也」。參錢穆：《秦漢史》，頁 59。

[58] 數上書孝文時，言削諸侯事，及法令可更定者。書數十上，孝文不聽，然奇其材，遷為中大夫。（卷 101，頁 2746）當是時，太子善錯計策，袁盎諸大功臣多不好錯。（卷 101，頁 2746）景帝即位，以錯為內史。錯常數請閒言事，輒聽，寵幸傾九卿，法令多所更定。（卷 101，頁 2746）

盤托出。雖未直言是非對錯，然而透過據事直書的方式，讓歷史說話；透過
詳略互見的方式，突顯了袁盎居中斡旋，連同朝臣藉七國亂世的機會，殺害
鼂錯的舉措。文末史公更透過鄧公與景帝語的方式，曲折指出鼂錯的冤屈，
從中不僅寄寓了史公的無限深情與痛惜，亦透過據事直書、雜見錯出、藉言
敘事的方式，替錯申白。其實，鼂錯的「削藩策」，立意並沒有錯，錯的是進
行的步驟與時機不當，未有完備的配套措施，且未顧及人情事理。主事者鼂
錯，個人的性情與人脈也是阻撓政策推動的羈絆。在在傳遞了人為因素主導
事件成敗的道理。

　　主事者的個人條件，常常左右了事件的成敗。小則計畫、策略無法順利
進行，大則惹禍上身，甚至是導致國家的覆滅。如餘善便因個人私欲所趨，
首鼠兩端，不僅自身難保，更間接促成東越亡國，便是顯例。

　　史公透過敘事的方式，傳達「成敗之理，因緣在人」的歷史資鑑。類似
的例子，在《史記》中，還有不少。在天、人之間的界分中，史公明顯突出
了「人」的主體性，「因人成事」的思想意蘊，化為以人統事的傳記寫法，開
創了後世的史傳文學。

（二）興必慮衰，安必思危

　　《史記》「會先秦以上百家六藝之菁英，羅漢興以來創制顯庸之大略」，[59]
上明三王，下辨人事，交通古今，用意在「別嫌疑，明是非，定猶豫，善善
惡惡，賢賢賤不肖」（卷 130，頁 3297），以歷史事實的呈現，提供後世資鑑
勸懲的依據。由於具備歷史眼光，對於盛衰交替的變動，觀察是敏銳的。〈平
準書〉載「物盛則衰，時極而轉」（卷 30，頁 1442），身處於西漢的盛世王朝
——漢武帝時代，史公在載述史實時，便留心於「物極則反，盛極則衰」的
道理。為了避免直截說明，有觸逆麟的嫌疑，於是隱隱發露在歷史敘事的行
文中，以為規箴。

---

[59] 清・㟁田氏：《史記菁華錄》卷 6〈太史公自序〉後，頁 265。

在〈司馬相如列傳〉中，收錄了司馬相如的三篇賦作。除了保存了「廣博宏麗」的賦篇外，文賦曲終奏雅的形式，或帶有微婉諷諫的作用。[60]如〈哀二世賦〉：

> 彌節容與兮，歷弔二世。持身不謹兮，亡國失執。信讒不寤兮，宗
> 廟滅絕。嗚呼哀哉！操行之不得兮，墳墓蕪穢而不脩兮，魂無歸而
> 不食。夐邈絕而不齊兮，彌久遠而愈休。精罔閬而飛揚兮，拾九天
> 而永逝。嗚呼哀哉！（卷117，頁3055）

此篇賦作的大意是：秦二世持身不夠謹厚，聽信讒言，又不知悔悟，致使宗廟滅絕，亡國失勢。活著的時後，品行操守不端，死後墳墓荒穢無人修飾，使靈魂無所依歸。帶有藉言二世行事，引資後人借鑑的用意。縱使是秦朝這樣的泱泱大國，在始皇時盛況空前，也終究二世而滅。史公錄此，頗有藉秦諷漢的意味。

司馬相如作為文學幸侍，常扈從武帝游獵。當是時，武帝喜愛擊殺熊羆、馳逐野獸。相如便上疏進諫：

> 今陛下好陵阻險，射猛獸，卒然遇軼材之獸，駭不存之地，犯屬車
> 之清塵，輿不及還轅，人不暇施巧，雖有烏獲、逢蒙之伎，力不得
> 用，枯木朽株盡為害矣。是胡越起於轂下，而羌夷接軫也，豈不殆
> 哉！雖萬全無患，然本非天子之所宜近也。……前有利獸之樂而內
> 無存變之意，其為禍也不亦難矣！夫輕萬乘之重不以為安，而樂出
> 於萬有一危之塗以為娛，臣竊為陛下不取也。蓋明者遠見於未萌而
> 智者避危於無形，禍固多藏於隱微而發於人之所忽者也。故鄙諺曰

---

[60] 司馬相如有「賦聖」稱。魯迅稱其：「不師故轍，自擄妙才，廣博宏麗，卓絕漢代」。魯迅：《漢
　　文學史綱要》，頁29。

> 「家累千金，坐不垂堂」。此言雖小，可以喻大。臣願陛下之留意
> 幸察。（卷 117，頁 3053-3054）

這篇上疏，從表面看是在諫止帝王喜好打獵，這種即使萬全準備仍有一失的
娛樂。實則，帶有居安思危，諷諭帝王務防患於未然的用意。司馬相如人格，
雖或有非議，然則其賦作、其上疏，抑或有言小寓大、啟示當代乃至於後世
的效用。文字朗麗動人之虞，又能藉以託諭。是以，史公不因人廢言，筆削
去取均有其量度，亦見一斑。

　　於〈梁孝王世家〉中，史公亦透過梁孝王恃寵而驕到窮奢極欲，極言其
盛。從梁孝王派人刺殺袁盎及其議臣，包庇謀刺人公孫詭、羊勝之徒，到見
疏景帝，以致鬱悶而死，具言其衰。帶有盛衰榮辱義理的闡述。帝王執政如
此，諸侯王如此，人臣事君亦同，史公每於細微處提示：

> 文帝既立，以勃為右丞相，賜金五千斤，食邑萬戶。居月餘，人或
> 說勃曰：「君既誅諸呂，立代王，威震天下，而君受厚賞，處尊位，
> 以寵，久之，即禍及身矣。」（卷 57，頁 2072）
> 籍福賀魏其侯，因弔曰：「君侯資性喜善疾惡，方今善人譽君侯，
> 故至丞相；然君侯且疾惡，惡人眾，亦且毀君侯。君侯能兼容，則
> 幸久；不能，今以毀去矣。」魏其不聽。（卷 107，頁 2842）

絳侯周勃為文景間人，享爵祿時並未急流湧退，雖終以壽終，然風波不斷。
其子條侯，雖以「細柳勞軍」事聞名，惜晚節不保，終國除。魏其侯竇嬰則
應驗籍福話語，於田蚡謗毀、惡言排陷下死。盛之始，也是衰之漸。為人臣
者，於勢寵之際，當思諱莫之道，否則禍福相倚，結果難料。

（三）功名之會，猜忌所生

　　史公於〈扁鵲倉公列傳贊〉：「女無美惡，居宮見妒；士無賢不肖，入朝

見疑。」（卷 105，頁 2817）[61]金聖嘆批曰：「何意讀神醫傳贊，果得度世良方。」[62]藉由金聖嘆的提點，讓我們明白史公除了傳醫者懸壺濟世的事蹟外，亦藉由贊語發論，傳示「居宮見妒」、「入朝見疑」的人情世故，藉以提醒世人「功名之會，猜忌所生」的道理。除了無傷大雅的醫者行事，更多的是置身朝野，處於風暴中央而不自知的功臣顯要，便見於史公透過以敘為議手法，婉轉其辭的載述。以〈韓信盧綰列傳〉為例，便敘述韓王信、盧綰與陳豨遭到疑忌，而先後叛反的情事，徵引如下：

> 秋，匈奴冒頓大圍信，信數使使胡求和解。漢發兵救之，疑信數閒使，有二心，使人責讓信。信恐誅，因與匈奴約共攻漢，反，以馬邑降胡，擊太原。（卷 93，頁 2633）
> 高祖使使召盧綰，綰稱病。上又使辟陽侯審食其、御史大夫趙堯往迎燕王，因驗問左右。綰愈恐，閉匿，謂其幸臣曰：「非劉氏而王，獨我與長沙耳。往年春，漢族淮陰，夏，誅彭越，皆呂后計。今上病，屬任呂后。呂后婦人，專欲以事誅異姓王者及大功臣。」迺遂稱病不行。其左右皆亡匿。語頗泄，辟陽侯聞之，歸具報上，上益怒。又得匈奴降者，降者言張勝亡在匈奴，為燕使。於是上曰：「盧綰果反矣！」使樊噲擊燕。（卷 93，頁 2638-2639）
> 豨常告歸過趙，趙相周昌見豨賓客隨之者千餘乘，邯鄲官舍皆滿。豨所以待賓客布衣交，皆出客下。豨還之代，周昌迺求入見。見上，具言豨賓客盛甚，擅兵於外數歲，恐有變。上乃令人覆案豨客居代者財物諸不法事，多連引豨。（卷 93，頁 2640）

第一則引文，敘述韓王信遭到匈奴大軍的圍困，屢次派遣使者向冒頓請求和

---

[61] 此語，亦見於鄒陽「獄中上書」，蓋為時諺。參〈魯仲連鄒陽列傳〉，卷 83，頁 2473。

[62] 張國光點校：《金聖嘆批才子古文》，卷 7，西漢文，頁 291。

解的行徑，卻遭到高祖的懷疑。由於受到高祖的責讓，遂使韓王信乾脆真正投降匈奴，與漢對立。第三則引文，則敘述了陳豨因長期總攬兵權在外，且賓客眾多，因此受到了高祖疑忌。故派人搜查陳豨賓客的財產，與不法情事，陳豨畏罪故而造反。第二則，敘述高祖猜疑盧綰與陳豨有所勾結的內容，更是離奇。而藉由盧綰謂其信臣的話語，則將劉邦一統天下後，或假呂后之手誅戮異姓諸侯王及大功臣的舉動，如實道出。以故內心疑懼，自畏恐誅，故舉家遷徙匈奴。考察當時異姓而王者凡八，獨張耳以智全其軀，長沙王吳芮以忠延其世，「夫固非享國之器耳」。[63]金聖嘆亦云：「功名不難，處功名則難。三人（案：韓王信、盧綰、陳豨）之不能熟計，豈獨三人之謂哉？」[64]另舉同時期樊噲為例：

> 先黥布反時，高祖嘗病甚，惡見人，臥禁中，詔戶者無得入羣臣。羣臣絳、灌等莫敢入。十餘日，噲乃排闥直入，大臣隨之。上獨枕一宦者臥。噲等見上流涕曰：「始陛下與臣等起豐沛，定天下，何其壯也！今天下已定，又何憊也！且陛下病甚，大臣震恐，不見臣等計事，顧獨與一宦者絕乎？且陛下獨不見趙高之事乎？」高帝笑而起。（卷95，頁2659）
> 其後盧綰反，高帝使噲以相國擊燕。是時高帝病甚，人有惡噲黨於呂氏，即上一日宮車晏駕，則噲欲以兵盡誅滅戚氏、趙王如意之屬。高帝聞之大怒，乃使陳平載絳侯代將，而即軍中斬噲。（卷95，頁2659）

樊噲與高祖為同鄉，從起事到定天下，樊噲功勞無數。由上面第一則引文，可見到樊噲侃侃數言裡，是深切簡括、辭意真摯。聯繫樊噲「諫沛公出舍」、

---

[63] 柯維騏：「當時異姓而王凡八：張耳、吳芮、彭越、黥布、臧荼、盧綰與兩韓信，惟耳以智全其軀，芮以忠延其世，夫固非享國之器耳。」楊燕起等：《史記集評》，載柯維騏語，頁530。

[64] 張國光點校：《金聖嘆批才子古文》，卷7，西漢文，頁282。

「至鴻門說項羽」的言談、表現，是耿耿忠心，日月可表。[65]其後，樊噲與高祖，結為姻親，使彼此之間的關係，更為親近。然則，即使是樊噲這樣親近且忠直的臣子，高祖始終未嘗真正信任。特別是樊噲黨於呂后，涉及後宮複雜、矛盾的派系問題。故於第二則引文裡，便見到高祖聽取讒言，亟欲斬殺樊噲的狠戾。

親信如樊噲、盧綰，尚且恐怖如此；勞苦功高如蕭何者，亦常如履薄冰。在〈蕭相國世家〉裡，史公妙用鮑生計、召平計、客計，便將高祖狙詐猜忌的心態，刻畫得相當傳神，徵引如下：

鮑生計

漢三年，漢王與項羽相距京索之閒，上數使使勞苦丞相。鮑生謂丞相曰：「王暴衣露蓋，數使使勞苦君者，有疑君心也。為君計，莫若遣君子孫昆弟能勝兵者悉詣軍所，上必益信君。」於是何從其計，漢王大說。（卷53，頁2015）

召平計

上已聞淮陰侯誅，使使拜丞相何為相國，益封五千戶，令卒五百人一都尉為相國衛。諸君皆賀，召平獨弔。召平者，故秦東陵侯。秦破，為布衣，貧，種瓜於長安城東，瓜美，故世俗謂之「東陵瓜」，從召平以為名也。召平謂相國曰：「禍自此始矣。上暴露於外而君守於中，非被矢石之事而益君封置衛者，以今者淮陰侯新反於中，疑君心矣。夫置衛衛君，非以寵君也。願君讓封勿受，悉以家私財佐軍，則上心說。」相國從其計，高帝乃大喜。（卷53，頁2017）

---

[65] 張文虎評論道：「噲乃排闥直入，大臣隨之，上獨枕一宦者臥。噲等見上流涕曰：『始陛下與臣等起豐、沛，定天下……且陛下獨不見趙高之事乎？』侃侃數言，深切簡括，得大臣之體，不謂出之於噲也。案噲入關諫沛公出舍，至鴻門說項羽，理直辭壯，足折羽之氣，此其人必不肯黨呂后以危劉氏者，以須比雄，幾與祿、產同論，冤哉！」清・張文虎撰、魏得良校點：《舒藝室隨筆》（瀋陽：遼寧教育出版社，2003），卷4〈樊酈滕灌列傳〉，頁104-105。

客計

客有說相國曰:「君滅族不久矣。夫君位為相國,功第一,可復加哉?然君初入關中,得百姓心,十餘年矣,皆附君,常復孳孳得民和。上所為數問君者,畏君傾動關中。今君胡不多買田地,賤貰貸以自汙?上心乃安。」於是相國從其計,上乃大說。(卷53,頁2018)

前兩則例子,蕭何分別採取鮑生、召平的建議:讓宗族子弟從軍,辭讓封地,並以全部的家產,來資助漢軍,表示與漢王休戚與共,藉以讓漢王明白自己的拳拳之膺。果然,劉邦十分欣喜。後一則例子,見於漢高帝十二年秋天,蕭何因為高祖出兵討伐黥布,故勉力治理百姓,並將全部糧食送去資助軍隊。而高祖攻戰之虞,仍不忘屢次派人打探蕭何情況。這時,有位說客便建議蕭何:「多買田地,賤貰貸以自汙」,以讓百姓的心歸向高祖,使其心理安定。

　　說客建議蕭何自汙的行為,是待在善忌帝王身邊,明哲保身的計策。非獨蕭何自汙,張良的多病,亦是諱莫的一種手段,是在「看透劉邦之猜毒成性,預作防患」的全身方略。[66]非獨高祖時期,文、景、武時代亦然。連最為寬仁的文帝時期,周勃居之,猶戒慎恐懼,何況是更為威猛苛酷的景、武帝朝呢?在中國帝制的專權社會,士人居身其中,勢必要有一套全身避禍的處世哲學。是故,史公推崇黃老「催剛為柔」的方式,便遍見於〈留侯世家〉、〈季布欒布列傳〉、〈張釋之馮唐列傳〉。

五、小結

　　史公「于序事中寓論斷」是相當高明的議論形式。其褒貶評論,不見於字面,而是寓於文字之中,甚至是意在言外。除了筆法形式的多樣值得注意,寓於敘事中的議論內容,更是精粹所在。難能可貴的是,史公在歌頌漢家昇

---

[66] 張高評:〈《史記》筆法與《春秋》書法〉,收錄於氏著:《春秋書法與左傳學史》,頁74。

平治世的同時，敢於書寫漢非。透過「于序事中寓論斷」的方式，對漢初以來的帝王、時政，微致裁評。諸如高祖、景帝的忌心忍刻，漢法的不公、賞罰的不明與吏治黑暗，後宮干政的情形，都頗有揭露。

漢匈戰爭，綿延百年漢世，極端重要，也觸忌特深。由於牽涉到高祖平城之圍、單于嫚辭遺高后的屈辱，與漢匈之間不平等的昆弟關係、和親關係。是故，史公在記載時，便借鑑《春秋》書法，定、哀之際的微辭，用敘事代議論的方式，曲曲傳真。漢武帝初即位時，便懷抱著雄心壯志，引述《公羊》「推刃復仇」的大義，欲一雪前恥。故，史公對於漢匈戰爭的發起，是抱持著肯定態度的。可惜，武帝非惟用人不當、不參彼己，加上自身好大喜功的心理，制定了錯誤的伐匈方針，導致不能收到預期效果。是故，史公對於漢匈戰爭建功不深的議論，矛頭是指向漢武帝的。

除了漢匈戰爭，漢武帝侈心未克、獨勤遠略，表現在外伐四夷、內修宮廷建築上，罔顧蒼生疾苦，復透過一連串與民爭利的措施，收聚財富。連年戰爭除了勞民傷財外，賞賜既多，爵封不足下，便任用酷吏削奪舊有爵封，使得民不聊生、盜賊滋起。此外，漢武帝頻繁封禪，迷信神仙方士，不思蒼生，只問鬼神。文官武將，不是依傍外戚身份，便是透過面諛來獲得親貴。種種弊端，使得富盛的大漢帝國，漸露衰頹跡象。史公或將事實雜見錯出於諸篇章，或從側面、反面、旁面揭示。既傳達出事件的真實面貌，寄寓了史家褒貶，也避免因觸忌殺身，使是書不得流傳後世的危機。

秉持著良史的實錄精神，對於歷史上的疑案、冤案，史公有著考察存真的信念，允為己職，當仁不讓。對於歷史上的功過，更發揮了非凡的識見，抑揚予奪之際，不受社會思潮左右，以歷史為仲裁。藉由內容的考察，可以發掘到，以敘為議，具有以小概多、言約義豐的特質。將歷史評論、個人見解，具體而微的鎔鑄於優美運化的敘事行文當中。由於身世之悲，史公於述史之際，對於游俠、刺客的重義輕生，往往多了一份同情；對於歷史上種種疑案、冤案，亟欲透過史實的呈現，揭露真相；對於善惡果報，存在著報應不爽的基調；至於善、惡之間，未能直接連結對應者，史公亦以如椽巨筆，

給與論裁，使善者留芳百世，惡者遺臭萬年。體現出「人能弘道，無如命何」
的思想。

　　經由善惡必書的方式，在歷史敘事中寄寓了褒貶，體現出詩家溫柔敦厚
的仁慈與史家資鑑勸懲的宗旨，達成了抒情與撰史的平衡。是以能繼《春秋》
「善善惡惡，賢賢賤不肖」（卷 130，頁 3297）的書法，「懲惡而勸善」，讓史
書提升到前所未有的高度。[67]

---

[67] 晉・杜預：《春秋經傳集解》，頁 2。

第六章　龍門筆法，垂範後世：
以《漢書》紹繼「于序事中寓論斷」筆法為例

　　根據顧炎武的說法，史家「于序事中寓論斷」的筆法，非惟《史記》有之，《漢書》亦間或有之。除了《史記》部分，僅舉五例，有待進一步探析堂奧外，《史》、《漢》之間的關聯性，乃至筆法的承繼性也未見說明；再者，除了所舉例證外，《漢書》運用此項筆法的情形為何？真如顧氏所指出，後世史書鮮見此種筆法的運用？緣此，筆者依循《漢書》的修史過程與《史記》的傳播；從《史記》到《漢書》的承與變；《漢書》亦有「于序事中寓論斷」筆法，往下論及《史》、《漢》筆法對後世史書的發凡，期能透過本章的梳理，拋磚引玉，開發《史記》「于序事中寓論斷」筆法的後續性研究，並釐清《史》、《漢》何以能為千秋宗匠，祖述不已的要因。

一、時代召喚，帝王干預：《漢書》的修史過程與《史記》的傳播

　　《漢書》係東漢時班固所撰，繼承了班彪的撰史格局，並由班昭及其門人馬續續編而成。在後代史學的評價上，常以《史》、《漢》並稱。沿襲《史記》的紀傳體，下開斷代為史、記前代史的正史纂修規模。《漢書》在書法、義法上，受《史記》影響頗深，除了年代與《史記》多所重疊外，與班彪曾經續作《史記》的學術工程甚有關連。《史通‧古今正史》謂：

《史記》所書，年止漢武，太初已後，闕而不錄。其後劉向、向子
歆及諸好事者，若馮商、衛衡、揚雄、史岑、梁審、肆仁、晉馮、
段蕭、金丹、馮衍、韋融、蕭奮、劉恂等相次撰續，迄於哀、平間，
猶名《史記》。至建武中，司徒掾班彪以為其言鄙俗，不足以踵前
史；又雄、歆褒美偽新，誤後惑眾，不當垂之後代者也。於是採其
舊事，旁貫異文，作《後傳》六十五篇。[1]

從劉知幾的載述可知，《史記》之後，續作者眾的情形。班彪鑒於諸家或「其
言鄙俗」，或「褒美偽新，誤後惑眾」，故續作《後傳》。既言續作，即指「他
們自覺或不自覺把所做的工作置於司馬遷巨大成就籠罩之下」。[2]或多或少受
到史公思想、筆法的影響，自然不足為奇。此時續作，仍沿襲著《史記》遺
轍，即使是「記事詳悉，義淺理備」的《後傳》，亦然。[3]他們尚未意識到，
當務之急，是需要建構新的史學體系，以因應朝代輪替的現實需求。逮班固
「以父所撰未盡一家」，遂「起元高皇，終乎王莽」，撰作《漢書》，方才開闢
史書新頁。[4]

　　班彪既然參與了續撰《史記》的行動，不免受到《史記》影響。而班彪
所續作的《後傳》，更構成班固撰作《漢書》的強大動機。這便為《漢書》於
潛移默化之際，受到《史記》沾溉，找到遠因。

　　班固作《漢書》，經歷了私修到官修的過程，畢載於《後漢書‧班彪傳》：

　　既而有人上書顯宗，告固私改作國史者，有詔下郡，收固繫京兆獄，

---

[1] 唐‧劉知幾撰，清‧浦起龍釋：《史通通釋》，卷12〈古今正史〉，頁338。

[2] 陳其泰：〈《漢書》歷史地位再評價〉，收錄於陳其泰、章愛芳編：《漢書研究》（北京：中國大
　百科全書出版社，2009），頁140。

[3] 王充稱讚班彪《後傳》：「記事詳悉，義淺理備。觀讀者以為甲，而太史公乙。」雖不免溢美，但
　可見班彪《後傳》是極具價值的。漢‧王充撰、劉盼遂集解：《論衡集解》上冊（臺北：世界書局，
　1966），卷13〈超奇篇〉，頁285。

[4] 唐‧劉知幾撰，清‧浦起龍釋：《史通通釋》，卷12〈古今正史〉，頁338。

盡取其家書。先是扶風人蘇朗偽言圖讖事，下獄死。固弟超恐固為郡所覈考，不能自明，乃馳詣闕上書，得召見，具言固所著述意，而郡亦上其書。顯宗甚奇之，召詣校書部，除蘭臺令史，與前睢陽令陳宗、長陵令尹敏、司隸從事孟異共成世祖本紀。遷為郎，典校祕書。固又撰功臣、平林、新市、公孫述事，作列傳、載記二十八篇，奏之。帝乃復使終成前所著書。[5]

此知，班固因「私改作國史」罪入獄。由於前有扶風蘇朗偽言圖讖下獄死的前例，其弟班超遂竭力為之辯護，「具言固所著述意」。明帝聽取班超的言辭，覽觀班固書稿後，遂命班固為蘭臺令史，在一連串的考核後，終於同意班固修撰《漢書》。[6]東漢明帝態度轉變的關鍵，即班超「言固所著述意」，與「顯宗甚奇之」的部分。從明帝派任的共同修史者來看，得見這類人多為擁護漢室立場者外，稽考明帝的〈雲龍門對策〉，才能明白箇中因緣。節錄一段，如下：

詔因曰：「司馬遷著書成一家之言，揚名後世，至以身陷刑之故，反微文刺譏，貶損當世，非誼士也。司馬相如洿行無節，但有浮華之辭，不周於用，至於疾病而遺忠，主上求取其書，竟得頌述功德，言封禪事，忠臣効也。至是賢遷遠矣。」[7]

<hr>

[5] 南朝宋・范曄：《新校本後漢書并附編十三種》，卷40上，〈班彪列傳第三十上〉，頁1333。

[6] 依據呂世浩的分法，考核的步驟主要有三：1.命睢陽令陳宗、長陵令尹敏、司隸從事孟異，這三位頌漢立場者，與班固一同著作〈世祖本紀〉；2 即使有〈世祖本紀〉成功的例子，猶不足以讓明帝對班固放心。故班固又寫了列傳、載記28篇上奏，以見班固修史立場與朝廷一致。3.明帝雖在班固上奏後，同意其修撰《漢書》，然猶不放心，而安排其他人和班固一同修史。參呂世浩：《從《史記》到《漢書》──轉折過程與歷史意義》（臺北：臺大出版中心，2009），頁225-228。

[7] 梁・蕭統撰、唐・李善等註：《增補六臣註文選》（臺北：華正書局，1980），卷48〈典引〉，頁9140。

從明帝的話語中，除了將《史記》定位為「微文刺譏」、「貶損當世」，甚至就連「淫行無節」的司馬相如，亦「賢遷遠矣」。後者傳達給班固這樣的訊息：「主上所關心者，不在學術高下，亦不在其學之有用無用，而在其人是否忠心，是否能頌述朝廷功德」。[8]前者，則將《史記》刺譏當世的定位，與史公受刑相附會。如此說法，影響了後世對《史記》的接受，乃致謗書說的曲解，不僅讓《史記》蒙受謗書罪名，更將史公的人格汙名化。

這樣的詆毀，顯然不符合實情。從《史記》一書的流播情形，可以見到當權者對《史記》的忌憚。東漢衛宏，是第一個明確提出《史記》亡〈景紀〉、〈武紀〉者。雖然，在後代學者的證明下，其說雖不能成立，不過《史記》有缺亡情形，卻是事實。[9]《史記》被刪削者，多屬當代史範圍。[10]筆者以為，除了整篇刪削、議論明顯的論贊勢必也在刪削、改作範疇。所幸，史公尚有一種高明的筆法「于序事中寓論斷」：是避免議論明顯，觸犯人主鋒芒、時俗忌諱，而讓褒貶議論，隱藏於敘事行文當中的方式。是以，通過「于序事中寓論斷」的考察，是較能貼近史公對當代史褒貶議論的真貌。[11]

在帝王嚴格的監視與引頸期盼下，《漢書》終於撰成，〈敘傳〉將全書的主旨作了鈎沉：

---

[8] 呂世浩：《從《史記》到《漢書》——轉折過程與歷史意義》，頁233。

[9] 衛宏的削書說，雖不能成立。但《太史公書》有缺亡卻是事實。衛宏是東漢初人，第一個明確提出《太史公書》亡〈景紀〉、〈武紀〉，而西漢人並沒有提出有亡缺，可見《太史公書》亡缺應在兩漢興亡之際。殘缺原因，由於兵興世亂，圖籍散亡，東漢搜求整理不易得完帙。張大可：〈《史記》殘缺與補竄考辨〉，收錄於張大可：《《史記》研究》，頁158。

[10] 《史記》首章已有說明，此處略。這或許就是東漢明帝所謂「微文刺譏」、「貶損當世」的部分。到了班固父子所見，已有十篇缺、有錄無書。比對中華書局標點本《史記》，不僅一百三十篇俱在，且有五十五萬五千六百六十字，比原著多近三萬字，而記事涉及太初以後事，乃至昭、宣、元、成之際。顯然今本《史記》已非原貌。參張大可：〈《史記》殘缺與補竄考辨〉，收錄於張大可：《《史記》研究》，頁153。

[11] 統治者一再透過刪削、改作，希望讓《史記》的影響力，導向官方有利的方向。不過，結果倒是適得其反。甚至，王莽篡漢後，亦以《史記》對漢的批評，作為施政方針。

固以為唐虞三代，詩書所及，世有典籍，故雖堯舜之盛，必有典謨
之篇，然後揚名於後世，冠德於百王，故曰「巍巍乎其有成功，煥
乎其有文章也！」漢紹堯運，以建帝業，至於六世，史臣乃追述功
德，私作本紀，編於百王之末，廁於秦、項之列。太初以後，闕而
不錄，故探篡前記，綴輯所聞，以述漢書，起元高祖，終于孝平王
莽之誅。[12]

這段文字，要點有二：提挈了《漢書》以宣美漢室為宗旨；較之《史記》的
通史體例，專記漢代的格局，更能凸顯西漢起元高祖，終於王莽，傳達原始
表末的尊漢訴求。在朝廷力量的居中介入，[13]遂使「當世甚重其書，學者莫不
諷誦焉」。[14]相較《史記》流播之困難，自有天壤之別。對於漢初及於武帝朝
的這段歷史，是《史》、《漢》重疊的部分。班固或襲取，或於部分篇章，有
所改造。是故，兩者是具可比性的。韓兆琦以為：

人們通過這種比較，可以看出兩個作家的政治立場、學術思想、歷
史觀、文學觀、寫史目的、寫作技巧，以及個人的情感、興趣等許
多方面的差異。一句話，《漢書》與《史記》是各自帶著它們鮮明
的時代烙印與作家自己的思想與個性之烙印的。[15]

---

[12] 漢・班固，唐・顏師古注：《漢書》，卷100下〈敘傳第70下〉，頁4235。

[13] 呂世浩以為：在當時書籍抄錄如此困難的時代，同時期《論衡》歷東漢近二百年，而傳播不出東南
之地。《漢書》的推廣能如此順利快速，「沒有朝廷力量的介入，是難以想像的。」另據東漢桓帝
時，所立的《執金吾丞武榮碑》中，提到：「闕幘傳講《孝經》、《論語》、《漢書》、《史記》」。
由此碑得知，東漢晚期連地方士人講學，都將《漢書》置於《史記》前。「這應是經東漢官方推廣
後，兩書的重要性已有變化。甚至可能歸定講學必須先講《漢書》，後講《史記》，以收正本清源
之效。」呂世浩：《從《史記》到《漢書》──轉折過程與歷史意義》，頁234-235。

[14] 南朝宋・范曄：《新校本後漢書并附編十三種》，卷40上，〈班彪列傳第三十上〉，頁1334。

[15] 韓・朴宰雨：《〈史記〉〈漢書〉比較研究》（北京：中國文學出版社，1994），「韓兆琦〈序言〉」，
頁1。

韓氏說法，誠然。然而，需要補充的一點是，班固出身在具有家學傳統、外戚身分、豪門貴族的背景。這樣的養成條件，勢必影響《漢書》的思想傾向與論斷內容。一般認為，《漢書》既然奉敕撰史，且受其父班彪〈王命論〉的影響，撰作目的，便在「旁貫五經，上下洽通」，以宣揚漢德上。大宗旨如此，《漢書》全書自然圍繞著這樣的理念，這也是《漢書》受到後世學者批判的地方。只不過，若放在《史》、《漢》各自的時空背景上看：《史記》產生於封建制度成長的前期，《漢書》產生於封建制度業已全面確立的時期，則「兩部史書在歷史思想的不同特點，即是它們各自時代的投影」。[16]

二、踵事增華：從《史記》到《漢書》的承與變

班固《漢書》「起元高祖，終于孝平王莽之誅」，斷西漢一代，紀傳為史，在年代上便與《史記》有所重合。[17]據朴宰雨的細分，《史記》中 74 篇與《漢書》73 篇，或多或少書寫高祖至武帝。[18]本節的重點，不是《史》、《漢》優劣論，而是觀照於「承」、「變」，放在《漢書》如何紹繼《史記》上。依綴合補闕、寓創於因、側重有別為序，以開啟下節《漢書》繼《史記》「于序事中寓論斷」筆法，而能別開生面的端緒，論述如下：[19]

---

[16] 陳其泰提到，聯繫同時期王充的《論衡》，助於證成時代召喚《漢書》撰作這樣的歷史背景。參陳其泰：〈《漢書》歷史地位再評價〉，收錄於陳其泰、章愛芳編：《漢書研究》，頁 138-139。

[17] 從《史》、《漢》重合部分來看，可見通史對斷代史的包容性。句中引文，引自南朝宋・范曄：《新校本後漢書并附編十三種》，卷 40 上〈班彪列傳〉，頁 1354。

[18] 朴宰雨依據《史》、《漢》內容，分成四個部分，第一時期：先秦與秦時期者；第二時期：秦漢之際到武帝時期；第三時期：西漢昭帝到王莽；其他：論述古今典章。筆者依循朴宰雨的分類，以《史》、《漢》重疊部分，落在第一、二、其他，故《史記》共 74 篇，《漢書》共 73 篇。韓・朴宰雨：《〈史記〉〈漢書〉比較研究》（北京：中國文學出版社，1994），頁 68-69。

[19] 本章著重於《漢書》紹繼《史記》，而於繼承中有所改作、創新，乃至於受史公筆法沾溉的部分。至於《史記》於先秦史的撰寫，亦是在對前史（如《左傳》、《戰國策》等）的改、作基礎上，汲取優長而又有所創。詳參邱詩雯：《〈史記〉之「改」、「作」與歷史撰述》（國立成功大學中文所碩士論文，2008）。

（一）綴合補闕：《漢書》填補《史記》敘事空白

　　漢匈戰爭，連綿漢世百載。在武帝朝，耗盡國力，猶建功不深。不僅於發動戰爭的因緣——平城之圍，諱莫如深，對於孝惠時匈奴遺高后書，史公更略去不載。至於贊語，則將矛頭指向「擇任將相」、「不參彼己」，存留下許多謎團。大抵，因漢匈戰爭，在史公撰史當時，係忌諱特深的話題，其敘事空白，得賴《漢書》的填補，讓這段歷史，得以顯豁了。

　　在高祖平城之圍後，採取劉敬的計策，讓雙方締結和親，約為昆弟。雙方的昆弟關係，孰為昆？孰為弟？通過《史記‧匈奴列傳》的載述，可略見一斑。然則，最能傳達出雙方不對等關係者——「高后時單于書絕悖逆」事，《史記‧季布欒布列傳》載「單于嘗為書嫚呂后，不遜，呂后大怒」（卷100，頁2730）；《史記‧匈奴列傳》載「冒頓乃為書遺高后，妄言。高后欲擊之……諸將曰……高后乃止，復與匈奴和親」（卷110，頁2895）。究竟，冒頓書策的內容為何？會讓呂后如此勃然大怒，甚至不惜在漢初國力尚為贏弱之際，動了發動戰爭的念頭呢？通過《漢書‧匈奴傳》補錄漢匈往來的書信內容，才能察見始末。則單于嫚辭可知，呂后的忍辱負重可見，匈奴氣燄囂張、漢方委屈求全的史實，便昭然。透過班固的載述，讓這段歷史的細節，得以重現。漢武帝開啟漢匈戰爭的端緒，亦需要參核《漢書》的記載，才能了解馬邑之謀前，羣臣廷議的內容。《漢書‧武帝紀》載：

> （元光二年）春，詔問公卿曰：「朕飾子女以配單于，金幣文繡賂之甚厚，單于待命加嫚，侵盜亡已，邊境被害，朕甚閔之。今欲舉兵攻之，何如？」[20]

藉由武帝詔問，展開漢匈和戰的御前會議。由於《史記》沒有載錄王恢的主張，難以窺得王恢與韓安國辯論原委，《漢書‧韓安國傳》則填補了這個空白，

---

[20] 漢‧班固、唐‧顏師古注：《漢書》，卷6〈武帝紀〉，頁162。

節錄如下：

> 恢曰：「不然。……夫匈奴獨可以威服，不可以仁畜也。今以中國
> 之盛，萬倍之資，遣百分之一以攻匈奴，譬猶以彊弩射且潰之癰也，
> 必不留行矣。若是，則北發月氏可得而臣也。臣故曰擊之便。」
> 安國曰：「不然。臣聞用兵者以飽待饑，正治以待其亂，定舍以待
> 其勞。故接兵覆眾，伐國墮城，常坐而役敵國，此聖人之兵也。且
> 臣聞之，衝風之衰，不能起毛羽；彊弩之末，力不能入魯縞。夫盛
> 之有衰，猶朝之必莫也。今將卷甲輕舉，深入長敺，難以為功；從
> 行則迫脅，衡行則中絕，疾則糧乏，徐則後利，不至千里，人馬乏
> 食。兵法曰：『遺人獲也。』意者有它繆巧可以禽之，則臣不知也；
> 不然，則未見深入之利也。臣故曰勿擊便。」
> 恢曰：「不然。夫草木遭霜者不可以風過，清水明鏡不可以形逃，
> 通方之士，不可以文亂。今臣言擊之者，固非發而深入也，將順因
> 單于之欲，誘而致之邊，吾選梟騎或絕其後，單于可禽，百全必
> 取。」[21]

透過韓安國、王恢的針鋒相對，將漢初君臣主和、主戰的意見，做了提綱，
為馬邑之謀的目的下了註解。從後來馬邑之謀的失敗，證明了王恢持論的謬
誤。漢武君臣試圖由一場戰爭的勝利，扭轉局面，讓匈奴俯首稱臣，結果證
明這樣的想法是不可行的。由此處的載述，與《史記‧匈奴列傳》對應，有
助於理解漢匈戰爭終未獲得實質效益的原因之一，正落在「不參彼己」上。《史
記‧韓安國列傳》對於安國為人，記載道：

> 安國為人多大略，智足以當世取合，而出於忠厚焉。貪嗜於財。所

---

[21] 漢‧班固、唐‧顏師古注：《漢書》，卷52〈韓安國傳〉，頁2401-2403。

推舉皆廉士，賢於己者也。於梁舉壺遂、臧固、郅他，皆天下名士，士亦以此稱慕之，唯天子以為國器。（卷108，頁2863）

這段敘事，具言韓安國的才智與忠厚，並為《漢書》所沿用。連繫《漢書·韓安國傳》與王恢的戰前廷辯，則韓安國的「國器」形象，更為昭顯。因此，《漢書》的此段補錄，是極具識見的。

　　值得一提的是，與史公受刑相關連的李陵事件。李陵附載於〈李將軍列傳〉，僅340字，[22]敘事簡略，難以得見李陵投降匈奴的全貌。連繫〈報任安書〉，也僅見史公欣賞李陵，認為李陵亡於匈奴，是伺機而動，欲報效家國的片面之辭。種種疑竇，有待《漢書》的記載，以尋回這段失落的歷史。擇要徵引如下：

天漢二年，貳師將三萬騎出酒泉，擊右賢王於天山。召陵，欲使為貳師將輜重。……陵對：「對所事騎，臣願以少擊眾，步兵五千人涉單于庭。」上壯而許之，因詔彊弩都尉路博德將兵半道迎陵軍。博德故伏波將軍，亦羞為陵後距，奏言：「方秋匈奴馬肥，未可與戰，臣願留陵至春，俱將酒泉、張掖騎各五千人並擊東西浚稽，可必禽也。」書奏，上怒，疑陵悔不欲出而教博德上書，乃詔博德：「吾欲予李陵騎，云『欲以少擊眾』。今虜入西河，其引兵走西河，遮鈎營之道。」詔陵：「以九月發，出遮虜鄣，至東浚稽山南龍勒水上，徘徊觀虜，即亡所見，從浞野侯趙破奴故道抵受降城休士，因騎置以聞。所與博德言者云何？具以書對。」……是時陵軍益急，匈奴騎多，戰一日數十合，復傷殺虜二千餘人。虜不利，欲去，會陵軍候管敢為校尉所辱，亡降匈奴，具言「陵軍無後救，射矢且盡，獨將軍麾下及成安侯校各八百人為前行，以黃與白為幟，當使精騎

---

22 此處字數，係筆者據中華書局二十四史標點本計算。

射之即破矣。」……單于得敢大喜，使騎並攻漢軍，疾呼曰：「李
陵、韓延年趣降！」遂遮道急攻陵。陵居谷中，虜在山上，四面射，
矢如雨下。……陵與韓延年俱上馬，壯士從者十餘人。虜騎數千追
之，韓延年戰死。陵曰：「無面目報陛下！」遂降。[23]

此知李陵的失敗實為一連串人謀因素下肇成的。最後李陵與韓延年浴血奮戰
一段，班固敘來，亦是千載有餘情。藉由史實的補錄，讓李陵敗降事件的面
貌，重現目前，功過自見。不僅彌補了史公因觸時諱，不得不簡約敘事的缺
憾，亦透過據事直書的方式，讓功過不逮論斷，而寄寓於敘事行文中。既填
補了《史記》的敘事空白，亦承襲了史公「于序事中寓論斷」的高明筆法；
不僅是史實記載，更是為史公而寫，反映班固對史公同情共感的理解。[24]
　　班固撰史，較之史公，已有一段時間上的差距。在某些議題的探索上，
由於看到後勢的發展變化，故能在《史記》既有的敘事基礎上，增添枝葉，
踵事增華。如《漢書・匈奴傳》，於傳文中，詳錄了王莽將領嚴尤的議論，清
楚的掌握了伐匈戰爭，不易獲致功效的難處；於《漢書・佞幸傳》中，透過
西漢末男寵為害的記載，以供後世警惕。

（二）寓創於因：《漢書》改作《史記》敘事

　　史公的論斷褒貶，在論贊的評論主調外，復透過「于序事中寓論斷」的
筆法，藏寓於行文間，曲曲傳達要旨。大抵基於時諱，避免觸犯人主逆鱗，
又為了秉持良史職責，傳善惡賢賤於後，以供資鑑勸懲的權宜之計，是高明
的史家筆法。這些帶有議論性的敘事，由於史公、班固立意有別，故於因襲
中，便見字句的抽換，造成不同的議論效果。以《漢書・陳勝項籍傳》與《史

[23] 漢・班固、唐・顏師古注：《漢書》，卷54〈李廣蘇建傳〉，頁2451-2455。
[24] 何寄澎以為對於李陵曲折心境生動而細膩的刻劃，與史公有關，使得班固對李陵有著特別的關懷、感懷，使得〈李陵傳〉語言極肖《史記》。詳參何寄澎：〈《漢書》李陵書寫的深層意涵〉，《文學遺產》，2010年第1期，頁18-21。

記・陳涉世家》為例：

> **《漢書・陳勝項籍傳》**
> 勝雖已死，其所置遣侯王將相竟亡秦。高祖時為勝置守冢于碭，至今血食。王莽敗，乃絕。[25]

> **《史記・陳涉世家》**
> 陳勝雖已死，其所置遣侯王將相竟亡秦，由涉首事也。高祖時為陳涉置守冢三十家碭，至今血食。（卷48，頁1961）

比較二者，可見班固抽離掉「由涉首事也」，增加「王莽敗，乃絕」。後者，由於時代的不可逆，史公既無法預知王莽以後事，於《史記》必無載。而前者，班固的抽離，則大有因緣。《漢書》的撰作背景，經歷了私修到官修的曲折歷程，是在帝王嚴密監控下，成書的。是故，基於當世政權的長治久安，壓抑「揭竿起義」的革命行為，是維護當權者的必要舉措。在《史記》中，由漢景帝與黃生、轅固生的對話中，亦能見出統治者，忌憚革命的心思。因此，如史公這般將陳涉發迹比之湯、武興起，《春秋》制作的極盡褒揚，畢竟不復見於《漢書》。不僅有政治上的因素，班固的「忽視」，實帶有自身家道中落的體會。[26]故，馬、班於陳涉首事上，便呈現著異調的評論。同樣的詞面抽換，在《漢書・司馬遷傳》亦見。該傳是在《史記・太史公自序》的基調上，增入〈報任安書〉及其後事而成。於史公與上大夫壺遂語處，班固改易「貶天子，退諸侯，討大夫」（卷130，頁3297），為「貶諸侯，討大夫」。[27]如此改易，班固維護當權者的心跡，便昭然。同樣的做法，亦見於《漢書・高

---

[25] 漢・班固、唐・顏師古注：《漢書》，卷31〈陳勝項籍傳〉，頁1795。

[26] 李師偉泰：「西漢政權的傾覆，使班氏此一世家大族家道中落，所以班氏父子的議論傾向維繫現政權的安定，是一件可以理解的事。」李偉泰：〈《史》、《漢》論贊比較十四則〉，《臺大中文學報》第二十四期，2006年6月，頁9。

[27] 漢・班固、唐・顏師古注：《漢書》卷62〈司馬遷傳〉，頁2717。

祖本紀》關於項羽功績的抹煞、淡化，與降低淮陰侯韓信在楚漢相爭的影響力上。班固於《漢書・司馬遷傳贊》提到「史公三失說」其一即「序遊俠則退處士而進姦雄」。[28]主要是針對《史記・游俠列傳》的批評，然則《漢書》亦有〈遊俠傳〉、〈貨殖傳〉。比較二者，《史記・游俠列傳》與《漢書・遊俠傳》的差異在於：《史記》對布衣之俠與結賓客、廣交游的貴族與恣欲稱快的豪猾加以區隔，歌頌布衣之俠「設取予然諾，千里誦義，為死不顧世」的行為，以與「竊鉤者誅，竊國者侯，侯之門仁義存」之虛偽道德相對照；《漢書・游俠傳》把結賓客、廣交游，能形成社會勢力的人都叫作遊俠，把孟嘗君、淮南王安、魏其侯竇嬰、效忠於王莽的樓護和陳遵，與報私仇著名的原涉，同布衣之俠劇孟、郭解等同列，譴責他們「背公死黨」，以為廢棄了「守職奉上之義」。[29]由此看來班固載錄人物、敘事內容與《史記》雖然差異性不大，僅增列武帝以後人物，然則界定標準與評價卻是判然有別。

張騫事蹟，在《史記》裡，僅散見於〈衛將軍驃騎列傳〉、〈大宛列傳〉、〈匈奴列傳〉，旨在諷諭武帝的多欲。到了《漢書》，班固別立〈張騫李廣利傳〉，在《史記》的基礎上，藉由史料的連綴整合，讓張騫通西域與漢匈戰爭產生直接連繫，使張騫功罪從而顯豁。班固在襲取《史記》時，往往將部分具有評論意味的敘事，放在論贊，一來，間接證明了這些敘事，帶有言外論斷的功能；二來，位置的不同，則強調意味有別，反映馬、班不同的史識。如《漢書・孝文帝贊》稱揚文帝的話語，便全部襲用《史記・孝文本紀》「從代來」一段。李景星《漢書評議》道：

> 贊語全用《史記》後六年「從代來」一段，總括文帝生平，以作通紀斷案，并補紀之所未備，譬如百川匯海，正是天然歸宿。而或者

---

[28] 漢・班固、唐・顏師古注：《漢書》卷62〈司馬遷傳〉，頁2738。

[29] 關於《史》、《漢》「遊俠」、「貨殖」的對照比較。參白壽彝：〈《漢書》的博洽〉，收錄於陳其泰、張愛芳編：《《漢書》研究》，頁80-86。

　　反以為譏，過矣。[30]

　　班固將這段文字，放在贊語，藉以凸顯文帝的德業。較之《史記》原文，則強調意味更為明顯，是《漢書》繼《史記》而能別開生面者，為《漢書》「寓創於因」的又一例。

　　《史記》敘事，煩省合理，於傳主的選擇、情節的斟酌，於筆削去取之際，有其史識統領著。《漢書》的改作，另見於增立王陵為傳，讓王陵從〈陳丞相世家〉的附見角色跳出來，帶有將王陵、陳平、周勃功勞，同等視之的意味。漢初大儒董仲舒，是史公《春秋》學的導師，史公並未因著人情，別立一傳，而是放在〈儒林列傳〉中，帶有烘托公孫弘「以文亂法」的用意，是史公為了反映當代政治的缺失，匠心獨具的安排。只不過，董仲舒作為漢初儒學大師，以治《春秋公羊》學，為世所重；撰成《春秋繁露》，在中國學術史上，影響甚鉅。不僅以經學為長，更透過《春秋公羊》義理的闡釋，適應現實政治的需求，促成漢武帝獨尊儒術。其〈賢良對策〉於漢武改弦易轍的政策制定，更具備關鍵特質。倘使，僅附錄在〈儒林列傳〉，用來譏刺公孫弘，則不免有埋沒董仲舒之嫌。是以，班固別立〈董仲舒傳〉，讓董仲舒的經世才略、學術地位得以凸顯，使之名實相符。

　　《史記·循吏列傳》與〈酷吏列傳〉為兩兩相對的文字。〈循吏列傳〉所舉五人，皆在春秋之世；〈酷吏列傳〉傳酷吏，不及戰國暴秦之時，此見史公透過循吏行事的載述，以傷漢事的心跡。班固《漢書·循吏傳》改易了史公由年代對比，來寓刺譏的方式，所載循吏，皆取自漢代，不僅為《漢書》斷代為史所必須，亦上貫史公傳循吏的用心。透過正面表述，載其人行事遺風，以供後世取為範則。如此載述方式，遂為後世史家撰述循吏、良吏，肇開先例。班固既繼《史記》，而能因應時代，而作適度改良，這是《漢書》終能與《史記》媲美的原因。

---

[30] 李景星：《漢書評議》，頁136。

當然，班固在史公格局上的改易，不定然全收正面效果，有時反而有重形式輕內容的批評。抑或基於維護漢家立場，而模糊了歷史真實。然則，這類《史》、《漢》優劣論的探索，並非本論著的論述重點，故略。

（三）側重有別：從《史》、《漢》收錄的引文為觀察

文帝時的名臣賈誼，才華卓犖，其〈過秦論〉、〈治安策〉等政論文章，都提出了有力的政治見解，帶有極高的思想意蘊、學術價值。史公將賈誼的〈過秦論〉，放在〈秦楚之際月表〉，通過總結秦時弊害，以刺時政闕失。於〈屈原賈生列傳〉，則藉由輕重比例的安排，以屈原的不遇為凸顯，著重於賈誼因為忠心而遭到貶謫的遭遇，以與屈原同調；關注於賈誼文筆優美的辭賦，聊以抒懷，言外帶有史公自悼的微情，對於賈誼的政見少有著墨；於史料的安排措注間，常有豐沛的情感流露，乃至於或有遮蔽了理性眼光的缺憾。《漢書・賈誼傳》除保留了《史記》的敘事，與收錄的〈弔屈原賦〉、〈鵩鳥賦〉外，增添了〈治安策〉、〈處置淮陽各國疏〉、〈諫封淮南厲王諸子疏〉。除了悲歎賈誼的懷才不遇，亦透過政論文章的收錄，強調了賈誼洞燭機先的政治視野，較之客觀、全面，使得賈誼的人物形象更為豐足，也更能展現其治世才幹。[31]是以，從所收錄的文章上，亦反映出撰史者的所欲凸顯的重點和評價。

鄒陽，史公將之與魯仲連同傳，並收錄〈獄中上書〉，反映鄒陽受到嫉忌，故透過上書自明心跡，體現出「抗直不橈」（卷 83，頁 2479）的剛直。以其天性與魯仲連同，遭遇復與鄒陽同，帶有自為寫照的用意。[32]班固則將鄒陽與以文學著稱、以上書顯名的賈山、枚乘、路溫舒同傳，[33]除了〈獄中上書〉，另補錄了一篇〈諫吳王書〉。書中引秦為喻，歷敘胡、越、齊、趙、淮南之難，引物連類，旨在諷諫吳王濞勿陰謀叛亂事。只是吳王濞並未聽取鄒陽的諫言，

---

[31] 李偉泰：〈《史》、《漢》論贊比較十三則〉，《臺大文史哲學報》第 64 期，2006 年 5 月，頁 57。

[32] 參李景星：《漢書評議》（長沙：岳麓書社，1986），頁 202。

[33] 李景星：「此四人者，其行事本不相類，而皆以文學著，又皆以上書顯，故班氏合為一傳。」李景星：《漢書評議》，頁 202。

導致叛亂亡國。班固採錄了鄒陽〈諫吳王書〉、〈獄中上書〉，前者見於游吳王濞時，後者作於游梁孝王時。吳王濞、梁孝王皆諸侯國，而懷有僭越之心，游士居此，不免危殆。透過比事的方式，呼應贊語中班固欲傳達的「鄒陽、枚乘游于危國，然卒免刑戮者，以其言正也。」[34]班固讚美鄒陽因言正而保身，除了帶有保全世業心理的投射，[35]亦帶有反映當時漢家封建體制確立，譴責諸侯王逆謀作亂的意圖。

　　對於鼂錯，史公的評價是有抑有揚。抑的部分，見於論贊，以其「諸侯發難，不急匡救，欲報私讎」（卷 101，頁 2748）。揚的部分，除了通過錯父口，道出「劉氏安矣，而鼂氏危矣」（卷 101，頁 2747）的預示，於傳末，復通過「鄧公與景帝語」，以明鼂錯功罪。通過以敘為議的方式，對鼂錯的忠於國家，不顧自身安危，做了間接肯定。顯示史公傳人，藉由優缺並載，反映不同面向的立體敘事法。班固於《漢書・鼂錯傳》，增錄了五篇政論：〈論太子宜知術數疏〉、〈言兵事疏〉、〈論守備塞疏〉、〈論募民徙塞下宜為什伍疏〉、〈賢良文學對策〉。透過這些政論文章的載錄，鼂錯的軍政才幹，得以具體呈現。其策略得失，亦可從其中，領略梗概。鼂錯的忠直品性與施政才略，在《漢書》的敘事中，顯然是肯定的。連繫鼂錯成為七國之亂的替罪羔羊，遭受屠戮的結局，班固在史公為鼂錯翻案的基礎上，於論贊中直截為鼂錯的遭遇歎惋，平衡了論贊、敘事，抑揚不同調的衝突感。

　　從馬、班收錄的文章中，反映了不同的評論重點，與不同的撰述立意、識見。亦可發掘出，班固《漢書》在經世文章的收錄上，較之《史記》周全，反映了史書歷史性的意蘊增加，影響後世史傳文學甚鉅。[36]

---

[34] 漢・班固，唐・顏師古注：《漢書》，卷 51〈賈鄒枚路傳〉，頁 2372。

[35] 李師偉泰：「在這裏，班固關注的是士人處在危局當中，既盡言責，並且能夠全身而退的智慧。這種關注，和班固出身世家大族，關心世業綿延有直接關係。」李偉泰：〈《史》、《漢》論贊比較十三則〉，《臺大文史哲學報》第 64 期，2006 年 5 月，頁 55。

[36] 據吳福助的研究，其貢獻大抵有三：確立正史採文之體式、保存西漢文章，彰顯西漢詔令奏議之價值，具有保存史料的意義存在。筆者以為，然則未能輔助議論或是與傳主無關、不足以立傳者的文章亦有可採之處，可見未獲收錄、保存而散佚的作品仍多。參吳福助：《漢書採錄西漢文章探討》

三、繼往開新：《漢書》亦有「于序事中寓論斷」筆法

上節為《漢書》繼承《史記》的軌跡，理出脈絡。此節分別通過《史記‧太史公自序》與《漢書‧司馬遷傳》的比較，及於《漢書》運用「于序事中寓論斷」筆法的具體例證，以證成《漢書》繼承《史記》而能下開新頁處。

（一）遙契會心：從〈太史公自序〉與《漢書‧司馬遷傳》談起

〈太史公自序〉，非僅視作《史記》的目錄，更可當作史公的一篇自傳。班固作《漢書‧司馬遷傳》對〈自序〉文字多所採用，架構約可分成四大項：1.簡括〈自序〉文字，歷敘史公世譜家學、綱領體例、作傳本旨；2.《史記》流傳過程，提出十篇有錄無書的殘缺篇數，但未標注篇名；[37]3.收錄〈報任安書〉；4.對史公及其著作的評價（論贊）。

〈報任安書〉是一封書信，撰作時間在征和二年（91B.C.），旨在針對任安的求援書信，提出自己因為撰史而忍受的苦楚，不是不救，是救不了，也不能救的心情。過程中，借題發揮，展開一連串的討論，焦點落在受刑始末與「發憤著書」上。

史公受刑事件，在〈自序〉裡僅 38 字交代過去，[38]與此事件關係密切的李陵敗降事件，亦僅略敘，有賴《漢書‧李廣蘇建傳》的補足，才得以讓事件原委重現目前。僅僅如此，猶不足以讓人明白史公受刑與此事件的關聯性，〈報書〉載道：

> 夫僕與李陵俱居門下，素非相善也，趣舍異路，未嘗銜盃酒接殷勤之歡。然僕觀其為人自奇士，事親孝，與士信，臨財廉，取予義，

（臺北：文津出版社，1988），「七、漢書採錄西漢文章對後世之貢獻」，頁 62-67。

[37] 「而十篇缺，有錄無書」。（卷 62，頁 2724）」參本論著，註 47、48、437。

[38] 「七年而太史公遭李陵之禍，幽於縲紲。乃喟然而歎曰：『是余之罪也夫！是余之罪也夫！身毀不用矣。』」（卷 130，頁 3300）

分別有讓，恭儉下人，常思奮不顧身以徇國家之急。其素所畜積也，
僕以為有國士之風。夫人臣出萬死不顧一生之計，赴公家之難，斯
已奇矣。今舉事壹不當，而全軀保妻子之臣隨而媒孽其短，僕誠私
心痛之。且李陵提步卒不滿五千，深踐戎馬之地，足歷王庭，垂餌
虎口，橫挑彊胡，卬億萬之師，與單于連戰十餘日，所殺過當。虜
救死扶傷不給，旃裘之君長咸震怖，乃悉徵左右賢王，舉引弓之民，
一國共攻而圍之。轉鬭千里，矢盡道窮，救兵不至，士卒死傷如積。
然李陵一呼勞軍，士無不起，躬流涕，沫血飲泣，張空弮，冒白刃，
北首爭死敵。陵未沒時，使有來報，漢公卿王侯奉觴上壽。後數日，
陵敗書聞，主上為之食不甘味，聽朝不怡。大臣憂懼，不知所出。
僕竊不自料其卑賤，見主上慘悽怛悼，誠欲効其款款之愚。以為李
陵素與士大夫絕甘分少，能得人之死力，雖古名將不過也。身雖陷
敗，彼觀其意，且欲得其當而報漢。事已無可奈何，其所摧敗，功
亦足以暴於天下。僕懷欲陳之，而未有路。適會召問，即以此指推
言陵功，欲以廣主上之意，塞睚眥之辭。未能盡明，明主不深曉，
以為僕沮貳師，而為李陵游說，遂下於理。拳拳之忠，終不能自列，
因為誣上，卒從吏議。家貧，財賂不足以自贖，交遊莫救，左右親
近不為壹言。身非木石，獨與法吏為伍，深幽囹圄之中，誰可告愬
者！此正少卿所親見，僕行事豈不然邪？李陵既生降，隤其家聲，
而僕又茸以蠶室，重為天下觀笑。悲夫！悲夫！[39]

由此大段記述，便可得知史公為李陵說項的原因：1.源於平日對李陵為人的觀
察，以為李陵在窮途末路之際，只能投降匈奴，但這不是真降，而是詐降，
目的在伺機立下大功，以將功贖罪；2.史公何以甘冒忌諱，挺身而出，在於看
到武帝憂心忡忡的樣貌，欲透過事理的分析，讓主上寬心。如何料想得到，

---

[39] 漢・班固、唐・顏師古注：《漢書》，卷62，頁2729-2730。

武帝誤會史公的美意，以為他詆毀前線作戰的貳師將軍，因此將史公下獄，判了誣罔罪。依照漢法，誣罔罪是死刑重罪，除了易科高額贖金來減刑之外，便是宮刑以求免死。此後，便記載了史公於生死之際的掙扎，最後為撰成《史記》隱忍屈辱選擇宮刑的內幕，進而提撕出著名的「發憤著書」說。〈自序〉另有一段雷同的文字，分別引錄，如下：

> 古者富貴而名摩滅，不可勝記，唯俶儻非常之人稱焉。蓋西伯拘而演《周易》；仲尼尼而作《春秋》；屈原放逐，乃賦〈離騷〉；左丘失明，厥有《國語》；孫子臏腳，《兵法》修列；不韋遷蜀，世傳《呂覽》；韓非囚秦，《說難》、《孤憤》。《詩》三百篇，大氐賢聖發憤之所為作也。此人皆意有所鬱結，不得通其道，故述往事，思來者。及如左丘明無目，孫子斷足，終不可用，退論書策以舒其憤，思垂空文以自見。(〈報任安書〉，卷62，頁1732)
> 七年而太史公遭李陵之禍，幽於縲紲。乃喟然而歎曰：「是余之罪也夫！是余之罪也夫！身毀不用矣。」退而深惟曰：「夫《詩》《書》隱約者，欲遂其志之思也。昔西伯拘羑里，演《周易》；孔子尼陳蔡，作《春秋》；屈原放逐，著〈離騷〉；左丘失明，厥有《國語》；孫子臏腳，而論兵法；不韋遷蜀，世傳《呂覽》；《詩》三百篇，大抵賢聖發憤之所為作也。此人皆意有所鬱結，不得通其道也，故述往事，思來者。」(《史記·太史公自序》，卷130，頁3300)

史公在〈報書〉中羅列了古往今來聖賢遭到困厄而著書留名後代的一大段文字，與〈自序〉記載雷同。[40]值得指出的是，在論及古今人物因「意有所鬱結，

---

[40] 至於這些被史公當作發憤著書典範的人物，此中記載頗有與史實不同處，如呂不韋與其門客著《呂氏春秋》，係秦始皇初年事擔任丞相事，至於免相、遷蜀則是後來的事情；韓非原為韓國的公子，多次書諫韓王，不被重用，而作了〈說難〉、〈孤憤〉。傳到秦國，秦王相當讚賞，而攻打韓國得到韓非，只是韓非到了秦之後，卻遭到同窗李斯的陷害，下獄而死。此見，呂不韋並不是先被貶到蜀，才有《呂氏春秋》，而韓非也不是囚秦，才有〈說難〉、〈孤憤〉。這又是另一層面的討論了，

不得通其道，故述往事，思來者」後，〈報書〉補上「退論書策以舒其憤，思垂空文以自見」這段文字。如此一來，方直截傳達了史公為證成「發憤→著書動力」的說法，要旨更為明確，情感更趨濃烈。

　　此外，對於受刑後的心境描寫，更是連篇累牘的反覆申說，諸如「身殘處穢，動而見尤，欲益反損，是以抑鬱而無誰語」、「若僕大質已虧缺，雖材懷隨和，行若由夷，終不可以為榮，適足以發笑而自點耳」、「今已虧形為埽除之隸，在闒茸之中，乃欲印首信眉，論列是非，不亦輕朝廷，羞當世之士邪！嗟乎！嗟乎！如僕，尚何言哉！尚何言哉！」等，[41]均飽蘸著情感，而將自己受刑之後的恥辱與卑微心態，形諸筆墨，具體呈現。可以這麼說，如果沒有〈報書〉，對於史公受刑前後的心境轉折，勢必難以體會的如此深刻。

　　何以〈報書〉能涵融如此豐沛的情感，較之於〈自序〉呢？這就牽涉到書信體裁的特質：可以用來抒情、說理，也可以記載很多事項。作為私人書信而言，有時比史書具備著更多的歷史真實，可以用來補充、釐清，然而也有較為瑣碎、不連續，不易解讀、研究的缺點。「藉言敘事」為《史記》「于序事中寓論斷」筆法之一，其中包含「藉書面語以敘事」。《漢書》的口語載述，相較為寡，然則書面語的部分，則較之豐富，藉由文章的收錄，不僅豐富文、史材料，更延續了史公藉言敘事的傳統。[42]通過〈報任安書〉的收錄，讓這篇書信不致於湮沒無傳，而成為理解史公的第一手材料；藉由這封書信，彷彿打通了古今的歷史渠道，讓人得以依循著信中的指示，回到現場，聆聽史公自述原委，為那滿腹辛酸的牢騷，掬一把同情淚。換句話說，〈報書〉使後人得以領略史公之心，較之歷史敘事的方式，更能引發後世讀者的同情共感，得以領會《史記》多情感之史筆的特性，是解讀《史記》、理解史公的鑰匙。班固的收錄意謂其掌握了藉言敘事的關鍵，也是遙契史公心情的感慨之

　由於此處重心在於班固收錄〈報書〉的原因，是以此處暫略。

[41] 漢・班固，唐・顏師古注：《漢書》，卷62，頁2725-2728。

[42] 除了《左傳》之外，以記言為昭著的《國語》、《戰國策》，乃至更早的《尚書》都為《史記》的「藉言敘事」做了發凡。

作。

從〈報任安書〉的引錄，以及與史公受刑息息相關的李陵事件唯恐不盡的記述，班固可謂是真正理解史公心情的異代知己，亦側面證成班固對「于序事中寓論斷」筆法的承繼軌跡。[43]

（二）敢述漢非：實錄精神的發揚

《漢書》雖然在「宣漢」的正統思維籠罩下，與《史記》的重疊篇章，大體呈現著不同的褒貶傾向。然則，這並不代表班固對《史記》的否定。從《漢書‧司馬遷傳》來看，贊語大體上採取了班彪〈略論〉的說法，來評價《史記》。[44]雖然對於史公的思想意蘊，有所微辭，但並不偏廢對史公「善序事理」的著史才華和「文直事核」高尚品格的肯認。以為史公撰史的不凡與偉大處，正是在「不虛美，不隱惡」的實錄精神指導下，故能成一家之言。

班固對史公的評價，樹立了《史記》的典範地位。而班固不受統治者對《史記》的裁抑，敢於給予《史記》肯定，從某一方面看，亦是發揮了「不虛美，不隱惡」的態度。不僅如此，從重疊篇章的敘事、論贊為考察，亦見到班固「過分尊馬」的地方。[45]無畏於統治者的強權，班固對於史公的心儀，

---

[43] 關於班固對李陵唯恐不盡的描寫，語源於何寄澎：〈《漢書》李陵書寫的深層意涵〉，《文學遺產》，2010 年第一期。至於論贊裡對於「史公三失」說的批評，筆者以為應就彼此立場的不同來作探討，所謂善批評者，即深入了解者，此亦可證成班固係史公異代知己的論調。至於細節，還有待另外撰文探討。

[44] 〈報書〉：「又其是非頗繆於聖人，論大道則先黃老而後六經，序遊俠則退處士而進姦雄，述貨殖則崇勢利而羞賤貧，此其所蔽也。然自劉向、揚雄博極羣書，皆稱遷有良史之材，服其善序事理，辨而不華，質而不俚，其文直，其事覈，不虛美，不隱惡，故謂之實錄。」漢‧班固，唐‧顏師古注：《漢書》，卷 62〈司馬遷傳〉，頁 2737-2738。

[45] 李師偉泰以為班固「過分尊馬」的論點，遍見於李氏論著。馮家鴻從班固因襲《史記》的現象推測，可能是班固自料不如，或是為了省力，才會如此辦法。筆者以為，馮說「自料不如」的說法，與李說「過分尊馬」一意，可作為班固因襲史公的合理原因。參李偉泰：〈《史》、《漢》論贊比較十四則〉，《臺大中文學報》第二十四期，2006 年 6 月，頁 1-48；李偉泰：〈《史》、《漢》論贊比較十三則〉，《臺大文史哲學報》第 64 期，2006 年 5 月，頁 41-72；李偉泰：〈《史》、《漢》論贊比較八則〉，收錄於國家圖書館等編：《屈萬里先生百歲誕辰國際學術研討會論文集》，2006 年 6 月，頁 5-52。馮家鴻：〈論司馬遷和班固孰優——《史記》、《漢書》同篇目比照評述〉，《金

可見一斑。是以，《漢書》雖然在統治者的高壓控管下，猶能忠於歷史，敢於揭露漢朝的弊端。[46]

　　漢武帝的雄材大略於〈武帝紀〉敘事、贊語可見正面形象的頌揚，於〈睢兩夏侯京翼李傳〉載宣帝欲下詔表彰武帝美事時，夏侯勝獨與群臣異議，以為：「武帝雖有攘四夷廣土斥境之功，然多殺士眾，竭民財力，奢泰亡度，天下虛耗，百姓流離，物故者過半。蝗蟲大起，赤地數千里，或人民相食，畜積至今未復。亡德澤於民，不宜為立廟樂。」[47]側面反映了武帝末年因為窮奢極欲，肇成弊端疑毒後代的景況，係透過藉言敘事以及他傳互見的方式，傳達對武帝的批評，可謂以敘為議筆法之例。[48]漢文帝是漢初以德化民、恭行儉讓，而能締造盛世的賢君，從班固於〈文帝紀〉所收錄的詔書可見褒揚論調。文帝的儉讓形象延續著《史記》的記載，可見為時人普遍的共識。然則聯繫〈佞幸傳〉鄧通的兩段載述，則頗不然：

> 通亦愿謹，不好外交，雖賜洗沐，不欲出。於是文帝賞賜通鉅萬以十數，官至上大夫。
> 文帝時間如通家游戲，然通無他伎能，不能有所薦達，獨自謹身以媚上而已。上使善相人者相通，曰：「當貧餓死。」上曰：「能富通者在我，何說貧？」於是賜通蜀嚴道銅山，得自鑄錢。鄧氏錢布天下，其富如此。[49]

陵職業大學學報》第 15 卷第 4 期，2000 年 12 月，頁 32。

[46] 關於《漢書》的實錄精神，冉昭德以為「班固不為漢諱」。陳其泰認為，班固實錄精神，體現在敢於揭露封建統治者的陰暗面上。冉昭德：〈班固與《漢書》〉、陳其泰：〈《漢書》歷史地位再評價〉，收錄於陳其泰、章愛芳編：《漢書研究》，頁 59、144。

[47] 漢・班固，唐・顏師古注：《漢書》，卷 75，頁 3156。

[48] 此外，若結合〈刑法志〉、〈循吏傳序〉，對於武帝的批判可以有更全面性的認識。

[49] 漢・班固，唐・顏師古注：《漢書》，卷 93，頁 3722-3723。

鄧通初為船伕，未有其他才幹，以謹身媚上而已，傳載嘗為文帝嗽癰，足見其諂媚之甚。文帝固然躬行勤儉，連宮室修築、寵愛的妃嬪服秩亦不得浮誇，然則對待鄧通卻反是。班固透過據事直錄的方式，載其先賞賜鄧通鉅額金錢，拔擢為上大夫；後透過文帝口供，言自己為鄧通富貴的推手。如此一來，便帶出評斷：「即使是最有德、最恭儉的封建帝王，骨子裡仍脫不掉自私、奢糜、矯飾的習性。這是《漢書》耐人尋味的史筆。」[50]對於「文景之治」，班固並不一味的躬逢其盛，而是於〈賈山傳〉載〈至言〉，側面揭露「文景之治」的弊政，反映史家妍媸畢載的實錄精神，與從多方角度覽照事情的全景視野。

此外，諸如董賢徒以令色諛言自進，漢哀帝賞賜亡度情事，遍載於〈蒯伍江息夫傳〉、〈王貢兩龔鮑傳〉、〈蓋諸葛劉鄭孫毌將何傳〉、〈何武王嘉師丹傳〉等傳，以〈佞幸傳〉載哀帝與董賢同臥，為避免驚動仍在睡夢中的董賢，不惜斷袖起身的一段情事，更是將哀帝寵愛男寵的心地刻畫入微，這類微細的刻劃，是班固擅長的手法，而其中或有寄寓論斷的作用，詳於下節。班固極寫哀帝愛幸董賢，正是極力誅哀帝愛好聲色，導致國事荒廢，肇下西漢衰亡的因子。

對於宗室外戚與封建官吏的針砭，班固亦以其如椽史筆，類比事實，增添議論的鋒芒與力道。如〈外戚傳〉批判「窮富貴而不以功」、用事干政的裙帶關係，從而帶出漢末王莽以外戚身分代漢的情事，以諸事實佐我議論的手法，係覽照西漢一代的衰亡歷史得出的結論；〈景十三王傳〉歷舉西漢諸侯王多「驕淫失道」的情事，以及〈齊悼惠王世家〉、〈蕭何曹參傳〉等記載，以昭顯「宴安為鴆毒，亡德而富貴，謂之不幸」的道理。[51]

《漢書》是以宣揚漢朝政治功業為撰寫目的的，那麼敢不敢暴露漢代封建統治的陰暗面，便成為班固是否具有「實錄精神」的試金石。經由班固的記載，從側面對西漢政治狀況和官場風氣作嚴肅批評。聯繫此中記述的帝王

---

[50] 許殿才：〈《漢書》的實錄精神與正宗思想〉，收錄於陳其泰、張愛芳編：《《漢書》研究》，頁158-159。

[51] 漢‧班固，唐‧顏師古注：《漢書》，卷97，頁4011；卷53，頁2436（後兩則）。

皇族、貪官污吏，會對封建朝廷的統治群體和封建政權的本質認識得更加清楚。[52]除了負面的載述，在〈宣帝紀〉亦記述了宣帝時期的吏治與任用、考察官員的制度，有班固的推許，具有史料、思想上的價值。而忠於漢室的功臣人物，班固亦不偏廢其美。是以，即使在「宣漢」的框架下，班固還是紹繼前史，闡揚實錄精神。如此態度，從其對於史料揀擇去取的審慎態度，亦可窺得。如班固嘗於〈張湯傳贊〉提到「馮商稱張湯之先與留侯同祖，而司馬遷不言，故闕焉」；〈東方朔傳〉提到「凡向所錄朔書具是矣。世所傳他事皆非也。……而後世好事者因取奇言怪語附著之朔，故詳錄焉。」[53]可證。

（三）言小喻大：細節描寫暗喻褒貶

　　《漢書》雖然呈顯著與《史記》異趣的文字風格：「遷文直而事覈，固文贍而事詳」，[54]但對於史公的忻慕，乃至於筆法的模仿，實錄精神的延續，還是有有跡可循的。明・焦竑《焦氏筆乘》引程伊川曰：

> 子長著作微情妙旨，寄之文字蹊徑之外；孟堅之文，情旨盡露於文字蹊徑之中。讀子長文，必越浮言者始得其意，超文字者乃解其宗。班氏文章亦稱博雅，但一覽之餘，情詞俱盡。此班馬之分也。[55]

程頤的說法，固然具有參考性，然則，《漢書》是否真的「一覽之餘，情詞俱盡」？顯然，有欠公允。《漢書》的文字，固然不像《史記》富有批判性。拘於現實條件，班固的情感趨向內斂，然則，通過傳記、論贊、〈敘傳〉的連結，

---

[52] 許殿才：〈《漢書》的實錄精神與正宗思想〉，收錄於陳其泰、張愛芳編：《《漢書》研究》，頁159。

[53] 漢・班固，唐・顏師古注：《漢書》，卷59，頁2657；卷65，頁2873。

[54] 語見范曄《後漢書・班固傳》贊語中，但不明引，而原注有交代：「此已上略華嶠之辭」。南朝宋・范曄：《新校本後漢書并附編十三種》，卷40下〈班彪列傳〉，頁1386。

[55] 明・焦竑，李劍雄點校：《焦氏筆乘》（上海：上海古籍出版社，1986），卷2〈伊川評班馬〉，頁50。

還是可以了解班固對人、事的感情態度。《漢書》傳記文學吸取了《史記》寫人藝術的經驗，如注重刻畫人物個性，注意選材的典型性，運用對話、細節描寫、心理描寫以刻畫人物等。就寫人來說，「不激詭，不抑抗」，善於細節描寫，能「於精雕細刻中見性格」，如〈蘇武傳〉、〈霍光傳〉、〈張禹傳〉、〈王莽傳〉，皆為名篇。[56]以〈霍光傳〉載「任宣與霍禹語」為例，原文如下：

> 禹曰：「我何病？縣官非我家將軍不得至是，今將軍墳墓未乾，盡外我家，反任許、史，奪我印綬，令人不省死。」宣見禹恨望深，乃謂曰：「大將軍時何可復行！持國權柄，殺生在手中。廷尉李种、王平、左馮翊賈勝胡及車丞相女婿少府徐仁皆坐逆將軍（竟）〔意〕下獄死。使樂成小家子得幸將軍，至九卿封侯。百官以下但事馮子都、王子方等，視丞相亡如也。各自有時，今許、史自天子骨肉，貴正宜耳。大司馬欲用是怨恨，愚以為不可。」禹默然。數日，起視事。[57]

霍光為武帝臨終前，遺命撫卹昭帝的顧命大臣。在班固的敘事裡，表面上鋪陳霍光的佐政功績，實則於敘事夾縫處，微見霍光仗勢跋扈的行徑。以昌邑王賀事件來說，霍光藉機誅鋤異己，竟達兩百人之多。霍光在世時，家族便十分驕奢僭越，甚至做出「謀殺許后，立竇成君為后」，形同叛逆的行為。是以，在宣帝知情後，便逐步翦除霍家權勢。從霍禹失意怏怏貌，到任宣將「霍光多做威福」具體點出，可見霍光既忠於漢室，又貪圖權勢的抑揚褒貶，言外隱隱透露著盛衰交替之感。寥寥數語，卻是〈霍光傳〉的縮影，言小喻大，可謂得史公精髓。另舉〈匡張孔馬傳〉載張禹事為例：

---

[56] 張新科：《唐前史傳文學研究》（西北：西北大學出版社，2000 年 9 月一版一印），〈緒論〉，頁 9。

[57] 漢·班固、唐·顏師古注：《漢書》，卷 68，頁 2953。

初，禹為師，以上難數對己問經，為論語章句獻之。始魯扶卿及夏
侯勝、王陽、蕭望之、韋玄成皆說論語，篇第或異。禹先事王陽，
後從庸生，采獲所安，最後出而尊貴。諸儒為之語曰：「欲為論，
念張文。」由是學者多從張氏，餘家寖微。[58]

當時治《論語》的學者除了張禹，尚有魯扶卿、夏侯勝、王陽、蕭望之、韋
玄成，然因張禹貴顯為太子師，天下儒生靡然風嚮，導致其餘家法衰微的情
形。從此段追敘文字，微見當時儒者以利祿為尚的風貌。〈嚴朱吾丘主父徐嚴
終王賈傳上〉載朱買臣初時微賤而為妻子所輕，妻子因而求去。及其貴顯，
凡過往有恩於他者，均報答之。其中與前妻見面一段，更是饒富興味，載道：

入吳界，見其故妻、妻夫治道。買臣駐車，呼令後車載其夫妻，到
太守舍，置園中，給食之。居一月，妻自經死，買臣乞其夫錢，令
葬。[59]

朱買臣飛黃騰達後，見其故妻，命人車載回太守舍，奉給飲食。表面上是對
過往恩怨既往不咎，何則一個月後，妻子自經，朱買臣還要給予故妻的丈夫
喪葬費用呢？這樣乍似矛盾的記載，淹透著什麼呢？其實，朱買臣表面上是
施加恩惠，實則為一種帶報復心的羞辱手段，乞前妻夫錢，更是加重一層的
羞辱方式。此段軼事，班固亦採追敘方式呈現，這類溢出正文之外的閒筆，
往往對狀摹人物個性，具有寫真之用；對於朱買臣性格的貶損，更是見於言
外。再看到〈公孫劉田王楊蔡陳鄭傳〉載陳萬年事：

子咸字子康，年十八，以萬年任為郎。有異材，抗直，數言事，刺

---

[58] 漢・班固、唐・顏師古注：《漢書》，卷81，頁3352。
[59] 漢・班固，唐・顏師古注：《漢書》，卷64，頁2793。

> 譏近臣，書數十上，遷為左曹。萬年嘗病，召咸教戒於床下，語至
> 夜半，咸睡，頭觸屏風。萬年大怒，欲杖之，曰：「乃公教戒汝，
> 汝反睡，不聽吾言，何也？」咸叩頭謝曰：「具曉所言，大要教咸
> 諂也。」萬年乃不復言。[60]

陳萬年善以行賄外戚的手段謀取權位，青雲之上及至御史大夫。其子陳咸性
格與之不類，陳萬年甚患。遂於病篤時，召其子陳咸教誨之。由陳咸直率的
口吻「諂」字，簡賅當時的為官之道，接連帶出對整個漢家吏治的諷刺意味。
這類帶有寓意的細節描寫，除上引追敘、軼事、閒事屬之外，心理刻劃亦然，
即班固善於運用細部描寫暗喻褒貶的例子。

　　若就武帝以前的歷史而言，《漢書》基本依據《史記》，但也進行了新的
創造。誠如張新科所言：「其創造最突出的還是武帝以後事，敘事周詳、細膩，
形成了自己獨特的風格，以至於後人將它與《史記》並稱」。[61]綜合歸納起來，
《漢書》雖不脫「宣漢」為目的，亦不偏廢對史公的敬慕。故能紹繼《史記》
「不虛美，不隱惡」的實錄精神，發揮寫人的優長，而精於細節描寫的部分。
在大體不失客觀的論述底下，而能有部分情感豐沛的文字。最突出的佳篇，
常在人物列傳。從人物的行事、特點，讓褒貶議論寄託其中，這是「于序事
中寓論斷」的類型之一。故研究《漢書》「于序事中寓論斷」，當從紀、傳入
手，值得加以探勘，有待後續研究。

四、餘論：《史》、《漢》「于序事中寓論斷」對史傳文學的發凡

　　《史記》「于序事中寓論斷」筆法，別於直接議論的序、贊、論，有其特

---

[60] 漢・班固，唐・顏師古注：《漢書》，卷 66，頁 2900。

[61] 張新科：《唐前史傳文學研究》（西北：西北大學出版社，2000），第五章，頁 145。

定的時空背景、特定的描寫對象、特定的事件。是透過體察六藝精思，汲取前人優長，秉持良史直錄歷史的職責，與避免觸忌殺身之間，在史公慧心獨具的史識統領下，而形成的史家筆法。在五體中，分布在「本紀」、「世家」、「列傳」，及一部分的「書」中，[62]此即後世所謂「史傳文學」的範疇。[63]因此，《史記》最高明的議論筆法，意謂通過以人統事的紀傳體，寄寓史公的論斷。

　　班固紹繼《史記》，斷代為史，撰成《漢書》。從漢初到漢武帝朝的重疊篇章中，便見因襲、模仿、增補與創新，呈現著與《史記》褒貶異趣的特點。受到統治者的干預、現實的高壓，肇成班固以「宣漢」為宗旨。但，即便是如此，班固仍舊軌範著史公撰史「不虛美，不隱惡」的實錄精神，故能客觀載史，批評漢非。吸收了史公「于序事中寓論斷」的筆法，使褒貶含藏於字裡行間，情感即便內蘊，仍舊富有批判性。最突出的篇章，表現在人物傳記的部分，影響了後世史傳文學的發展。

　　自《史》、《漢》以降，正史便確立了斷代為史的紀傳體製。透過各種人物類型的記敘，「描繪出推動歷史巨輪的人的形象以及他們的思想與行動」。[64]突出了人在歷史發展的重要性與價值性，而這樣的體制一旦形成，又反過來要求作者以人物為中心，來選取、提煉、組織材料，以表現人物。[65]往後的史傳文學，大抵依循著這樣的規範，透過人物活動的記載，反映時、事。即使到了南北朝，在統治者日漸嚴密的管控下，這些史書，還是在一定程度

---

[62] 「書」主要記載歷代制度沿革，屬於學術專史，一般不列入文學範疇。惟其中〈封禪書〉、〈河渠書〉、〈平準書〉這三篇，較為特出，以敘事形式，對漢武帝朝的政治制度，有所批判，故在「于序事中寓論斷」的範疇之內。

[63] 關於史傳文學，簡單來講，係指歷史人物傳記。從廣義而看，泛指史書中文學性強，以刻畫人物形象為主的作品；狹義來說，僅指紀傳體史書的人物傳記。參張新科：《唐前史傳文學研究》（西北：西北大學出版社，2000），〈緒論〉，頁 1；吳禮權、疏志強：《中國修辭史》下卷，收錄於宗廷虎、陳光磊編：《中國修辭史》（長春：吉林教育出版社，2007 年 7 月出版），頁 1703-1704。

[64] 張新科：《唐前史傳文學研究》，頁 66。

[65] 參趙生群：〈《史記》紀傳體與傳記文學〉，收錄於氏著：《《史記》文獻學叢稿》，頁 301。

上，繼承著前史的傳統，反映著撰史者的思想與評價。如清・趙翼評《南齊書・褚淵傳》、〈王晏傳〉、〈蕭諶傳〉等傳時，便說：「此數傳皆同一用意，不著一議，而其人品自見」。[66]是《史記》「于序事中寓論斷」手法的運用。可見，「這種作家隱藏於文本之後，讓文本直接與讀者對話的手法，對於當代傳記人物的創作，仍有極大的借鑒作用」。[67]故，《史記》居於二十五史之首，其筆法、義法，為後世史傳文學的發展，奠定堅實的基礎；《漢書》繼之而有所改良，為後代正史樹立楷模，是以千秋宗匠，垂範不已。

---

[66] 清・趙翼著、田樹民校證：《廿二史劄記校證》（北京：中華書局出版，1984），卷 9〈齊書書法用意處〉，頁 190。

[67] 陳蘭村：《中國傳記文學發展史》，頁 132。

第七章　結論

　　歷來不少學者，都觀察到《史記》敘事往往帶有言外之意，有言約義豐的特質，具有「逸」的風格。只是，說法莫衷一是，並不能為這樣的現象，給予適切的定義，以致未能形成研究熱潮，影響有限。直到顧炎武提出《史記》「于序事中寓論斷」的書法特質，為這樣蘊含論斷的變體敘事作了命名，方使《史記》的敘事成就，又向前邁進了一大步。根據筆者的研究，約可歸納成下列幾點，如下：

一、錯綜古今，兼採眾長：「于序事中寓論斷」筆法的形成

　　「于序事中寓論斷」是高明的史家筆法，是史公汲取前人優長與自身秉賦、遭遇交織下，有所體會的心得。立意上，取法孔子以王道文化傳統貶損現實政治的做法，故能繼承《春秋》「貶天子，退諸侯，討大夫」的批判精神。形式上，《左傳》寓解釋（解經）於歷史敘事的方式，更為史公以敘為議的筆法，樹立典範。建立在儒家「溫柔敦厚」的詩教基礎，與美刺現實的內蘊，成就了史公的詩學批評觀。《春秋公羊傳》、董氏公羊學，滋養《史記》的哲理內涵，成為評論現實的引據。受到《易傳》的影響，促成「究天人之際，通古今之變」的通變觀，貫徹在「詳變略漸」的載述模式。汲取《易傳》的審微思想，轉化成《史記》以慎始防微的思想精神，提供歷史資鑑的撰述。非惟私淑孔子，以六藝為指導，對於春秋戰國的諸子百家學術，史公亦有充分體會，為《史記》以敘為議的撰作形式，提供了充沛的養分。

二、「于序事中寓論斷」筆法的特點：以敘為議，史蘊詩心

　　《史記》為紀傳體通史，人物生平是表層結構，旨在以人統事，串連起一系列歷史故事。這些故事，構成作品的「裡」，以事牽連，擔負著載史、寫人、抒情的功用。大抵在不違背歷史真實，又要避免觸忌犯諱的考量下，以實錄精神為中心，提升了史學的地位，確立了正史的載述形式。其筆法的特殊處，即在通過「寓」字，將截然不同的「敘事」、「論斷」，交融為一。作者一方面將評論「推見至隱」，藏於敘事文字當中，一方面從體例上的立例、破例、合傳、附傳；以重言、虛字、反語、複筆、詭辭為敘事針線；復透過直接評論的方式，給予讀者提示。讓讀者得以按圖索驥，釐清作者所欲表達的中心主旨、意念，進而探析隱於敘事背後的論斷所在、指涉。必須注意的是，《史記》畢竟是史書，而非寓言，故不可能全篇文字均帶有寓意性。而是在特定的書寫範圍，特定的篇章，涉及罔褒忌諱時，才有可能運用此項手法。

（一）「于序事中寓論斷」的形式：藉史明心，推見至隱

　　筆者依「于序事中寓論斷」，特定的書寫條件，以及史公撰史詳近略遠的原則，將時代定限在楚漢相爭到漢武帝朝。依「敘事文」的原理，歷代以來學者的評點、論述，逐步考索。梳理出以兩大綱領「直筆」、「側筆」，統攝八項條目「據事直書」、「屬辭比事」、「重辭累書」、「藉言敘事」、「寓意閒事」、「正言若反」、「移位敘述」、「虛實相生」的分類。前三者，屬直筆，旨在透過史料的剪裁筆削、排比編纂、連綴整合等形式，在「盡而不汙」的前題下，讓是非美惡從中淹透而出。後五者，屬側筆，相較於直筆的直陳事實，意在言外。而是改變了言、意的直接對應關係，或由側面、反面、旁面角度切入論述，或由虛實變化、移位論述，使得論斷寓於離合之際，達到遠路說禪的目的。

（二）「于序事中寓論斷」的內容：褒貶當世、資鑑勸懲

透過「于序事中寓論斷」的方式，對漢初以來的帝王、時政，微致裁評。諸如高祖、景帝的忌心忍刻，漢法的不公、賞罰的不明與吏治慘酷、社會黑暗乃至於外戚干政、後宮驕寵的情形，都頗有揭露。漢匈戰爭，綿延百年漢世，極端重要，也觸忌特深。是故，史公在記載時，便借鑑《春秋》書法，定、哀之際的微辭，用敘事代議論的方式，曲曲傳真。漢武帝初即位時，便懷抱著雄心壯志，引述《公羊》「推刃復仇」的大義，欲一雪前恥。故，史公對於漢匈戰爭的發起，是抱持著肯定態度的。可惜，武帝非惟不參彼己、用人不當，加上自身好大喜功的心理，制定了錯誤的伐匈方針，導致不能達到預期效果。是故，史公對於漢匈戰爭建功不深的議論，矛頭是指向漢武帝的。漢武帝侈心未克、獨勤遠略，罔顧蒼生疾苦，使得富盛的大漢帝國，漸露衰頹跡象。

秉持著良史的實錄精神，對於歷史上的疑案、冤案，史公有著考察存真的信念，允為己職，當仁不讓。對於歷史上的功過，更發揮了非凡的識見，抑揚予奪之際，不受時潮左右，以歷史為仲裁。將歷史評論、個人見解，具體而微的鎔鑄於優美運化的敘事行文當中。經由善惡必書的方式，在歷史敘事中寄寓了褒貶，流露著愛憎感情。其尤可貴者，在於史公每能於實錄與抒情間，找到平衡。體現出詩家的溫柔敦厚的仁慈與史家資鑑勸懲的宗旨。

三、《漢書》紹繼《史記》「于序事中寓論斷」

從《史記》到《漢書》，藉由重疊史事的對照，看到班固通過綴合補闕、寓創於因、踵事增華的方式，在《史記》既有規模上，發展出新的面向。而從收錄引文的不同，反映出馬、班側重有別的情形。從因襲、模仿到創作的過程，「于序事中寓論斷」的高妙筆法，便在有意無意之中，被《漢書》所繼承，鎔鑄在撰作中。最突出的篇章，表現在人物傳記的部分，影響後世史傳

文學的發展，帶有極大的借鑑作用。至於，詳細情形，有待進一步的拓展、研究。

「于序事中寓論斷」是史公秉持著良史實錄歷史的職責，與避免觸忌殺身、禍延子孫，考量到《史記》的流傳，依傍著史識與智慧，所作出的權衡。雖然改良了《春秋》書法，不惜為尊崇王道，而曲解真實的做法。但在一定程度上，還是帶有著「為尊者諱，為賢者諱」的思想。透過史料錯置的方式，反映人物的不同面向，傳達有抑有揚的褒貶。將優缺備載於諸傳，使人物形象顯得豐厚而立體。除了雜見錯置在同時期諸篇章，以避時諱外。或假他人以議論，或移位以論述，或留下敘事空白，讓議論寓於虛實之際、離合之間。既達到藉史明心的目的，也讓議論的鋒芒，推見至隱在敘事行文當中，緩解了直揭時弊的衝突性。這或許就是《史記》雖然具有褒貶當世，而為人主忌憚的特性，卻終究能大致無恙，流傳後世的緣故。

「于序事中寓論斷」筆法的核心，便是那一以貫之，「不虛美」、「不隱惡」的「實錄精神」。基於如此，讓《史記》所以歷「謗書說」的打擊下，仍能允為二十五史之首，影響著後代的史官、文人。是以千秋宗匠，垂範後世，通過立言而流芳不朽。

本論著以顧炎武《日知錄》的說法入手，整合白壽彝等前賢學者的研究，透過縱的連貫與橫的梳理，將「于序事中寓論斷」筆法做斷代的整合性研究。從中掘發出史公以敘為議筆法形式的多樣，體察不同於論贊的抑揚褒貶與愛憎感情，是理解史公及其《史記》所以獨特不凡的重要關鍵。在本論著的基礎上，除了可將「于序事中寓論斷」筆法，拓展到《史記》其他斷代，進行多面向的探索；更可進一步討論《左傳》對《史記》以敘為議筆法的啟發意義，下探《漢書》、《三國志》、《後漢書》、《南齊書》等史傳文學及於小說、戲劇、詩歌，乃至於新聞寫作等，如何借鑑以敘為議筆法的多元研究。

徵引文獻

＊備註：

①傳統古籍，謹依著者朝代先後為排序。

②近人著作，為釐清學術源流，謹於分類後，依出版時間為序；部分學位論文，已出版專書，謹歸類在「近人著作」部分。

一、傳統古籍

1. 周・孔丘，清・劉寶楠正義：《論語正義》，成都：四川人民出版社，1998 年 2 月一版，皇清經解續編本。

2. 漢・公羊壽傳、何休解詁，唐・徐彥疏：《春秋公羊傳注疏》，臺北：藝文印書館，1965 年，《重刊宋本十三經注疏》本。

3. 漢・司馬遷：《史記》，北京：中華書局，1982 年 11 月二版，二十五史點校本。

4. 漢・司馬遷著，日・瀧川資言考證：《史記會註考證》，高雄：麗文文化事業有限公司，2000 年 9 月二印。

5. 漢・劉向輯，元・吳師道校注：《戰國策校注》，北京：中華書局，1985 年出版（叢書集成初編）。

6. 漢・班固，唐・顏師古注：《漢書》，北京：中華書局，1997 年出版，二十四史標點本。

7. 漢・桓寬：《鹽鐵論》，臺北：大化書局，1967 年再版。

8. 漢・王充撰，劉盼遂集解：《論衡集解》，臺北：世界書局，1966 年出版。

9. 晉・陳壽撰；宋・裴松之注：《新校本三國志注附索引》，臺北：鼎文書局，1977 年出版。

10. 晉·杜預：《春秋經傳集解》，臺北：臺灣商務書局，1967 年初版，《四部叢刊》本。

11. 南朝宋·范曄：《新校本後漢書并附編十三種》，臺北：鼎文書局，1977 年出版。

12. 梁·劉勰撰，范文瀾註：《文心雕龍註》，香港：商務印書館，1995 年 3 月 1 版 10 印。

13. 梁·蕭統撰，唐·李善等註：《增補六臣註文選》，臺北：華正書局，1980 年 9 月 初版。

14. 唐·劉知幾撰，清·浦起龍釋：《史通通釋》，臺北：里仁書局，1980 年 9 月出版。

15. 宋·司馬光撰、胡三省注，章鈺校記：《新校資治通鑑注》，臺北：世界書局，1962 年出版。

16. 宋·鄭樵：《六經奧論》，臺北：臺灣商務印書館，1983 年出版，《文淵閣四庫全書》 本。

17. 宋·鄭樵：《通志》，北京：中華書局，1987 年 1 月一版一印。

18. 宋·晁公武：《衢本郡齋讀書志》，江蘇：江蘇古籍出版社，1988 年 2 月一版一印。

19. 宋·洪邁撰，孔凡禮點校：《容齋隨筆》，北京：中華書局，2005 年 11 月第一版第 一印。

20. 宋·朱熹：《四書集注》，臺北：漢京文化事業有限公司，1983 年 11 月初版，《四 部刊要·經部·四書類》。

21. 宋·王楙，鄭明、王義耀校點：《野客叢書》，上海：上海古籍出版社，1991 年 5 月第一版第一印。

22. 宋·黃震：《黃氏日鈔》，臺北：大化書局，1984 年再版，乾隆 33 年刊本：據日本 立命館大學圖書館藏書影印。

23. 宋·馬端臨：《文獻通考》，臺北：世界書局，1986 年出版，《景印摛藻堂四庫全書 薈要·史部·故事類》。

24. 元·趙汸：《春秋屬辭》，臺北：臺灣商務印書館，1983 年初版，《文淵閣四庫全 書》本。

25. 明·宋濂等撰：《新校本元史並附編二種》，臺北：鼎文書局，1981 年 3 月，《二十 五史》校點本。

26. 明·徐經：《雅歌堂文集》，桂林：廣西師範大學出版社，2007 年 10 月第一版第一

印，光緒丙子鐫《雅歌堂文集》潭陽徐氏藏版。

27. 明・茅坤選：《史記鈔》，明泰昌元年烏程閔氏刊朱墨套印本。

28. 明・王世貞：《弇州山人四部稿》，臺北：偉文圖書出版社，1976 年 6 月出版。

29. 明・焦竑，李劍雄點校：《焦氏筆乘》，上海：上海古籍出版社，1986 年 4 月一版一印。

30. 明・高攀龍：《春秋孔義》，臺北：臺灣商務書局，1983 年出版，據國立故宮博物院藏本影印《文淵閣四庫全書》本。

31. 明・凌稚隆輯校、李光縉增補，日・有井範平補標：《補標史記評林》，臺北：地球出版社，1992 年 3 月第一版。

32. 明・徐孚遠等測議：《史記測義》，明崇禎十三年刊本。

33. 明・黃淳耀：《陶菴全集》，臺北：臺灣商務印書館，1982 年出版，《欽定四庫全書》本。

34. 清・顧炎武著，陳垣校注：《日知錄校注》，合肥：安徽大學出版社，2007 年 8 月第一次印刷。

35. 清・徐與喬：《經史辨體》，清康熙十七年（1678）敦化堂刊本。

36. 清・何焯：《義門讀書記》，合肥：黃山書社，2008 年出版，清乾隆刻本。

37. 清・方苞：《方望溪全集》，臺北：河洛圖書出版社，1976 年 3 月初版。

38. 清・吳楚材、吳調侯評註，吳留村鑑定：《評註古文觀止》，臺北：廣文書局，1981 年 12 月初版。

39. 清・芋田氏：《史記菁華錄》，臺北：聯經出版社，2002 年 10 月初版 15 刷。

40. 清・吳見思評點：《史記論文》，臺北：臺灣中華書局，1987 年 10 月臺二版。

41. 清・王鳴盛撰，陳文和等校點：《十七史商榷》，南京：鳳凰出版社，2008 年 1 月第一版第一印。

42. 清・趙翼著，田樹民校證：《廿二史箚記校證》，北京：中華書局出版，1984 年 1 月一版一印。

43. 清・錢大昕：《廿二史考異》，臺北：藝文書局，1964 年出版，影印《百部叢書集成》本。

44. 清・錢大昭：《漢書辨疑》，北京：中華書局，1985 新一版，《叢書集成初編》本。

45. 清・段玉裁注：《說文解字注》，臺北：藝文印書館，1979 年 6 月五版。

46. 清・章學誠：《章學誠遺書》，北京：文物出版社，1985 年 8 月一版一印。

47. 清・章學誠撰，葉瑛校注：《文史通義校注》，臺北：漢京文化事業有限公司，1986
年 9 月出版。

48. 清・張雲璈：《簡松草堂文集》，上海：上海古籍出版社，2010 年 12 月一版一印，
清道光刻三影閣叢書本。

49. 清・嚴可均校輯：《全漢文》，京都：株式會社中文出版社，1981 年出版。

50. 清・阮元校勘：《十三經注疏附校勘記》，臺北：大化書局，1989 年出版。

51. 清・陳壽祺：《左海文集》，合肥：黃山書社，2009 年出版。

52. 清・高嵣：《史記鈔》，清乾隆五十三年（1788）廣郡永邑培元堂刊本。

53. 清・梁玉繩撰，賀次君點校：《史記志疑》，北京：中華書局，2006 年 7 月第一版
第二印。

54. 清・張文虎撰、魏得良校點：《舒藝室隨筆》，瀋陽：遼寧教育出版社，2003 年 3
月第一版第一印。

55. 清・陳立：《公羊義疏》，臺北：中華書局，1981 年出版。

56. 清・曾國藩：《求闕齋讀書錄》，臺北：廣文書局，1969 年 1 月初版。

57. 清・劉熙載著，王氣中箋注：《藝概箋注》，貴陽：貴州人民文學出版，1986 年 6
月一版一印。

58. 清・李慈銘：《史記札記》，北京：北京圖書館出版社，2003 年 9 月第一版第一印。

59. 清・吳汝綸：《史記集評》，臺北：臺灣中華書局，1970 年 5 月臺一版。

60. 清・皮錫瑞：《經學通論》，臺北：臺灣商務印書館，1989 年 10 月臺五版。

二、近人著作

（一）《史記》論著

1. 靳德峻：《史記釋例》，商務印書館，1933。

2. 金德建：《司馬遷所見書考》，上海：人民出版社，1963 年 2 月第一版第一印。

3. 劉咸炘：《太史公書知意》，臺北：鼎文書局，1976 年 2 月初版。

4. 歷史研究編輯部編：《司馬遷與史記論集》，西安：陝西人民出版社，1982 年 4 月第一版第一印。

5. 程金造：《史記管窺》，西安：陝西人民出版社，1985 年 3 月一版一印。

6. 孫德謙：《太史公書義法》，臺北：臺灣中華書局，1985 年 10 月臺三版。

7. 李景星：《史記評議》，長沙：岳麓書社，1986 年 11 月第一版第一印。

8. 周一平《司馬遷史學批評及其理論》，上海：華東師範大學出版社，1989 年 12 月第一版第一印。

9. 楊燕起等滙輯：《歷代名家評史記》，臺北：博遠出版有限公司，1990 年出版。

10. 張高評編：《史記研究粹編（一）、（二）》，高雄：高雄復文圖書出版社，1992 年 4 月一版。

11. 陳桐生：《中國史官文化與史記》，臺北：文津出版社，1993 年 11 月初版。

12. 韓・朴宰雨：《〈史記〉〈漢書〉比較研究》，北京：中國文學出版社，1994 年 8 月第一版第一印。

13. 徐興海編：《司馬遷與《史記》研究論著專題索引》，西安：陝西人民教育出版社，1995 年一版一印。

14. 徐興海等主編：《司馬遷與史記論集》，西安：陝西人民出版社，1995 年 7 月一版一印。

15. 韓兆琦：《史記博議》，臺北：文津出版社，1995 年 11 月一刷。

16. 袁仲一等編：《司馬遷與史記論集》第三輯，西安：陝西人民出版社，1996 年 10 月一版一印。

17. 李長之：《司馬遷之人格與風格》，臺北：里仁書局，1997 年 10 月初版。

18. 趙生群：《《史記》文獻學叢稿》，南京：江蘇古籍出版社，2000 年 1 月第一版。

19. 李笠：《史記訂補》，北京：北京出版社，2000 年出版（民國 13 年瑞安李氏刻本）。

20. 呂培成：《司馬遷與屈原和楚辭學》，西安：陝西人民教育出版社，2000 年 9 月第一版第一印。

21. 可永雪：《《史記》文學成就論說》，內蒙古：內蒙古教育出版社，2001 年 5 月第一版。

22. 俞樟華：《史記藝術論》，北京：華文出版社，2002 年 1 月一版一印。

23. 張大可：《《史記》研究》，北京：華文出版社，2002 年 1 月一版一印。

24. 陳桐生：《儒家經傳文化與史記》，臺北：洪葉文化事業有限公司，2002 年 9 月初版一刷。

25. 楊燕起等：《史記集評》，北京：華文書局，2005 年 1 月初版（收錄於張大可等：《史記研究集成》第 6 卷）。

26. 逯耀東：《抑鬱與超越：司馬遷與漢武帝時代》，臺北：東大圖書公司，2007 年出版。

27. 安平秋等主編：《史記論叢》第四集，蘭州：甘肅人民出版社，2008 年 7 月第一版第一印。

28. 呂世浩：《從五體末篇看《史記》的特質——以〈平準〉、〈三王〉、〈今上〉三篇為主》，臺北：花木蘭文化出版社，2008 年 9 月出版。

29. 林聰舜：《《史記》的世界——人性與理念的競逐》，臺北：國立編譯館，2009 年 4 月出版。

30. 呂世浩：《從《史記》到《漢書》——轉折過程與歷史意義》，臺北：臺大出版中心，2009 年 12 月出版。

31. 張大可：《史記十五講》，北京：國家圖書館出版社，2010 年 4 月一版一印。

（二）《春秋》三傳論著

1. 阮芝生：《從公羊學論春秋的性質》，臺北：臺灣大學文學院，1969 年 8 月初版。

2. 吳闓生：《左傳微》，臺北：中華書局，1970 年出版。

3. 陳柱：《公羊家哲學》，臺北：臺灣中華書局，1980 年 11 月臺二版。

4. 楊伯峻：《春秋左傳注》，臺北：漢京文化事業有限公司，1987 年 1 月景印一刷。

5. 蘇輿撰、鍾哲點校：《春秋繁露義證》，北京：中華書局出版，1992 年一版一印。

6. 張素卿：《敘事與解釋——《左傳》經解研究》，臺北：書林出版有限公司，1998 年 4 月一版。

7. 段熙仲：《春秋公羊學講疏》，南京：南京師範大學出版社，2002 年 11 月初版。

8. 林義正：《春秋公羊傳倫理思維與特質》，臺北：臺大出版中心，2003 年 12 月初版。

9. 趙伯雄：《春秋學史》，濟南：山東教育出版社，2004 年 4 月一版一印。

10. 傅隸樸：《春秋三傳比義》，臺北：臺灣商務印書館，2006 年 7 月初版一刷。

11. 周遠斌：《儒家倫理與《春秋》敘事》，濟南：齊魯書社，2008 年 8 月一版一印。

12. 趙生群：《春秋經傳研究》，上海：上海古籍出版社，2000 年出版。

13. 張高評：《春秋書法與左傳史筆》，臺北：里仁書局，2011 年 3 月初版。

14. 張高評：《春秋書法與左傳學史》，臺北：五南圖書公司，2011 年 4 月初版二刷。

（三）敘事學論著

1. 美・華萊士・馬丁著、伍曉明譯：《當代敘事學》，北京：北京大學出版社，1990 年 2 月第一版第一印。

2. 胡亞敏：《敘事學》，武漢：華中師範大學出版社，1994 年 6 月出版。

3. 美・浦安迪：《中國敘事學》，北京：北京大學出版社，1996 年 3 月第一版。

4. 傅修延：《先秦敘事研究——關於古中國敘事傳統的形成》，北京：東方出版社，1999 年北京第一版第一刷。

5. 王靖宇：《中國早期敘事文論集》，臺北：中央研究院中國文哲研究所，1999 年 4 月。

6. 丁琴海：《中國史傳敘事研究》，北京：國際文化出版公司，2002 年 6 月第一版第一印。

7. 楊義：《中國敘事學（圖文版）》，北京：人民出版社，2009 年 5 月第一版第一印。

（四）經史、文學論著

1. 蔣伯潛：《十三經概論》，上海：上海古籍出版社，1983 年 4 月出版。

2. 侯外廬等：《中國思想通史》第二卷，北京：人民出版社，1957 年 4 月 1 北京一版一印。

3. 劉節：《古史考存》，北京：人民出版社，1958 年 2 月第一版第一印。

4. 徐復觀：《兩漢思想史》，臺北：臺灣學生書局印行，1975 年出版。

5. 余英時：《歷史與思想》，臺北：聯經出版事業公司，1976 年 9 月初版。

6. 錢穆：《秦漢史》，臺北：東大圖書股份有限公司，1987 年 10 月五版。

7. 金毓黻：《中國史學史》，北京：商務印書館，2010 年 12 月第一版第一印。

8. 馮友蘭：《中國哲學史》，臺北：藍燈書局，1989 年出版。

9. 魯迅：《漢文學史綱要》，北京：人民文學出版社，1973 年 9 月第一版第一印。

10. 日‧大庭脩著、林劍鳴等譯：《秦漢法制史研究》，上海：上海人民出版社，1991 年 3 月一版一印。

11. 李炳海：《中國文學史》，北京：高等教育出版社，2005 年出版。

12. 林聰舜：《西漢前期思想與法家的關係》，臺北：大安出版社，1991 年 4 月一版一刷。

13. 陳蘭村：《中國傳記文學發展史》，北京：語文出版社，1999 年 1 月一版一印。

14. 張新科：《唐前史傳文學研究》，西北：西北大學出版社，2000 年 9 月一版一印。

15. 李景星：《漢書評議》，收錄於氏著：《四史評議》，長沙：岳麓書社，1986 年 11 月出版。

16. 吳福助：《漢書採錄西漢文章探討》，臺北：文津出版社，1988 年 9 月出版。

17. 陳其泰、章愛芳編：《漢書研究》，北京：中國大百科全書出版社，2009 年 1 月出版。

18. 王國維：《觀堂集林》冊二，北京：中華書局，1961 年 6 月一版三印。

19. 梁啟超：《要籍解題及其讀法》，臺北：華正書局，1974 年 9 月臺一版。

20. 張國光點校：《金聖嘆批才子古文》，湖北：湖北人民出版社，1986 年 8 月第一版。

21. 李淼編：《中國古代序跋文選集》，廣東：汕頭大學出版社，1996 年 6 月出版。

22. 袁行霈編：《國學研究》第四卷，北京：北京大學出版社，1997 年 8 月出版。

23. 劉師培：《劉申叔遺書》，南京：江蘇古籍出版社，1997 年 11 月一版一印。

24. 余嘉錫：《余嘉錫文史論集》，長沙：岳麓書社，1997 年出版。

25. 孫以昭等：《中國古代散文研究》，安徽：安徽大學，2001 年 4 月出版。

26. 鄔國平：《中國古代接受文學與理論》，哈爾濱：黑龍江人民出版社，2005 年 11 月一版一印。

27. 陳鳴樹：《文藝學方法論》，上海：上海文藝出版社，1991 年 10 月第一版第一印。

28. 杜維運：《史學方法論》，臺北：三民書局總經銷，2005 年 3 月十六版。

29. 張伯偉：《中國古代文學批評方法研究》，北京：中華書局，2006 年出版。

30. 夏徵農編：《辭海》，臺北：臺灣東華書局，1992 年 10 月初版。

31. 仇小屏：《篇章結構類型論（增修版）》，臺北：萬卷樓圖書公司，2005 年 7 月再版。

32. 宗廷虎、陳光磊編：《中國修辭史》，長春：吉林教育出版社，2007 年 7 月出版。

三、學位論文

1. 劉正浩：《太史公左氏春秋義述》，國立臺灣師範大學國文研究所碩士論文，1961
年 6 月，指導教授：程發軔先生。

2. 韓‧許璧：《史記稱代辭與虛詞研究》，國立臺灣師範大學國文研究所博士論文，
1974 年 11 月，指導教授：林尹先生、陳新雄先生。

3. 胡艷惠：《《史記》之《春秋》書法研究》，國立成功大學中文所碩士論文，2005
年 8 月，指導教授：張高評先生。

4. 陳致宏：《《左傳》之敘事與歷史解釋》，國立成功大學中文所博士論文，2006 年 7
月，指導教授：張高評先生。

5. 邱詩雯：《《史記》之「改」、「作」與歷史撰述》，國立成功大學中文所碩士論文，
2008 年 1 月，指導教授：張高評先生。

6. 李秋蘭：《《史記》敘事之書法研究》，國立成功大學中文所博士論文，2008 年 7
月，指導教授：張高評先生。

7. 許立軒：《戰國策說服術研究》，國立成功大學中文所碩士論文，2010 年 6 月，指
導教授：張高評先生。

8. 林宗昱：《《史記》命論之研究》，國立嘉義大學中文所碩士論文，2010 年 6 月，指
導教授：蔡忠道先生。

9. 孫雅婷：《《史記》「寓論斷于序事」探索》，上海師範大學碩士論文，2015 年 3 月，
指導教授：翁其斌先生。

四、期刊論文

1. 程金造：〈從《春秋》看《史記》在古史學上的發展〉，《中國史研究》，1985 年第
4 期。

2. 阮芝生：〈《史記‧河渠書》析論〉，《國立臺灣大學歷史學系學報》第 15 期，1990

年 12 月。

3. 張高評：〈方苞義法與《春秋》書法〉，收錄於：《清代經學國際研討會論文集》，臺北：中研院中國文哲研究所，1994 年 6 月出版。

4. 易寧、易平：〈史記實錄新探〉，《史學史研究》，1995 年第 4 期

5. 李少雍：〈中國古代的文史關係——史傳文學概論〉，《文學遺產》，1996 年第 2 期。

6. 張宇：〈于序事中寓論斷——《史記‧李將軍列傳》筆法探析〉，《甘肅高師學報》，第 5 卷第 4 期，2000 年 7 月。

7. 張高評：〈黃澤論《春秋》書法——《春秋師說》初探〉，收錄於《元代經學國際研討會論文集》，地點：臺北，中研院中國文哲研究所，2000 年 10 月。

8. 阮芝生：〈司馬遷之心——〈報任少卿書〉析論〉，《臺大歷史學報》第 26 期，2000 年 12 月。

9. 馮家鴻：〈論司馬遷和班固孰優——《史記》、《漢書》同篇目比照評述〉，《金陵職業大學學報》第 15 卷第 4 期，2000 年 12 月。

10. 韓兆琦、陳曦：〈談《史記》中的范蠡形象〉，《周口師範高等專科學校學報》，2000 年第 3 期。

11. 陳曦：〈《史記》隱含敘述探索〉，《解放軍藝術學院學報》，2002 年第 2 期。

12. 劉文良：〈從人物刻畫看《戰國策》的小說基因〉，《江淮論壇》，2004 年 3 期。

13. 張高評：〈《史記》敘事藝術成就與詩歌語言〉，收錄於《第五屆漢代文學與思想學術研討會會議論文集》，政治大學中文系，會議日期：2004 年 10 月 2 日、3 日。

14. 付強、王穎：〈《戰國策》人物形象塑造探究〉，《牡丹江師範學報（哲學社會科學版）》，2005 年第 1 期。

15. 俞樟華、詹漪君：〈論傳記文學的「不虛美，不隱惡」〉，《浙江師範大學學報（社會科學版）》，2005 年第 3 期第 30 卷。

16. 李偉泰：〈《史》、《漢》論贊比較十三則〉，《臺大文史哲學報》第 64 期，2006 年 5 月。

17. 李偉泰：〈《史》、《漢》論贊比較八則〉，收錄於國家圖書館等編：《屈萬里先生百歲誕辰國際學術研討會論文集》，2006 年 6 月。

18. 李偉泰：〈《史》、《漢》論贊比較十四則〉，《臺大中文學報》第 24 期，2006 年 6

月。

19. 李洲良：〈史遷筆法——寓論斷于序事〉，《求是學刊》，2006 年 7 月，第 33 卷，第 4 期。

20. 王德華：〈《史記》「寓論斷於序事」的借鑒意義〉，《青年記者》，2007 年，第 14 期。

21. 美・倪豪士：〈史公和時勢——論《史記》對武帝時政的委曲批評〉，《北京大學學報（哲學社會科學版）》，第 45 卷第 4 期，2008 年 7 月。

22. 姚萍、曾祥燕：〈淺論司馬遷的寓論斷于序事〉，《安徽文學》，2009 第 8 期。

23. 劉寧：〈論《史記》的敘事風格〉，《唐都學刊》，第 25 卷第 4 期，2009 年 7 月。

24. 李景文、宋立：〈《史記》亡缺研究述評〉，《圖書情報工作》第 53 卷第 19 期，2009 年 10 月。

25. 何寄澎：〈《漢書》李陵書寫的深層意涵〉，《文學遺產》，2010 年第 1 期。

26. 張高評〈「于敘事中寓論斷」與藉事明義——以《左傳》解經為討論核心〉，收錄於許雄溪、林慶彰編：《嶺南大學經學國際研討會論文集》（臺北：萬卷樓圖書公司，2014 年 2 月初版）。

國家圖書館出版品預行編目(CIP)資料

《史記》「于序事中寓論斷」之研究：以秦漢以
　來史事為例 / 許愷容著. -- 初版. -- 臺北市：
　元華文創，民107.12
　　面；　　公分

　ISBN 978-957-711-037-4(平裝)

　1.史記 2.研究考訂

610.11　　　　　　　　　　　　　　107018404

《史記》「于序事中寓論斷」之研究
——以秦漢以來史事為例

許愷容　著

發 行 人：陳文鋒
出 版 者：元華文創股份有限公司
聯絡地址：100 臺北市中正區重慶南路二段 51 號 5 樓
電　　話：(02) 2351-1607
傳　　真：(02) 2351-1549
網　　址：www.eculture.com.tw
E - m a i l：service@eculture.com.tw
出版年月：2018（民 107）年 12 月 初版
定　　價：新臺幣 420 元

ISBN：978-957-711-037-4 (平裝)

總 經 銷：易可數位行銷股份有限公司
地　　址：231 新北市新店區寶橋路 235 巷 6 弄 3 號 5 樓
電　　話：(02) 8911-0825　　傳　　真：(02) 8911-0801